体育与健康跨学科主题学习的教学设计

张文鹏 陈一林 肖静 谌平 ◎ 著

吉林大学出版社
·长春·

图书在版编目（CIP）数据

体育与健康跨学科主题学习的教学设计 / 张文鹏等著. -- 长春：吉林大学出版社，2024.10. -- ISBN 978-7-5768-3943-2

Ⅰ．G633.963；G637.9

中国国家版本馆 CIP 数据核字第 2024689FX3 号

书　　名：体育与健康跨学科主题学习的教学设计
　　　　　TIYU YU JIANKANG KUAXUEKE ZHUTI XUEXI DE JIAOXUE SHEJI
作　　者：张文鹏　陈一林　肖　静　谌　平
策划编辑：卢　婵
责任编辑：卢　婵
责任校对：王寒冰
装帧设计：文　兮
出版发行：吉林大学出版社
社　　址：长春市人民大街 4059 号
邮政编码：130021
发行电话：0431-89580036/58
网　　址：http://www.jlup.com.cn
电子邮箱：jldxcbs@sina.com
印　　刷：武汉鑫佳捷印务有限公司
开　　本：787mm×1092mm　1/16
印　　张：27.5
字　　数：390 千字
版　　次：2024 年 10 月　第 1 版
印　　次：2024 年 10 月　第 1 次
书　　号：ISBN 978-7-5768-3943-2
定　　价：196.00 元

版权所有　翻印必究

前　言

2022年3月，教育部颁布的《义务教育课程方案和课程标准（2022年版）》（以下简称"2022版方案标准"）明确提出了"应用不少于10%的课时开展综合性的跨学科主题学习"的新要求。同时，《义务教育体育与健康课程标准（2022年版）》（以下简称"体育新课标"）也明确将跨学科主题学习列为五项课程内容之一，并强调跨学科融合是学生提高运动能力、学习健康知识和传承中华优秀传统体育的重要方式。因此，加快实施体育与健康跨学科主题学习，是提升学科核心素养、实现体育课程综合育人以及推动学校体育高质量发展的重要路径。这不仅是回答党中央国务院加快发展素质教育的时代之问，还是推动2022版方案标准落地执行的现实之需，更是提升一线体育教师专业发展的有益之路，具有十分重要的指导意义和实践价值。

尽管目前我国体育与健康跨学科主题学习开展得如火如荼，上有国家课改方案、课程标准和体育教师用书的指导，下有学校和体育教师的积极探索，但囿于人们对开展跨学科主题学习这一新要求的理论内涵和实践应用均存在不同的认知和理解，且缺乏科学、真实和高质量的教学案例作为参考和指导，体育与健康跨学科主题学习在实践中仍存在"为跨而跨""跨而不合""合而不深"等诸多现实问题。可见，体育与健康跨学科主题学习如何从浅表走向深度、从拼凑走向融合，是当前加快推进体育与健康跨学科主题学习落地生根的重要突破口。事实上，对于体育与健康跨学科主题学习，我们也一直在思考和探索，认为要搞好体育与健康跨学科主题学习，关键在于教学，重难点也在于教学。因此，为解决一线体育教师开展跨学科主题学习中普遍存在的教学困境和设计难题，编写团队围绕体育新课标跨学科主题学习提出的五大主题，撰写了《体育与健康跨学科主题学习的教学设计》一书，以期为广大一线体育教师、教研人员、体育师范生等提供理论参考和实践指导。

全书以党的二十大精神为指引，以2022版方案标准和体育新课标为依据，以核心素养为目标，立足体育与健康的学科本位，围绕特定的学习主题，对跨学科主题学习在体育与健康课程中的开发和应用进行了创新性的探索。本书依托全国教育科学"十四五"规划国家一般项目（国家社科基金教育学项目），集体育课程与教学论研究者和一线体育教师的通力合作，经过悉心设计、实践检验和经验总结，最终形成了涵盖体育新课标中五大跨学科学习主题和水平一到水平四不同学段的20个体育与健康跨学科主题学习的教学设计。其中，第一章"钢铁战士"倡导国防素养培育，第二章"劳动最光荣"强调劳动精神塑造，第三章"身心共成长"注重健康意识树立，第四章"破解运动的'密码'"突出探究能力发展，第五章"人与自然和谐美"关注生态意识培养。上述五个章节的设计均体现了从简单到复杂、从基础到深入的层层递进关系。此外，每个教学设计均包含了案例概要、主题解读、学情分析、整体设计、学习目标和教学方法、教学准备、教学过程、教案参考八个部分。该设计整体呈现出主题聚焦、目标明确、内容翔实、设计新颖、落地性强的鲜明特征，可供一线体育教师直接用于实践教学之中。

总体来说，全书的编写主要围绕以下六个方面展开。

第一，立足学科本位。只有立足于学科本位，才能实现跨学科发展，坚持学科本位的跨学科主题学习才能避免浅表化和拼盘化。体育与健康跨学科主题学习的教学设计均以义务教育阶段体育与健康课程内容为立足点，选取体育新课标和新教材中的相关内容，围绕解决体育学科真实问题和发展综合能力，融合与之相关联的其他学科知识内容，创造性地设置了跨学科主题学习活动，以促进学生的全面发展。

第二，强调知识整合。跨学科主题学习区别于其他学科课程的特点在于其对多学科知识的整合与应用。体育与健康跨学科主题学习的教学设计以主题为枢纽，通过整合其他学科知识、技能与方法，将碎片化的知识点优化为结构化的知识体系，培养学生在真实情境中综合运用相关知识解决复杂问题的能力，以促进完整的人的发展。

第三，基于任务串联。以任务的组织形式架构而成的跨学科主题学习活动，突出对学生探究意识和综合能力的培养。体育与健康跨学科主题学习的教学设计以任务为载体，通过设置螺旋进阶的学习任务群，将一系列具有驱动性、探究性和趣味性的任务串联形成完整的教学过程，帮助学生在情境中带着任务进行合作式、探究式的学习，以强化学生学习体验和参与度。

第四，坚持问题导向。问题导向的跨学科主题学习既能保障学科知识的嵌入，又能实现深度学习和创新思维的发展。体育与健康跨学科主题学习的教学设计以问题为引领，将问题解决贯穿于学习过程，针对学习过程中不同的活动设计与之适切的问题，并通过学习内容、生活经验和真实情境的联结，引导学生在发现问题、思考问题和探究问题的过程中提高解决问题的能力。

第五，贯穿情境创设。真实、多样和复杂的教学情境是增强学生认识现实世界的重要方式。体育与健康跨学科主题学习的教学设计以情境为依托，帮助学生在所创设的"播种丰收""比武大会""户外探险"等真实情境中获得丰富的运动体验和文化浸润，将体育学习与其他学科知识及生活实践相结合，帮助学生在真实情境中感悟知识、发现知识、创造知识和应用知识。

第六，紧扣素养培育。跨学科主题学习以学生核心素养的培育为出发点和落脚点，关注学生综合素质和跨学科思维的发展。体育与健康跨学科主题学习的教学设计以素养为统领，通过设置运动能力、健康行为和体育品德的核心素养目标，以目标引领内容，强调任务环节的创设应与学生核心素养的培育紧密关联，并在多学科知识与技能融合的丰富学习活动中促进素养的生成。

  一言以蔽之，该书的出版是对跨学科主题学习在体育与健康课程中所进行的创新性开发和有益尝试。尽管本书的出版弥补了当前体育与健康跨学科主题学习教学设计用书的阙如，但囿于撰写者的水平有限，书中难免有不足之处。出版难免存在一些问题。"路漫漫其修远兮"，期待本书的出版，既能得到诸位方家的指点，也能起到抛砖引玉的作用，以促进更多专家学者、教研人员和体育教师加快研制更多更高水平的体育与健康跨学科主题学习的教学设计，共同将体育与健康跨学科主题学习的教学设计推向新阶段和高水平。

2024 年 7 月 30 日

于昆明书香大地

目 录

第一章 "钢铁战士"跨学科主题学习的教学设计……………1

案例设计一：我是小小解放军
——"基本运动技能＋国防教育"跨学科主题学习 ………… 3

案例设计二：消防英雄少年团
——"体能＋道德与法治＋国防教育"跨学科主题学习 …… 24

案例设计三：智勇缉毒小战警
——"篮球＋道德与法治＋国防教育"跨学科主题学习 …… 47

案例设计四：英勇中国志愿军
——"田径＋历史"跨学科主题学习 ………………………… 67

第二章 "劳动最光荣"跨学科主题学习的教学设计…………89

案例设计五：我知与我行
——"爬行＋劳动教育"跨学科主题学习 ………………… 91

案例设计六：五谷与四季
——"足球＋劳动教育＋语文"跨学科主题学习 ………… 112

案例设计七：麦田小能手
——"极限飞盘＋劳动教育"跨学科主题学习 …………… 145

案例设计八：修渠先锋员

——"武术 + 劳动教育"跨学科主题学习 …………… 164

第三章 "身心共成长"跨学科主题学习的教学设计……… 183

案例设计九：三姿规范

——"坐立行 + 道德与法治"跨学科主题学习 ………… 185

案例设计十：拥抱健康

——"健康操 + 美术"跨学科主题学习 …………… 202

案例设计十一：律动青春

——"花样跳绳 + 科学"跨学科主题学习 …………… 218

案例设计十二：军旅人生

——"军体拳 + 生物 + 国防教育"跨学科主题学习 ………… 235

第四章 "破解运动的'密码'"跨学科主题学习的教学设计…………………………………… 255

案例设计十三：体育器材妙巧用

——"走与游戏 + 科学 + 语文"跨学科主题学习 …… 257

案例设计十四：数字运动西游记

——"障碍跑 + 数学 + 语文"跨学科主题学习 …… 277

案例设计十五：解码奔跑的速度

——"田径 + 数学"跨学科主题学习 …………… 299

案例设计十六：绿茵智慧生存链

——"足球 + 生物"跨学科主题学习 …………… 321

第五章 "人与自然和谐美"跨学科主题学习的教学设计 ……………………………………… 345

案例设计十七：小青蛙·大本领

——"跳跃+美术+语文"跨学科主题学习 ……… 347

案例设计十八：小旅行·大感悟

——"跑+科学"跨学科主题学习 ……………… 367

案例设计十九：小身体·大美态

——"武术+舞蹈+音乐"跨学科主题学习 ……… 388

案例设计二十：小行动·大保护

——"定向运动+地理"跨学科主题学习 ………… 408

后　记 ………………………………………………… 428

第一章
"钢铁战士"跨学科主题学习的教学设计

案例设计一：

我是小小解放军
——"基本运动技能＋国防教育"跨学科主题学习

> 年级：二年级
> 课时：1课时
> 主题：小小特种兵
> 内容：基本运动技能
> 学科：体育与健康、国防教育

一、案例概要

"我是小小解放军"跨学科主题学习案例以落实立德树人的根本任务和"健康第一"的教育理念为指导思想，以体育与健康学科核心素养为引领，以《义务教育体育与健康课程标准（2022年版）》关于开展跨学科主题学习的新要求为依据，紧扣"钢铁战士"中水平一的"小小特种兵"学习主题，将跑、跳、爬等基本运动技能与国防教育中的国防知识、常识和国防战争观念等内容相结合，立足"学、练、赛"一体化的教学要求，创造性地对"体育与健康＋国防教育"跨学科主题学习展开教学设计。本案例注重基于水平一阶段学生的学情分析和所选取跨学科主题的内容分析，借助视频、图片、音乐、体育器材等学习资源，引导学生了解国防历史、挖掘国防知识、提升国防素养，在实践练习中培育学生的家国情怀、忧患意识和英雄气概，树立保家卫国的意识。本案例通过"热血军营练兵—钻山洞翻高岭—踏激流躲弹雨—运弹药救伤员—灭敌军庆胜利"系列任务的设计，将国防教育知识充分融入基本运动技能的学练过程中。一方面，深化学生移动性技能和非移动性技能的发展，培养热爱运动的健康行为，提升勇敢顽强的体育品德；另一方面，普及国防观念、国防知识和国防常识等跨学科知识，引导学生加强对国家的高度认同感、归属感、责任感和使命感，培育正确的人生观和价值观。

二、主题解读

《义务教育体育与健康课程标准（2022年版）》对"钢铁战士"水平一阶段的"小小特种兵"学习主题作出了明确说明："结合中国人民解放军的发展壮大历程等开展国防启蒙教育，在创设的情境中融入走、跑、跳、攀、爬、越等基本运动技能学练，培养学生不怕困难、勇敢顽强的意志品质，激发学生不怕吃苦的精神。"本案例以"小小特种兵"学习主题为切入点，以义务教育教科书《体育与健康教师用书 基本运动技能 全一册》（人民教育出版社，2024年）中的"移动性技能"和"非移动性技能"为立足点，以中小学国防教育中的国防知识、常识和国防战争观念为串联点，设计了蕴含"基本运动技能＋国防教育"知识和技能的"我是小小解放军"跨学科主题学习。"我是小小解放军"跨学科主题学习案例在遵循"准备部分—基本部分—结束部分"教学思路的基础上，融入了"任务群、问题链、素养线"的跨学科主题学习设计逻辑，通过"解放军行军作战"教学情境的设定和"小解放军"角色人物的体验，围绕"热血军营练兵—钻山洞翻高岭—踏激流躲弹雨—运弹药救伤员—灭敌军庆胜利"的闯关任务，在跑、跳、爬等基本运动技能的学练过程中融入国防教育知识，强调团队合作意识，引导学生切身体会解放军行军作战的艰辛和不易，在实践体验中涵养爱国主义精神和集体主义精神。

三、学情分析

本课的授课对象为水平一阶段的二年级学生。该年龄阶段的学生，其生理发育特点表现为骨骼肌肉茁壮成长，肌肉发育尚不完全，关节的伸展性活动范围较大，牢固性较差，容易发生脱臼，因而不宜进行剧烈运动。其心理发展特点表现为形象思维活跃，开始出现竞争意识和集体荣誉感，但自我约束能力弱、兴趣难以持久保持。其性格特点表现为活泼好动，想象力丰富，模仿能力强，敢于发表自己的想法，乐于展现自我，但因年龄较小，对事物的认识不足，同时，室外活动存在较多的干扰因素，故课堂中容易出现注意力不集中的情况。其学习基础体现为通过一年级课程的学习，初步掌握了如自然大步走、直线跑、跳跃等简单的基本运动技能，有了一定的基础身体活动能力，能够适应和接受如匍匐爬行、跪撑爬行、双脚跳、单脚跳等进阶的基本运动技能的学练。因此，在充分考虑学生身心发展特点和身体活动水平的基础上，本案例基于情境学习、游戏体验和合作练习的课堂风格，注重鼓励、诱导和启发，采用多种教学方法，引导学生在发展基本运动技能水平的同时培育爱国主义情怀、集体主义精神和团队合作意识。

四、整体设计

"我是小小解放军"跨学科主题学习案例以"解放军行军作战"的情境设定为主线，通过准备部分、基本部分和结束部分三个环节共同推进课堂教学。基于"基本运动技能＋国防教育"知识、技能与方法的课程内容，从任务群、问题链及素养线三个方面进行了具体设计。

第一，任务群设计。任务一"热血军营练兵"是指通过伸展、屈体、扭转等非移动性技能完成热身活动，引导学生融入解放军的身份角色，快速进入学习状态。任务二"钻山洞翻高岭"是指运用匍匐爬行和跪撑爬行过障碍，发展上下肢和腰腹力量以及全身动作协调配合的能力，促使学生能够在运动过程中体验方向、路径、位移速度等的变化。任务三"踏激流躲弹雨"是指运用双脚跳和直线跑过障碍，在情境演练过程中培养吃苦耐劳的意志，体会行军打仗的艰辛不易。任务四"运弹药救伤员"是指运用负重跑和两人一组单脚跳，在锻炼学生身体活动能力的同时，引导学生学会关爱同伴，培育团队协作能力和合作精神。任务五"灭敌军庆胜利"是指运用伸展、屈体、扭转、悬垂等非移动性技能，编排成动作组合在红色主题歌曲情境下进行放松活动。

第二，问题链设计。问题1以"同学们知道我国的国旗叫什么名字吗？"

作为前置问题导入，快速调动学生的思维和注意力，引导学生进入国防教育主题的教学情境中。问题2以"怎样才能快速又安全地躲避敌人的攻击？"引导学生能够联系情境说出表示速度快慢、力量大小等的运动术语。问题3以"爱国主义行为、爱国主义精神在日常生活中表现在哪些方面？"将课程内容联系日常生活，指引学生在技能的练习中学会联系实际思考问题。问题4以"通过这节课同学们有什么感想和感悟？"的提问升华课程主题，引导学生自我反思、复盘课堂，引发深入思考和继续探究。

第三，素养线设计。在运动能力方面，旨在提高学生走、跑、跳、爬等基本运动技能水平，发展速度、力量、耐力等身体素质。在健康行为方面，旨在帮助学生认识参与体育锻炼的益处，养成科学、安全的运动锻炼习惯，并能够积极主动地参加体育锻炼。在体育品德方面，旨在激发学生吃苦耐劳精神、团队合作意识以及爱国主义情怀的养成。在跨学科素养方面，旨在提升国防认知、国防情感和国防意识，加深学生对国家的高度认同感、归属感、责任感和使命感。整体设计框架见图1-1。

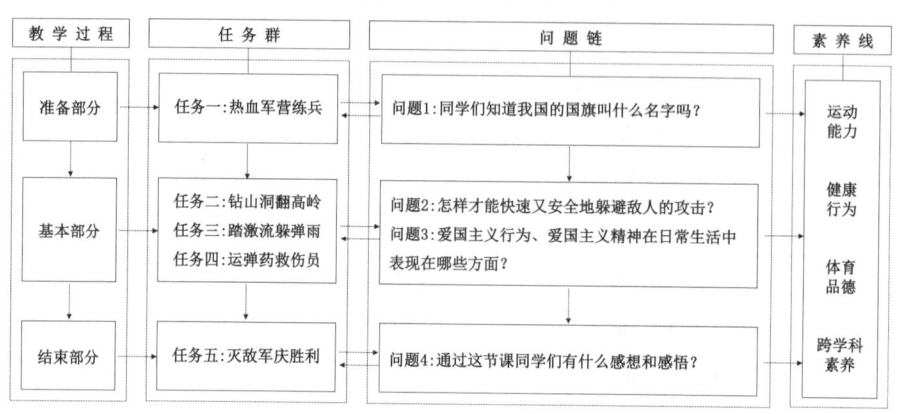

图1-1 "我是小小解放军"整体设计框架图

五、学习目标和教学方法

（一）学习目标

运动能力：在模拟"解放军行军作战"跨学科主题学习情境任务中，学生应能知晓国旗的形状和五角星的位置及意义，了解走、跑、跳、爬等基本运动技能的相关知识和动作要领，提升基本运动技能动作水平。

健康行为：通过情境创设下的学、练、赛活动，学生应认识到体育锻炼有益健康，了解基本的运动安全知识和方法。

体育品德：综合运用国防教育跨学科知识，在走、跑、跳、爬等基本运动技能的学练中，激发学生吃苦耐劳、敢于拼搏、永不言弃等优良品格的养成，在团队合作中能够鼓励同伴，相互协作，涵养爱国主义情怀和集体主义精神。

（二）教学方法

教法：讲解法、示范法、情境教学法、分组教学法、运动游戏法等。

学法：自主学习法、探究学习法、合作学习法等。

六、教学准备

（一）教学用具

多媒体显示屏、课件、音乐、音响、奖品贴纸若干。

（二）运动器材

标志筒 48 个、标志杆 24 个、跳架 48 个、小体操垫 6 块（教师可根据学生具体人数来确定运动器材的具体数量）。

（三）安全预案

第一，体育教师必须严格按照体育课课堂常规的要求，认真细致地向学生讲清各种注意事项，在教学过程中反复强调"安全第一"。

第二，在教学过程中，若发生运动损伤事故，体育教师应立即了解伤者情况，判断伤情，进行现场救治或送往校医务室，并告知该学生班主任具体情况。

七、教学过程

（一）准备部分

创设"我是小小解放军"红色主题情境，结合水平一阶段基本运动技能中的移动性技能和非移动性技能相关内容，将课堂化身为革命战场，学生化身为小小解放军，开展保家卫国的战斗故事。

播放一段国旗故事的短视频。

体育教师："孩子们，老师手上拿的是什么？（教师手拿小国旗）你们知道中国的国旗叫什么名字吗？"

学生回答。

体育教师："是的，我们的国旗叫作五星红旗，它的设计者叫曾联松。国旗的红色象征革命，旗上的五颗五角星及其相互关系象征共产党领导下的革命人民大团结。五角星用黄色是为了在红地上显出光明，四颗小五角星各有一尖正对着大星的中心点，表示围绕着一个中心而团结。"

体育教师："我们都是在国旗下长大的孩子，爱护国旗、保卫国家是每一个中国人的责任和使命。今天，我们要化身为小小解放军战士，重温革命历史，感受先烈们保家卫国的艰辛和不易。小战士们，你们准备好了吗？"

学生回答。

体育教师："革命战斗即将开始。"

【任务一：热血军营练兵】

1. 任务说明

创设"热血军营练兵"教学情境：解放军队伍日常训练严厉、组织纪律严格，战士们每天都需要备战、训练和学习，整齐列队，精神抖擞，以饱满的战斗状态和昂扬的冲锋姿态拉开练兵帷幕。播放《红星闪闪》音乐，将伸展、屈体、扭转等非移动性技能融入音乐节奏中，进行热身活动。

2. 师生活动

体育教师：（1）示范热身动作，组织学生跟练；（2）播放音乐和发布口令，注意调整学生的动作规范和队形秩序；（3）引导学生感受解放军战士的组织纪律和严格标准，提高注意力、观察力、自制力和动作思维能力。

学生：（1）认真观看教师动作示范，认真跟练；（2）听从教师指挥和口令，进行热身活动；（3）切身感受解放军战士的组织纪律和严格标准，培养良好身体姿态，增强集体观念和纪律意识。

3. 组织队形

"热血军营练兵"组织队形见图1-2。

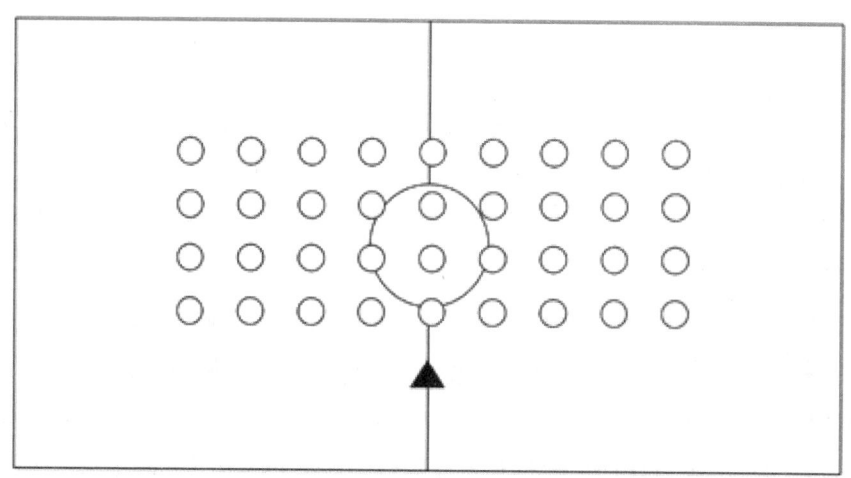

图1-2 "热血军营练兵"组织队形图

注：▲表示老师；○表示学生。

4. 设计意图

其一，通过伸展、屈体、扭转等非移动性技能完成热身活动，带领学生体验非移动性技能的具体内容和练习方法。其二，通过"热血军营练兵"教学情境的创设，充分渲染课堂氛围，引导学生融入解放军的身份角色，快速进入学习状态。

（二）基本部分

【任务二：钻山洞翻高岭】

1. 任务说明

创设"钻山洞翻高岭"教学情境：大战即将来袭，小解放军们所在的部队遭遇了敌人的伏击，现在需要团结起来，共同歼灭敌人夺取胜利。小解放军们需要以小组为单位，分为六支队伍，共同钻过山洞（匍匐爬行过障碍）和翻越高岭（跪撑爬行过障碍）。当第一名同学任务进行到最后一个障碍物时，第二名同学方可开始进行，以此类推，直至全部完成钻山洞任务，然后以同样的方法从终点处跪撑爬行返回起点，一来一回即为一个完整任务。

2. 师生活动

体育教师：（1）示范并讲解匍匐爬行过障碍和跪撑爬行过障碍的动作要领；（2）播放音乐和发布口令，注意调整学生在任务练习中的队形秩序和动作节奏；（3）引导学生感受军人保家卫国的艰辛和不易，从实践经历中加深自身体会。

学生：（1）认真观看动作示范，仔细听讲动作分解；（2）以小组为单位按要求进行匍匐爬行和跪撑爬行，听从指挥，服从命令；（3）以切身体验感受军人作战的勇气和辛劳，树立伟大的爱国主义精神。

评价：学生自评匍匐爬行和跪撑爬行动作的熟练运用程度；小组内部评价哪一小组动作最规范、速度最快、配合最紧密；教师点评学生动作完成的规范程度，并奖励表现优异者贴纸一个。

3. 组织队形

"钻山洞翻高岭"组织队形见图1-3。

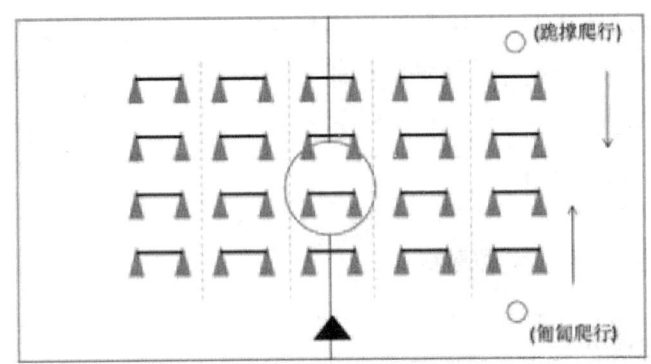

图1-3 "钻山洞翻高岭"组织队形图

注：▲表示老师；〇表示学生；⏜表示标志筒和支架组成的障碍物。

4. 设计意图

其一，通过设置匍匐爬行和跪撑爬行的闯关任务，发展上下肢和腰腹力量以及全身动作协调配合的能力，促使学生能够在运动过程中体验方向、路径、位移速度等的变化。其二，通过"钻山洞翻高岭"任务情境的创设，引导学生感悟军人保家卫国的艰辛和不易，厚植爱国主义情怀。

【任务三：踏激流躲弹雨】

1. 任务说明

创设"踏激流躲弹雨"教学情境：小解放军们顽强地抵抗着敌人的炮火追击，在作战过程中，需要小战士们踏过行军路上的激流，躲避敌人埋伏的枪林弹雨，成功向前行进。以小组为单位，分为六支队伍，共同踏过激流（双脚跳过障碍物）和躲避弹雨（直线跑）。当第一名同学任务进行到最后一个障碍物时，第二名学生方可开始进行，以此类推，直至全部完成，然后以同样的方法从终点处的障碍物左侧直线快速跑回，一来一回即为一个完整任务。

问题提示

怎样才能快速又安全地躲避敌人的攻击？

★引导学生能够联系情境说出表示速度快慢、力量大小等的运动术语。

---

2. 师生活动

体育教师：（1）示范并讲解双脚跳过障碍和直线跑的动作要领，双脚跳过去、直线跑回；（2）播放音乐和发布口令，注意调整学生在任务练习中的队形秩序和动作节奏；（3）在实践演练中培育学生勇敢顽强、不怕苦不怕累、敢于挑战的意志品质。

学生：（1）认真观看动作示范，仔细听讲动作分解；（2）以小组为单位按要求进行双脚跳和直线跑，听从指挥，服从命令；（3）在实践演练过程中，感受军人的坚毅品格，培育肯吃苦耐劳的精神品格。

评价：学生自评双脚跳和直线跑动作的熟练运用程度；小组内部评价哪一小组动作最规范、速度最快、配合最紧密；教师点评学生动作完成的规范程度，并奖励表现优异者贴纸一个。

3.组织队形

"踏激流躲弹雨"组织队形见图1-4。

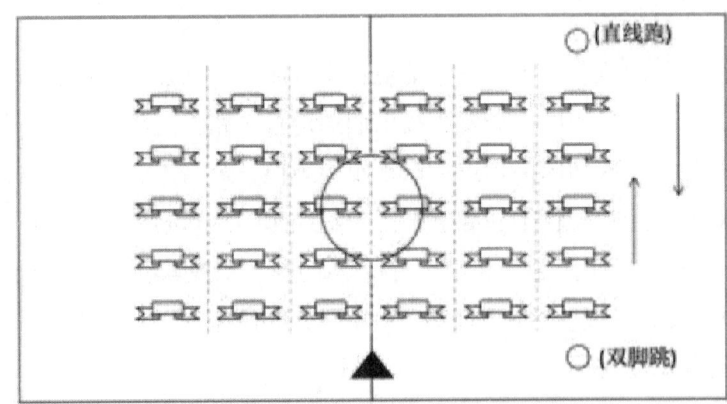

图1-4 "踏激流躲弹雨"组织队形图

注：▲表示老师；○表示学生；⊐⊏表示跳架。

4.设计意图

其一，通过设置双脚跳和直线跑的闯关任务，发展身体灵敏、协调能力和下肢力量，知道相关运动术语的动作方法。其二，通过"踏激流躲弹雨"任务情境的创设，引导学生在实践演练的过程中培养吃苦耐劳的意志和不轻言放弃、能够坚持到底的顽强品格。

【任务四：运弹药救伤员】

1.任务说明

创设"运弹药救伤员"教学情境：更加严峻的挑战又将来临，小解放军们被敌军团团包围，战况十分紧张，现在需要紧急加送弹药并及时抢救受伤队员。以小组为单位，分为六支队伍，共同运输弹药（扛着小体操垫往返跑）和抢救伤员（两两一组单脚跳）。在运输弹药任务时，由一名同学扛着体操垫从起点奔跑，绕杆后再回到起点，交接给下一名队员继续，直至全部队员交接完成。抢救伤员任务时，两两一组相互搀扶进行单脚跳，右腿单脚跳过去，左腿单脚跳回来。用时最短的队伍即为胜利者。

问题提示

爱国主义行为、爱国主义精神在日常生活中表现在哪些方面？

★引导学生从实际生活出发关注具象化的爱国精神体现，促使学生明白爱国不仅存在于革命战场上，日常生活的方方面面都可以渗透爱国主义行为和集体主义精神。例如不闯红灯、不随意插队、节约用水、尊老爱幼等。

知识窗

相关技能的动作要领

匍匐爬行： 腹部贴于地面，屈回右腿，伸出左手，用右脚的蹬力和左手的扒力使身体前移，然后再屈回左腿，伸出右手，用左脚的蹬力和右手的扒力使身体继续前移，依次交替前进。

跪撑爬行： 由跪撑开始，一侧手掌撑地和同侧膝腿向前爬行，交替连续爬进。

双脚跳： 预备时腿稍屈，臂后摆，上体稍前倾；起跳时臂上摆，腿蹬直；落地时前脚掌先着地，屈腿，上体稍前倾。

直线跑： 跑时上体正直稍前倾，两臂屈肘（约成直角）前后自然摆动，用前脚掌先着地，跑成直线。

单脚跳： 单脚平衡站立，摆动腿和手臂后摆，非支撑腿大腿带动小腿和手臂前摆，支撑腿快速蹬地后屈膝缓冲。

2. 师生活动

体育教师：（1）示范并讲解负重跑和两人一组单脚跳的动作要领，

负重跑过去、单脚跳回；（2）播放音乐和发布口令，注意调整学生在任务练习中的队形秩序和动作节奏；（3）引导学生在交接体操垫和两人一组单脚跳时配合协作，通力完成；（4）在合作任务中锻炼学生团队合作能力，培养团队意识和合作精神。

学生：（1）认真观看动作示范，仔细听讲动作分解；（2）以小组为单位按要求进行负重跑和两人一组单脚跳，听从指挥，服从命令；（3）遵守任务规则，与同伴相互配合，共同完成；（4）在协作共赛的过程中，感受解放军战士的团结精神，锻炼自信心和勇于交流的能力。

评价：学生进行自评和互评，交流分享两两合作的心得体会；教师点评学生与同伴的动作配合完成情况，表扬动作完成既规范又速度的小组，鼓励动作完成较慢的小组，奖励获胜小组成员每人贴纸一个。

3. 组织队形

"运弹药救伤员"组织队形见图1-5、图1-6。

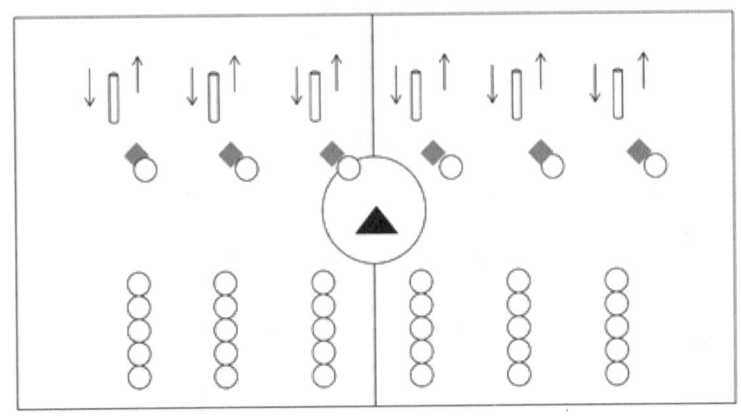

图1-5 "运弹药救伤员"组织队形图a

注：▲表示老师；〇表示学生；◆表示学生扛着体操垫奔跑；▯表示标志杆。

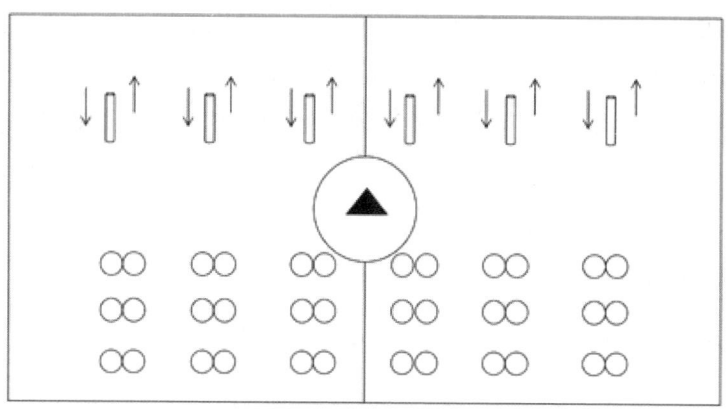

图 1-6 "运弹药救伤员"组织队形图 b

注：▲表示老师；○表示学生；▯表示标志杆。

4. 设计意图

其一，通过设置负重跑和两人一组单脚跳的闯关任务，发展学生的移动性技能水平，锻炼学生的身体活动能力。其二，通过"运弹药救伤员"任务情境的创设，在模拟战斗场景中激发学生的团队合作意识和团结友爱品质，引导学生学会关爱同伴，培养正确的价值观。

（三）结束部分

【任务五：灭敌军庆胜利】

1. 任务说明

创设"灭敌军庆胜利"教学情境：在经历种种艰难险阻后，我们解放军队伍终于成功抵达会师地点与另一支队伍成功会师，在消灭敌军后，迎来了胜利的号角。跟随《我和我的祖国》音乐节奏，在场地任意区域内，跟随教师进行活动后的放松运动。

2. 师生活动

体育教师：（1）播放音乐，示范动作（伸展、屈体、扭转等非移动性技能编排而成的动作组合）；（2）带领学生在音乐节奏下进行身体各部位的放松活动;(3)引导学生调整呼吸,融入节奏,在音乐声中升华本节课的主题。

学生:(1)面向老师,跟随教师在音乐节奏下进行身体各部位的放松活动;(2)听口令进行动作的变换;(3)充分放松身心,思考本节课的收获与感悟。

3. 组织队形

"灭敌军庆胜利"组织队形见图1-7(呈散点状)。

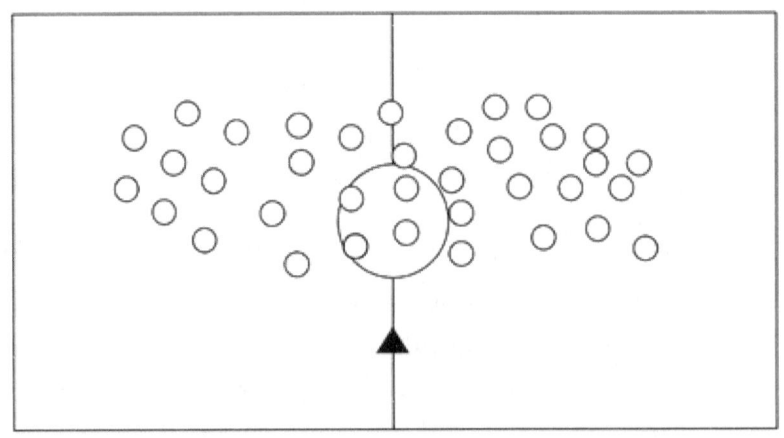

图1-7 "灭敌军庆胜利"组织队形图

注:▲表示老师;○表示学生。

4. 设计意图

其一,通过创设、组合非移动性技能动作,在发展学生综合身体活动能力的同时完成下课前的放松活动,使学生身体的各项机能逐渐调节到正常水平,达到机体超量恢复的效果。其二,通过"灭敌军庆胜利"任务情境的创设,结合红色主题歌曲的播放,进一步渲染课堂情境氛围,升华爱国主义教育主题。其三,引导学生养成运动后放松的良好运动习惯。

5. 教师总结

体育教师:"同学们,有谁知道我们的国家,中华人民共和国的成立时间吗?"

学生回答。

体育教师:"新中国成立于1949年,这是无数革命先烈用鲜血和生命铸就的。通过今天这节特别的体育和国防教育相融合的课,我们体验到解放军战士英勇杀敌的伟大事迹。老师想问大家,你们有什么感想吗?有什么想说的吗?"

学生回答。

体育教师:"没有共产党就没有新中国,没有军人战士的奋勇杀敌,就没有我们现在的美好生活。我们生在国旗下,长在春风里,一定要牢牢记住,我们在祖国的怀抱里成长,祖国在我们心中扎根,我们要永远热爱祖国,为祖国的繁荣富强努力奋斗。"

6. 学习评价

评价方式:学生自评、同伴互评、教师点评。"我是小小解放军"综合评价量规详见表1-1。

表1-1 "我是小小解放军"综合评价量规

评价维度	评价标准	★★★	★★	★
运动能力	1. 掌握跑、跳、爬等基本运动技能			
	2. 提高耐力、灵敏度、速度等体能能力			
健康行为	1. 知道体育锻炼有益健康			
	2. 了解基本的运动安全知识			
体育品德	1. 厚植爱国主义情怀,培养高尚品格			
	2. 发展团结协作的团队精神			
跨学科素养	1. 知道国旗的名字和含义			
	2. 了解生活中的爱国行为			

7. 课后作业

(1)结合所学技能在家里练习:跪撑爬行,5 m/组 ×2组;双脚跳,10个/组 ×2组;单脚跳,10个/组 ×2组。

(2)学唱一首红色主题歌曲,在主题班会时进行展示。

八、教案参考

"我是小小解放军"教案

主题	小小特种兵	学段	水平一	年级	二年级	班级	×××班

学习内容	我是小小解放军——"基本运动技能＋国防教育"跨学科主题学习
学习目标	运动能力：在模拟"解放军北上会师行军作战"跨学科主题学习情境任务中，学生应能知晓国旗的形状和五角星的位置及意义，了解走、跑、跳，爬等基本运动技能的相关知识和动作技能的动作要领，学生应认识到体育运动安全知识和方法。 健康行为：通过情境创设下的学、练、赛活动，了解基本运动技能对体育锻炼有益健康，提升基本运动技能动作水平。 体育品德：综合运用国防教育跨学科知识，在走、跑、跳、爬等基本运动技能的学练中，激发学生吃苦耐劳，敢于拼搏，永不言弃等优良品格的养成，在团队合作中能够鼓励同伴、相互协作，涵养爱国主义情怀和集体主义精神。
重点	跑、跳跃、爬行等基本运动技能动作要领的掌握。
难点	1. 多种团队协作的交接配合及规则遵守。 2. 爱国主义精神的渗透与融入。

课的结构	课的内容		学习内容	教法与指导	学法与表现	组织与队形
	时间	次数	负荷			
准备部分	1分钟	1	低	一、课堂常规 1. 体委整队，报告人数。 2. 师生问好，检查服装，强调安全。 3. 宣布本课学习内容及要求，安排见习生。	1. 教师进行常规教育管理。 2. 宣布本课内容，要求及安全教育。 3. 安排见习生。	1. 体委整队（快、静、齐）。 2. 明确本课任务及目标，见习生见习。 3. 牢记安全提醒。	参见图1-2

—18—

第一章 "钢铁战士"跨学科主题学习的教学设计

续表

课的结构	课的内容			学习内容	教法与指导	学法与表现	组织与队形
	时间	次数	负荷				
准备部分	4分钟	1	低	二、情境导入 1. 播放国旗故事的短视频。 2. 教师语言导入：孩子们，你们知道中国的国旗叫什么名字吗？	1. 教师播放视频。 2. 语言讲解导入。	1. 认真观看视频。 2. 认真听讲。	参见图1-2
	3分钟	1	低	三、热身活动（热血军营练兵） 解放军队伍日常训练严厉，组织纪律整齐列队，战士们需要精神抖擞，以饱满的战斗状态拉开练兵帷幕。播放《红星闪闪》音乐，将伸展、屈体、扭转等非移动性技能融入音乐节奏中，完成热身活动。	1. 示范领做，播放音乐。 2. 提示热身过程中动作舒展到位。	1. 注意观察，认真跟做。 2. 遵守纪律，听从教师命令和指挥。	参见图1-2

—19—

续表

课的结构	课的内容			学习内容	教法与指导	学法与表现	组织与队形
	时间	次数	负荷				
基本部分	8分钟	2	中	一、钻山洞翻高岭 大战即将来袭，小解放军们所在的部队需要北上与另外一支部队进行会合，共同增援战斗以夺取胜利。小解放人令取胜军人令取胜。分为六支队伍，共同钻山洞（匍匐爬行）和翻越高岭（跪撑爬行）。	1. 示范并讲解匍匐爬行和跪撑爬行的动作要领。 2. 创设情境、讲解规则。 3. 发布任务命令，调整学生练习中的队形秩序和动作节奏。 4. 引导学生感受军人保家卫国的艰辛和不易，从实践经历中加深自身体会。	1. 认真观看动作示范，仔细听讲动作分解。 2. 以小组为单位按要求进行匍匐爬行和跪撑爬行。 3. 听从指挥，服从命令，认真练习。 4. 以切身体验感受军人作战的勇气和辛劳，树立伟大的爱国主义精神。	参见图1-3
	8分钟	2	中	二、踏激流躲弹雨 在会师路上，需要小战士们踏过行军路上的激流，躲避敌人埋伏的枪林弹雨，成功向前行进。以小组为单位，分为六支队伍，共同踏过障碍物（双脚跳）和躲避弹雨（以直线跑穿越障碍物）。	1. 示范并讲解双脚跳和直线跑的动作要领，双脚跳过去，直线跑回。 2. 创设情境，讲解规则。 3. 播放音乐，调整学生练习中的队形秩序和动作节奏。 4. 引导学生在实践演练中培育学生勇敢顽强的品质。	1. 认真观看动作示范，仔细听讲动作分解。 2. 以小组为单位按要求进行双脚跳和直线跑。 3. 听从指挥，服从命令，认真练习。 4. 在实践演练过程中认真感受军人的坚毅品格，培育吃苦耐劳的精神。	参见图1-4

续表

课的结构	课的内容			学习内容	教法与指导	学法与表现	组织与队形
	时间	次数	负荷				
基本部分	10分钟	2～3	高	三、运弹药救伤员 我们被敌军团团包围，战况十分紧张，现在需要紧急加送弹药并及时抢救受伤队员。以小组为单位，分为六支队伍，共同运输弹药（扛着小体操垫往返跑）和抢救伤员（两人一组单脚跳）。	1. 示范并讲解负重跑和两人一组单脚跳的动作要领，负重跑过去，单脚跳回来。 2. 播放音乐和发布口令，调整学生在任务练习中的队形秩序和动作节奏。 3. 引导学生在交接体操基和两人一组单脚跳时配合协作，通力完成。 4. 引导学生在合作任务中锻炼团队合作能力，培养团队意识和合作精神。	1. 认真观看动作示范，仔细听讲动作分解。 2. 以小组为单位按要求进行负重跑和两人一组单脚跳，听从指挥、服从命令、认真练习。 3. 遵守任务规则，与同伴相互配合，共同完成。 4. 在协作共赢的过程中感受解放军战士的团结精神，锻炼自信心和勇于交流的能力。	参见图1-5、图1-6

第一章 "钢铁战士"跨学科主题学习的教学设计

续表

课的结构	时间	次数	负荷	学习内容	教法与指导	学法与表现	组织与队形
结束部分	6分钟	1	低	一、放松活动（灭敌军庆胜利） 在经历种种艰难险阻后，我们解放军战士队伍始终于顺利抵达会师地点与另一支队伍成功会师，在消灭了敌军后，迎来了胜利的号角。跟随《我和我的祖国》音乐节奏，在场地任意区域内，跟随教师进行活动后的放松运动。 二、集合小结 三、布置作业 四、收拾场地与器材 五、师生再见	1. 播放音乐，示范动作。 2. 带领学生在音乐节奏下进行身体各部位的拉伸。 3. 引导学生调整呼吸节奏，在音乐中升华本节课主题。 4. 总结本节课的学习内容及情况。 5. 安排学生归还器材。 6. 布置课后作业。	1. 面向教师，跟随教师在音乐节奏下进行身体各部位的拉伸。 2. 听口令进行放松身心。 3. 充分收获与感悟。 4. 认真听教师进行总结。 5. 协助教师归还器材。 6. 牢记课后作业并积极完成。	参见图1-7
场地器材	多媒体显示屏、课件、音响、音乐、贴纸若干、标志筒48个、标志杆24个、跳架48个、小体操垫6块。						参见图1-2

续表

运动密度	运动强度：中等 运动密度：75% 平均心率：125次/分钟	心率曲线	预计心率曲线图（纵轴：心率（次/分），50-150；横轴：时间（分钟），0-40）
安全保障	1. 场地器材放置合理，确保学生练习间距，避免相互碰撞，造成学生受伤。 2. 充分做好热身活动，避免运动损伤。 3. 合理安排练习次数，注意运动负荷。		
课后反思			

案例设计二：

消防英雄少年团
——"体能+道德与法治+国防教育"跨学科主题学习

> **年级**：三年级
> **课时**：1课时
> **主题**：英雄小少年
> **内容**：体能
> **学科**：体育与健康、道德与法治、
> 　　　　国防教育

一、案例概要

"消防英雄少年团"跨学科主题学习案例以落实立德树人的根本任务和"健康第一"的教育理念为指导思想，以体育与健康学科核心素养为引领，以《义务教育体育与健康课程标准（2022年版）》关于开展跨学科主题学习的新要求为依据，紧扣"钢铁战士"中水平二的"英雄小少年"学习主题，将体能训练与道德与法治中的火灾安全教育以及国防教育中的军事基础体能等内容相结合，立足"学、练、赛"一体化的教学要求，创造性地对"体育与健康+道德与法治+国防教育"跨学科主题学习展开教学设计。本案例注重基于水平二阶段学生的学情分析和所选取知识的教材分析，借助视频、图片、音乐、体育器材、任务卡片等学习资源，引导学生了解消防安全教育、认识消防职业的特殊性、明白体能练习的重要性，在实践练习中体会消防员队伍的严格纪律、辛苦训练和勇敢无私。本案例通过"日常操练—极速出警—穿越浓烟—灭火救援—圆满完工"等系列任务的设计，将消防安全教育和国防技能教育充分融入体能学练中。一方面，增强学生身

体素质和体能能力，培养热爱运动的健康行为，提升吃苦耐劳、勇敢顽强的体育品德；另一方面，普及消防安全教育和国防技能教育等跨学科知识，引导学生学会火灾时的自我保护、避难方法等消防安全技能，明白体魄强健的必要性，理解发展体能的重要性，并认识到消防员职业角色的神圣和伟大。

二、主题解读

《义务教育体育与健康课程标准（2022年版）》对"钢铁战士"水平二阶段的"英雄小少年"学习主题作出了说明："结合中国人民解放军的优良传统教育，在体能学练中引导学生扮演战士、消防员等不同角色，促进学生理解发展体能的作用，以及所承担角色任务的重要性。"本案例以"英雄小少年"学习主题为切入点，以义务教育教科书《体育与健康教师用书 体能 全一册》（人民教育出版社，2024年）中"三至四年级体能教学内容"为立足点，以义务教育教科书《道德与法治》（人民教育出版社，2018年，三年级上册）第三单元第8课"安全记心上"和国防教育中的国防技能训练为串联点，设计了蕴含"体能+道德与法治+国防教育"知识和技能的"消防英雄少年团"跨学科主题学习。"消防英雄少年团"跨学科主题学习案例在遵循"准备部分—基本部分—结束部分"教学思路的基础上，融入了"任务群、问题链、素养线"的跨学科主题学习设计逻辑，通过"消防救援"教学情境的创设和"消防员"角色人物的体验，围绕"日常操练—极速出警—穿越浓烟—灭火救援—圆满完工"的闯关任务，在体能学练过程中融入消防安全教育和国防技能教育，引导学生了解消防员职业角色的光辉伟大，掌握火灾发生时逃生、灭火以及搬运伤员的方法，在实践体验中树立纪律意识、合作意识以及责任意识，明白体能练习的必要性和体魄强健的重要性，发展不畏艰苦、敢于拼搏的精神品质。

三、学情分析

本课的授课对象为水平二阶段的三年级学生。该年龄阶段的学生正处于生长发育的旺盛阶段，是全面提高身体素质、掌握基本技术的良好时期。其生理发育特点表现为神经系统发展较快，兴奋和抑制的机能有所增强。其心理发展特点表现为对各项活动有着广泛兴趣但又难以坚持，练习时注意力较易分散。其性格特点表现为活泼开朗，愿意主动参加集体活动，但情绪控制能力有限。该年龄阶段的学生通过前面课程的学习，已具备一定基础的身体活动能力，如速度、力量、灵敏度和协调性等，能够适应和接受如匍匐前进、蹲走前行、折返跑、快速跑、绕杆跑等基础体能的学练。因此，在充分考虑学生身心发展特点和身体活动水平的基础上，本案例基于情境学习、游戏体验和合作练习的课堂风格，注重鼓励、诱导和启发，采用多种教学方法，以丰富的情境、富有挑战性的任务和有趣的内容吸引学生的学习兴趣和注意力，促使学生在实践学练的过程中能够自发地去探讨、去发现和去创造，引导学生在发展体能水平的同时提升消防安全意识和国防基础技能，培育良好的组织纪律和精神品格。

四、整体设计

"消防英雄少年团"跨学科主题学习案例以"消防救援"的情境设定为主线，通过准备部分、基本部分和结束部分三个环节共同推进课堂教学。基于"体能＋道德与法治＋国防教育"知识、技能与方法的课程内容，从任务群、问题链及素养线三个方面进行了具体设计。

第一，任务群设计。任务一"日常操练"是指通过拉伸、跳跃等动作完成热身活动，引导学生融入消防员的身份角色，快速进入学习状态。任务二"极速出警"是指通过各种方式起动的跑的动作练习，训练快速反应能力，在情境的创设下感受消防员队伍严格的组织纪律性。任务三"穿越浓烟"是指通过连续双脚跳过障碍物和蹲走前行的动作练习，发展肌肉力量、耐力和身体协调性，在情境演练中了解火灾发生时正确的逃生方法，增强消防安全意识。任务四"灭火救援"是指通过折返跑接力比赛，提升位移速度、爆发力和灵敏性等身体素质，在实践操作中普及消防安全常识，培养团队合作意识，提高解决实际问题的综合能力。任务五"圆满完工"

是指在红色歌曲情境下进行放松活动，引导良好运动习惯的养成。

第二，问题链设计。问题1以"发生火灾时，我们应该如何正确拨打救援电话？"为前置问题导入，快速调动学生的思维和注意力，引导学生进入消防安全教育的教学情境中。问题2以"为什么火灾逃生时需要弯腰、低姿、捂口鼻？"引导学生将理论学习与动作练习相结合，强化消防安全技能的渗透和自我保护能力的提升。问题3以"成为一名优秀的消防员需要具备哪些技能和品格？"引导学生关注体能练习的重要性，启发学生联系实际情况，综合运用多学科知识解决实际生活问题。问题4以"作为一名学生，我们应该如何从自身做起，杜绝火灾隐患？"将课程内容与现实生活相联系，深化消防安全教育，引发学生持续思考。

第三，素养线设计。在运动能力方面，旨在提高学生体能水平，发展速度、力量、耐力、灵敏度等身体素质。在健康行为方面，旨在帮助学生了解参与体育锻炼对生长发育和身心健康的益处，能够保持体育锻炼习惯，选择合理的运动负荷。在体育品德方面，旨在培育学生吃苦耐劳、勇敢坚毅的意志品质，发展纪律意识、合作意识和集体意识。在跨学科素养方面，旨在提升消防安全认知和国防技能水平，掌握火灾发生时的自我保护、避难、救援等方法等，加深学生对消防员职业角色的理解和认同。整体设计框架见图1-8。

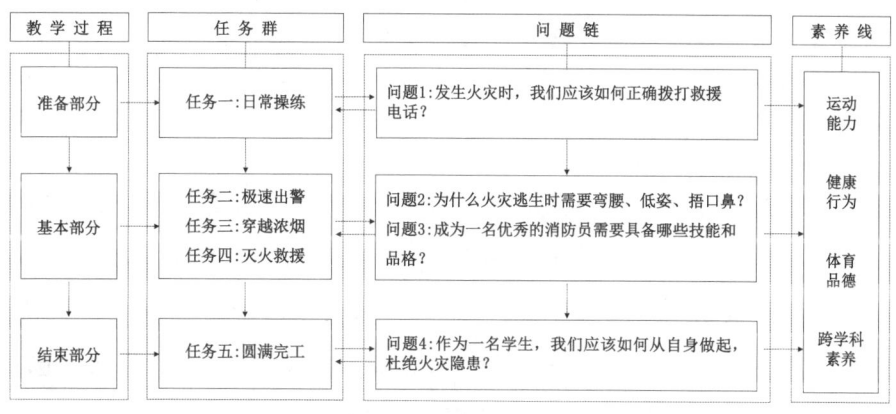

图1-8 "消防英雄少年团"整体设计框架图

五、学习目标和教学方法

（一）学习目标

运动能力：在模拟"消防救援"跨学科主题学习情境任务中，掌握火灾发生时自救逃生、灭火以及搬运伤员的方法，提高体能练习中各项动作技能水平，提升速度、力量、耐力、灵敏度等身体素质。

健康行为：通过情境创设下的学、练、赛活动，了解参与体育锻炼对生长发育和身心健康的益处，能够保持体育锻炼习惯，选择合理的运动负荷。

体育品德：综合运用消防安全教育、国防教育等跨学科知识，结合体能学练，发展纪律意识、合作意识和集体意识，培育吃苦耐劳、勇敢坚毅和敢于担当的意志品质。

（二）教学方法

教法：讲解法、示范法、情境教学法、分组教学法、运动游戏法等。
学法：自主学习法、探究学习法、合作学习法等。

六、教学准备

（一）教学用具

多媒体显示屏、课件、音乐、音响、4份"灭火秘籍"、4份"搬运伤员"方法任务单、奖章若干。

（二）运动器材

1卷黄色不透明大胶布、4个标志筒、8个标志盘（教师可根据学生具体人数来确定运动器材的具体数量）。

（三）安全预案

第一，体育教师必须严格按照体育课课堂常规的要求，认真细致地向学生讲清各种注意事项，在教学过程中反复强调"安全第一"。

第二，在教学过程中，若发生运动损伤事故，体育教师应立即了解伤者情况，判断伤情，进行现场救治或送往校医务室，并告知该学生班主任具体情况。

七、教学过程

（一）准备部分

创设"消防英雄少年团"红色主题情境，结合水平二阶段的体能训练内容，将课堂化身为消防救援现场，学生化身为小小消防员，开展灭火救援的勇敢行动。

播放一段消防员救灾灭火的短视频。

体育教师："同学们，你们知道这些身穿带有'黄银黄'反光带藏青色衣服的人是谁吗，他们的职业叫什么？"

学生回答。

体育教师："是的，他们就是勇敢的消防员战士。当发生火灾、危险时，面对烈火浓烟，逆行而上，冲锋在前的人就是我们可敬又可爱的消防员。老师想问大家，如果发生火灾需要救援，我们应该拨打什么电话？如何正确进行呼救？"

学生回答。

体育教师："当发生火灾时，我们要拨打119，当电话接通后，要讲清起火的位置、燃烧物、火势大小、有无被困人员这四个关键信息，留下自己的姓名和联系方式，并站在交叉路口等待消防救援车的到来，引导消防救援车快速到达火灾现场。大家都学会了吗？"

学生回答。

体育教师："今天，老师带领大家一起走进消防英雄的生活，我们一起体验消防员灭火救援的勇敢行动。消防英雄少年团，你们准备好了吗？"

学生回答。

体育教师："消防救援，马上开始！"

【任务一：日常操练】

1. 任务说明

创设"日常操练"教学情境：消防员队伍日常管理严格、生活作息规律，每天都需要执勤备战、训练和学习，只有日常认真训练，参与救援时才能成功完成任务，为人民的生命和财产安全保驾护航。小小消防员们在教师的带领下，用跳跃动作完成热身活动（用胶布在场地画好相隔 1 m 的四条横线，学生进行简单拉伸后，以胶布线条为轴，跟随教师口哨和指令，成四行进行并脚前后跳、单脚前后跳练习，继而全体向左转，成四列进行开合跳、左右横跳练习）。

2. 师生活动

体育教师：（1）示范热身动作，组织学生跟练；（2）播放音乐和发布口令，注意调整学生的动作规范和队形秩序；（3）引导学生感受消防员日常训练的组织纪律和严格标准，提高注意力、观察力、自制力和动作思维能力。

学生：（1）认真观看教师动作示范，认真跟练；（2）听从教师指挥和口令，进行热身活动；（3）切身感受消防员日常训练的组织纪律和严格标准。

3. 组织队形

"日常操练"组织队形见图 1-9。

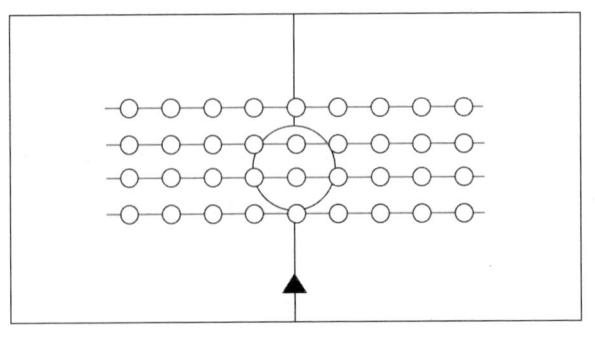

图 1-9 "日常操练"组织队形图

注：▲表示老师；○表示学生；———表示画线胶带。

4. 设计意图

其一，通过并脚前后跳、单脚前后跳、开合跳、左右横跳练习等跳跃动作，完成热身活动，发展学生心肺耐力、速度、灵敏度等体能能力。其二，通过"日常操练"教学情境的创设，充分渲染课堂氛围，引导学生融入消防员的身份角色，快速进入学习状态。

（二）基本部分

【任务二：极速出警】

1. 任务说明

创设"极速出警"教学情境：消防队接到群众报警电话，某某小区发生了火灾，警铃响起，消防员们不论在干什么，都要立即停止，马上穿好防护装备，火速赶往事故发生地。全体同学分成八个小队，起点处4小队，终点处4小队，均从各自标志线的左侧开展动作，做各种方式起动的跑的动作练习。当听到教师口哨声时，须立即起来快速奔跑至终点后再返回。

2. 师生活动

体育教师：（1）示范并讲解各种方式起动的跑的动作技术要领；（2）播放出警铃声，吹响口哨发令；（3）指导学生动作，并注意调整学生在任务练习中的队形秩序和动作节奏。

学生：（1）认真听讲动作技能要领，仔细观察教师动作示范；（2）认真进行动作练习；（3）学习过程中保持课堂纪律。

评价：学生自评做各种方式起动的跑的动作的掌握运用情况；教师点评每支队伍动作练习的规范程度和纪律情况，表现优异者每人奖励奖章一个。

3. 组织队形

"极速出警"组织队形见图1-10。

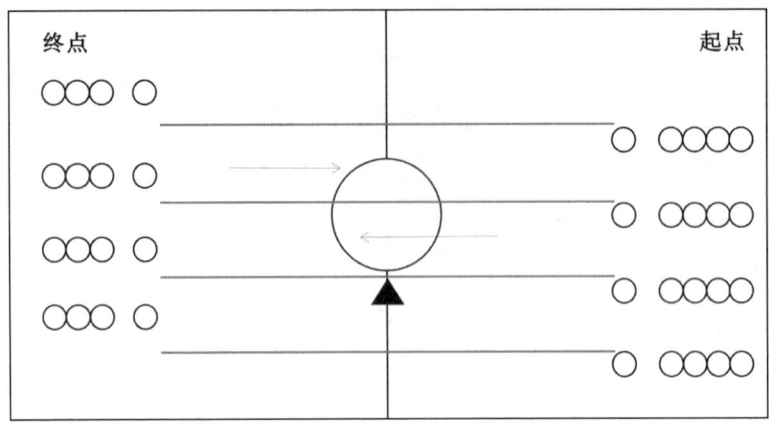

图 1-10 "极速出警"组织队形图

注：▲表示老师；〇表示学生。———表示画线胶带。

4.设计意图

其一，通过各种方式起动的跑的动作练习，训练快速反应能力，提高身体协调性、灵敏性，增添体能训练的乐趣。其二，通过"极速出警"教学情境的创设，感受消防员出警时的速度与紧迫，体会严格的队伍管理和训练，强化学生的集体意识和组织纪律性。

【任务三：穿越浓烟】

1.任务说明

创设"穿越浓烟"教学情境：消防员们来到了事故发生地，这里已经浓烟滚滚，火势蔓延，热浪袭人。蔓延的烟雾中含有大量有毒物质，消防员们需要做好防护，紧急穿越浓烟，斩断火势根源。全体同学分成 8 个小队，起点处 4 小队，终点处 4 小队，均从各自标志线的左侧做连续双脚跳过障碍物和蹲走前行动作，模拟火灾发生时正确的逃生方法（弯腰、低姿、捂口鼻）。一名同学于起点连续双脚跳过障碍物前行至队伍末端，另一名同学于终点从标志线左侧做捂口鼻蹲走前行至队伍末端，当第一名同学做完后，第二名同学再跟上，以此类推，每个人均需完成一个完整来回，回到各自出发起点。用时最短的队伍即为获胜者,每人奖励奖章一个。

问题提示

为什么火灾逃生时需要弯腰、低姿、捂口鼻?

★引导学生将理论学习与动作练习相结合,强化消防安全技能的渗透和自我保护能力的提升。

---

2. 师生活动

体育教师:(1)示范并讲解连续双脚跳过障碍物和蹲走前行的动作要领;(2)组织学生分成八小队进行练习,每小队依次排列,按顺序接替进行动作练习;(3)播放音乐和发布口令,注意调整学生在任务练习中的队形秩序和动作节奏;(4)在实践演练中培育学生勇敢顽强、吃苦耐劳的意志品质。

学生:(1)认真观看动作示范,仔细听讲动作分解;(2)以小组为单位按要求进行动作练习;(3)听从组织命令和教师要求,服从纪律;(4)积极感受消防员不畏艰险、英勇顽强的坚毅品格。

评价:学生自评连续双脚跳过障碍物和蹲走前行动作的熟练运用程度;小组内部评价哪一小组动作最规范、速度最快、配合最紧密;教师点评各小组动作配合完成情况,表扬动作完成既规范又快速的小组,鼓励动作完成较慢的小组。

3. 组织队形

"穿越浓烟"组织队形见图1-11。

4. 设计意图

其一,通过连续双脚跳过障碍物和蹲走前行的动作练习,在团队合作过程中训练学生的肌肉力量、肌肉耐力和身体协调性,培育团队意识和合作能力。其二,通过"穿越浓烟"教学情境的创设,帮助学生了解火灾发生时正确的逃生方法(弯腰、低姿、捂口鼻),增强消防安全意识和自我保护能力。

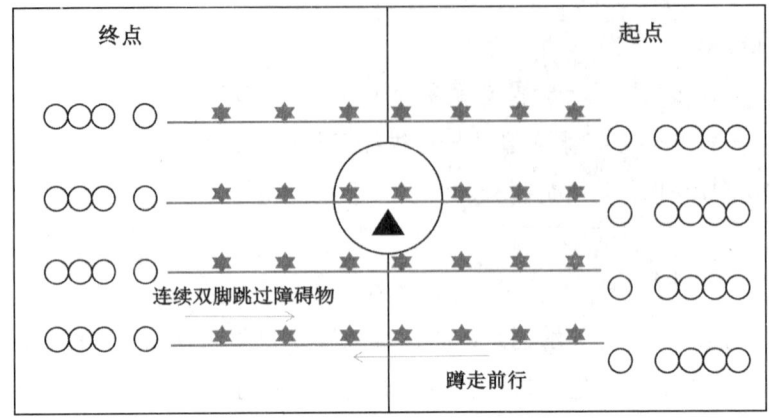

图 1-11　"穿越浓烟"组织队形图

注：▲表示老师；○表示学生；——表示画线胶带；★表示标志盘。

【任务四：灭火救援】

1. 任务说明

创设"灭火救援"教学情境：消防员们顺利找到了火灾根源，现在需要直面烈火，逆向而行，开展集体灭火和抢救被困人员行动。全体同学成四列小队进行 25 m 折返跑接力赛，每队第一名同学手持标志筒（模拟灭火器），由起点快速跑向终点，绕过标志盘后，快速跑回，将标志筒交接给第二名同学，以此类推，以最后一名同学返回起点处为比赛结束，用时最短的队伍即为获胜者。当最后一名同学返回起点后，揭开起点处标志盘拿出藏在里面的"灭火秘籍"和"搬运伤员方法"任务单（设置四个不同的"灭火秘籍"和"搬运伤员方法"任务单），各小组依次大声朗读"灭火秘籍"，而后团队合作按照"搬运伤员方法"任务单，讨论分工，模拟搬运伤员，按照折返跑路线，从起点搬运至终点。动作完成正确、规范且用时最短的队伍即为获胜者，每人奖励奖章一个。

2. 师生活动

体育教师：（1）示范并讲解折返跑接力的动作要领；（2）组织学生分成四小队进行练习，讲解游戏规则；（3）播放音乐和发布口令，注意调整学生在任务练习中的队形秩序和动作节奏；（4）在执行任务过程中引导学生学会团队合作，相互配合共同完成规定任务；（5）合理分配"搬运伤员"任务，提醒学生在合作搬运过程中注意安全，强调团队合作精神。

学生：（1）认真观看动作示范，仔细听讲动作分解；（2）以小组为单位按要求进行动作练习；（3）听从组织命令和教师要求，服从纪律；（4）积极与团队成员展开合作，寻找最优方式和最佳策略，相互配合，共同完成任务；（5）在完成"搬运伤员"任务时谨记安全第一，注意安全，量力而行。

评价：学生评价自己在"灭火救援"活动中的收获和体会；小组间相互评价合作比赛情况；教师点评学生与同伴的动作配合完成情况，表扬动作完成既规范又快速的小组，鼓励动作完成较慢的小组。

> **问题提示**
>
> 成为一名优秀的消防员需要具备哪些技能和品格？
>
> ★引导学生关注体能练习的重要作用，启发学生联系实际情况，综合运用多学科知识解决实际生活问题。

3. 组织队形

"灭火救援"组织队形见图1-12。

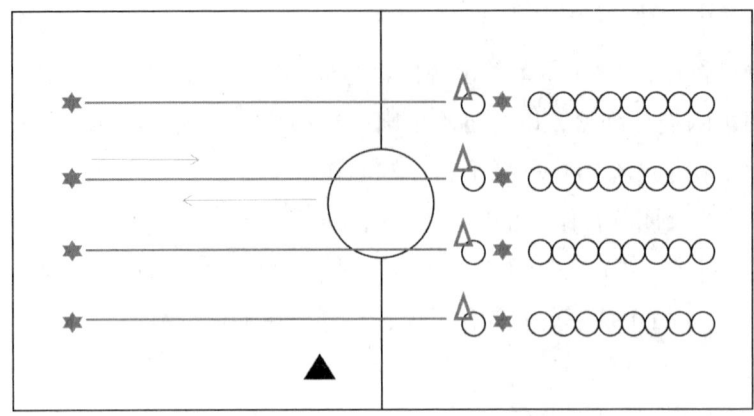

图 1-12　"灭火救援"组织队形图

注：▲表示老师；○表示学生；———表示画线胶带；✦表示标志盘；△表示标志筒；▲表示扛着标志筒（灭火器）奔跑的学生。

4. 设计意图

其一，通过 25 m 折返跑接力赛任务的设置，发展学生的位移速度、爆发力、灵敏性等身体素质，提高体能能力。其二，通过"灭火救援"教学情境的创设，融入消防安全知识，以实践操作和互动体验引导学生提升消防安全常识，提高自我保护能力。其三，通过团队任务的设置，培养学生的合作意识和交流能力，在探究活动中促使学生运用多学科知识解决问题，提高解决实际问题的综合能力。

> **知识窗**
>
> **相关技能的动作要领**
>
> **各种方式起动的跑**：采用正对、背对、侧对跑的前进方向，用各种自然站立、坐、跪、蹲、撑等姿势起动，向指定的目标方向快速跑出。
>
> **连续双脚跳过障碍物**：准备时双腿自然弯曲，重心微微下蹲，双手后摆。起跳时双腿用力，同时双臂向前上方摆动，跳过障碍物。落地时要轻巧，双腿弯曲缓冲。双手后摆再次成准备姿势，进行下一次跳跃。
>
> **蹲走前行**：双脚分开与肩同宽，缓慢蹲下，双手随意摆放，抬左半身同时抬起左脚向前迈，然后抬右半身并抬起右脚向前迈；如此左右脚交替向前行走。
>
> **折返跑**：从起点快速奔跑至终点，用手或脚触碰标志物后立即转身跑回起点，再转身继续跑向终点，循环进行，根据要求在起点和终点间做若干个来回折返。

（三）结束部分

【任务五：圆满完工】

1. 任务说明

创设"圆满完工"教学情境：恭喜消防员们成功完成灭火并救出被困人员，圆满完成了任务，保卫了人民的生命财产安全。接下来，可以归队休息放松。播放《逆行英雄》音乐，在场地任意区域内，跟随教师进行活动后的放松运动。

2. 师生活动

体育教师：（1）播放音乐，示范动作；（2）带领学生在音乐节奏下进行身体各部位的拉伸；（3）引导学生调整呼吸节奏，在音乐声中升华本节课的主题。

学生：（1）面向老师，跟随教师在音乐节奏下进行身体各部位的拉伸；（2）听口令进行动作的变换；（3）充分放松身心，思考本节课的收获与感悟。

3.组织队形

"圆满完工"组织队形见图1-13（呈散点状）。

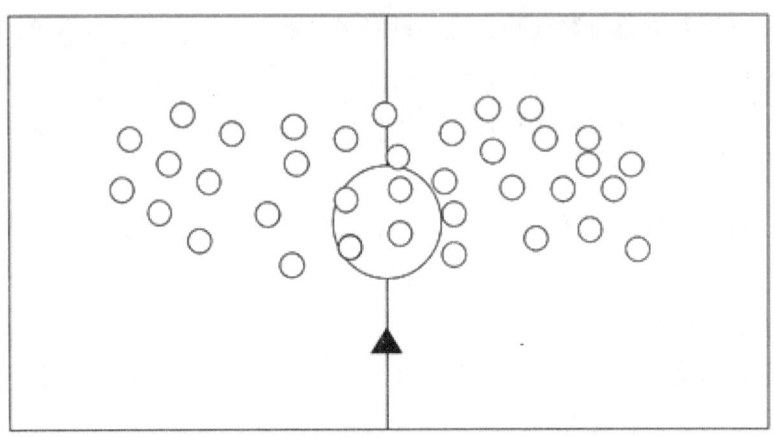

图1-13　"圆满完工"组织队形图

注：▲表示老师；〇表示学生。

4.设计意图

其一，通过红色主题歌曲的播放，进一步渲染课堂情境氛围，升华课程主题。其二，通过积极充分的放松活动，使人体的各项机能逐渐调节到正常水平，从而达到机体超量恢复的能力，引导学生养成运动后自觉放松的习惯。

> **灭火秘籍：**
>
> 1. 冷却灭火法
>
> 2. 窒息灭火法
>
> 3. 隔离灭火法
>
> 4. 化学抑制灭火法
>
> **"搬运伤员方法"任务单：**
>
> 第一组请用"双人椅托式"合理设计搬运伤员。
>
> 第二组请用"双人轿杠式"合理设计搬运伤员。
>
> 第三组请用"双人拉车式"合理设计搬运伤员。
>
> 第四组请用"单人扶行"和"背负法"合理设计搬运伤员。
>
> 注：教师可根据实际教学情况，扩展、补充知识点，结合学生身体素质情况，合理分配搬运任务。

5. 教师总结

体育教师："同学们，今天我们体验了消防员的任务执行过程，老师相信大家一定对消防安全知识有了更多的了解。在现实生活中，执行消防任务是一件非常危险的事情，有很多的消防英雄为了救人灭火奉献了自己的生命。我们作为一名小学生，虽然不能参与真实救援任务，但可以从自己做起，做好安全防护，不给学校和社会带来危险，也是一种积极行动。最后，老师想问大家，我们应该如何从自身做起，杜绝火灾隐患？"

学生回答。

体育教师补充，如不玩火、不碰电、不玩打火机、不随意触碰燃气灶具和电源开关等。

体育教师："加强自身身体素质水平，提升消防安全意识，我们一起行动！"

6. 学习评价

评价方式：学生自评、同伴互评、教师点评。"消防英雄少年团"综合评价量规详见表1-2。

表 1-2 "消防英雄少年团"综合评价量规

评价维度	评价标准	★★★	★★	★
运动能力	1. 发展跳跃、跑步、爬行等身体活动能力			
	2. 提高速度、耐力、灵敏度等身体素质水平			
健康行为	1. 知道体育锻炼有益健康			
	2. 了解基本的运动安全知识			
体育品德	1. 培养吃苦耐劳、勇敢顽强的意志品质			
	2. 具备勇于奉献、敢于担当的团队精神			
跨学科素养	1. 知道火灾发生时自救逃生的方法			
	2. 明白安全教育的重要性			

7. 课后作业

（1）进行身体素质练习：原地蹲起跳，20次/组×3组；平板支撑，30秒/组×3组；体前屈拉伸，20秒/组×3组。

（2）检查自己家中存在的消防安全隐患，并告知父母，一起进行处理。

八、教案参考

"消防英雄少年团"教案

主题	英雄小少年	学段	水平二	年级	三年级	班级	×××班
学习内容	消防英雄少年团——"体能+道德与法治+国防教育"跨学科主题学习						
学习目标	运动能力：在模拟"消防救援"跨学科主题学习情境任务中，提高体能技能水平，提升速度、力量、耐力、灵敏度等身体素质。 健康行为：通过情境创设下的学、练、赛活动，了解参与体育锻炼对生长发育和身心健康的益处，能保持体育锻炼习惯，选择合理的运动负荷。 体育品德：综合运用消防安全教育、国防教育等跨学科知识，结合体能学练，发展纪律意识、合作意识和集体意识，培育吃苦耐劳、勇敢坚毅和敢于担当的意志品质。						
重点	1. 体能练习中各项动作技能的学练方法及运用。 2. 知道火灾时的自救逃生方法。			难点	1. 各项动作规范，全身协调配合。 2. 明白安全教育，体能锻炼的重要性。			

课的结构	时间	次数	负荷	学习内容	教法与指导	学法与表现	组织与队形
准备部分	2分钟	1	低	一、课堂常规 1. 体委整队，报告人数。 2. 师生问好，检查服装，强调安全。 3. 宣布本课学习内容及要求，安排见习生。	1. 教师进行常规教育管理。 2. 宣布本课任务，要求及安全教育。 3. 安排见习生。	1. 体委整队（快、静、齐）。 2. 明确本课任务及目标，见习生见习。 3. 牢记安全提醒。	参见图1-2

—41—

续表

课的结构	时间	课的内容 次数	负荷	学习内容	教法与指导	学法与表现	组织与队形
	4分钟	1	低	二、情境导入 1. 播放一段消防员救灾灭火的短视频。 2. 教师语言导入。	1. 教师播放视频。 2. 语言讲解导入。	1. 认真观看视频。 2. 认真听讲。	参见图1-2
准备部分	4分钟	1	中	三、热身活动（日常操练） 消防员队伍日常管理严格、生活作息规律，每天都需要执勤备战、训练和学习（简单拉伸、并脚前后跳、单脚前后跳、开合跳、左右横跳）。	1. 示范热身动作，组织学生跟练。 2. 播放音乐和发布口令。 3. 引导学生感受消防员日常训练的组织纪律、自制力和动作思维能观察力。	1. 认真观看教师动作示范，认真跟练。 2. 听从教师指挥和口令，进行热身活动。 3. 切身感受消防员日常训练的组织纪律和严格标准。	参见图1-9

-42-

续表

课的结构	课的内容 时间	次数	负荷	学习内容	教法与指导	学法与表现	组织与队形
基本部分	6分钟	2	中	一、极速出警 消防队接到群众报警电话，某小区发生了火灾，消防员们要立即穿好防护装备，火速进往事故发生地。全体同学分成八个小队，起点处四小队，终点处四小队，均从各目标志线的左侧开展动作，做各种方式起动助跑的助跑练习。	1. 示范并讲解各种方式起动助跑的动作技术要领。 2. 播放出警铃声，吹响口哨发令。 3. 指导学生任务练习中的队形和动作节奏。	1. 认真听讲动作技能要领，仔细观察教师动作示范。 2. 认真进行动作练习。 3. 学习过程中保持课堂纪律。	参见图1-10
基本部分	8分钟	3	中	二、穿越浓烟 消防员们来到了事故发生地，立即做好防护，准备紧急穿越浓烟，扑灭火势救根源。全体同学分成八个小队，起点处四小队，终点处四小队，均从各目标志线的左侧做连续双脚腾跳过障碍物和蹲走前行动作，模拟火灾发生时正确的逃生方法（弯腰，低姿，捂口鼻）。	1. 示范并讲解连续双脚腾跳过障碍物和蹲走前行动作要领。 2. 组织学生分成八小队进行练习。 3. 播放音乐和发布口令，调整学生任务练习中的队形秩序和动作节奏。 4. 在实践演练中培育学生勇敢顽强，吃苦耐劳的品质。	1. 认真观看动作示范，仔细听讲动作分解。 2. 以小组为单位按要求进行动作练习。 3. 听从教师命令和纪律要求，服从纪律。 4. 积极感受消防员不畏艰险，英勇顽强的坚毅品格。	参见图1-11

—43—

续表

课的结构	课的内容		学习内容	教法与指导	学法与表现	组织与队形
	时间	次数 负荷				
基本部分	10分钟	3 中	三、灭火救援 消防员们顺利找到了火灾根源，现在需要直面烈火，逆向而行，开展集体灭火和抢救被困人员行动。第一，全体同学成四列小队进行折返跑接力比赛。第二，团队合作完成"灭火秘籍"和"搬运伤员方法"任务，用时最短组即为胜利者。	1. 示范并讲解折返跑接力的动作要领。 2. 组织学生分成四队进行练习，讲解游戏规则。 3. 播放音乐和发布口令，学生在任务练习中的队形秩序。 4. 在任务过程中引导学生学会团队合作和配合。 5. 合理分配"搬运伤员"任务，提醒学生在合作搬运过程中注意安全，强调团队合作精神。	1. 认真观看动作示范，仔细听讲动作分解。 2. 以小组为单位按要求进行动作练习。 3. 听从组织命令和教师要求，服从纪律。 4. 积极与团队成员展开合作，寻找最优方式和最佳策略，相互配合，共同完成。 5. 在完成"搬运伤员"任务时，切记安全第一，注意安全量力而行。	参见图1-12

续表

课的结构	课的内容 时间	课的内容 次数	课的内容 负荷	学习内容	教法与指导	学法与表现	组织与队形
结束部分	3分钟	1	低	一、放松活动（圆满完工）跟着音乐听音乐的歌曲，在场地任意区域内，跟随老师进行活动后的放松运动。	1. 播放音乐，示范动作。2. 带领学生在音乐节奏下进行身体各部位的拉伸。3. 引导学生调整呼吸节奏，在音乐中升华本节课主题。	1. 面向教师，跟随教师在音乐节奏下进行身体各部位的拉伸。2. 听口令进行动作的变换。3. 充分放松身心，思考本节课的收获与感悟。	参见图1-13
	3分钟	1	低	二、集合小结三、布置作业四、收拾场地与器材五、师生再见	4. 总结本节课的学习内容及情况。5. 安排学生归还器材。6. 布置课后作业。	4. 认真听教师进行总结。5. 协助教师归还器材。6. 牢记课后作业并积极完成。	参见图1-2
场地器材	多媒体显示屏、课件、音乐、音响、1卷黄色不透明大胶布、4个标志筒、8个标志盘、4份"灭火秘籍"、4份"搬运伤员"方法任务单、奖章若干。						

续表

运动密度	运动强度：中等 运动密度：75% 平均心率：130次/分钟	心率曲线
安全保障	1. 场地器材放置合理，确保学生练习间距，避免相互碰撞，造成学生受伤。 2. 充分做好热身活动，避免运动损伤。 3. 合理安排练习次数，注意运动负荷。	
课后反思		

案例设计三：

智勇缉毒小战警
——"篮球 + 道德与法治 + 国防教育"跨学科主题学习

> **年级：** 五年级
> **课时：** 1 课时
> **主题：** 智勇双全小战士
> **内容：** 篮球顺步持球突破
> **学科：** 体育与健康、道德与法治、
> 　　　　国防教育

一、案例概要

"智勇缉毒小战警"跨学科主题学习案例以落实立德树人的根本任务和"健康第一"的教育理念为指导思想，以体育与健康学科核心素养为引领，以《义务教育体育与健康课程标准（2022 年版）》关于开展跨学科主题学习的新要求为依据，紧扣"钢铁战士"中水平三的"智勇双全的小战士"学习主题，将篮球运动中的顺步持球突破动作与道德与法治中的禁毒教育和国防教育中的国防历史等内容相结合，立足"学、练、赛"一体化的教学要求，创造性地对"体育与健康 + 道德与法治 + 国防教育"跨学科主题学习展开教学设计。本案例注重基于水平三阶段学生的学情分析和所选取知识的教材分析，借助资料包、视频、图片、音乐、体育器材等学习资源，引导学生了解禁毒相关知识、树立拒毒防毒意识，在实践练习中培育学生正确的价值观，激发爱国主义情怀和保家卫国的责任意识。本案例通过"侦察敌情—潜伏探案—突破封锁—浴血奋战—销毁毒品"系列任务的设计，

将禁毒教育和国防历史充分融入篮球运动中的顺步持球突破动作技术内容的学练过程中。一方面，加强持球突破动作技能的发展，掌握突破运球的正确运用时机，提高应对复杂环境的反应能力和快速应变能力；另一方面，普及禁毒教育和国防历史等跨学科知识，增强学生自我防范意识，能够自觉抵制毒品诱惑，加强对学生正确价值观的引领，为社会、学校开展禁毒教育提供有力抓手。

二、主题解读

《义务教育体育与健康课程标准（2022年版）》对"钢铁战士"水平三阶段的"智勇双全小战士"学习主题作出了说明："结合国防科普、武装力量和国防建设成就等资料学习，在对抗性的武术、球类等运动项目学练中创设多变的情境，培养学生的战术思维、预判能力和应变能力。"本案例以"智勇双全小战士"学习主题为切入点，以义务教育教科书《体育与健康教师用书 篮球运动 全一册》（人民教育出版社，2024年）中水平三阶段的"顺步持球突破"为立足点，以义务教育教科书《道德与法治》（人民教育出版社，2019年，五年级上册）第一单元第3课"主动拒绝烟酒和毒品"和国防教育中的国防历史为串联点，设计了蕴含"篮球+道德与法治+国防教育"知识和技能的"智勇缉毒小战警"跨学科主题学习。"智勇缉毒小战警"跨学科主题学习案例在遵循"准备部分—基本部分—结束部分"教学思路的基础上，融入了"任务群、问题链、素养线"的跨学科主题学习设计逻辑，通过"击杀毒贩缴获毒品"教学情境的创设和"缉毒小战警"角色人物的体验，围绕"侦察敌情—潜伏探案—突破封锁—浴血奋战—销毁毒品"的闯关任务，在篮球专项运动技能之顺步持球突破动作技术的学练过程中融入禁毒知识和国防知识，注重发展学生的应变、预判和反应能力，培养学生的团队合作意识，在实践体验中树立正确人生价值观和涵养伟大爱国主义精神。

三、学情分析

本课的授课对象为水平三阶段的五年级学生。该年龄阶段的学生正处于提高身体素质和运动能力的敏感期。其生理发育特点表现为身高体重明显增长，肌肉骨骼力量迅速增强，脉搏频率较快，心脏发育显著。其心理发展特点表现为开始从具体形象思维向抽象逻辑思维过渡，但仍具有明显的具体形象性。其性格特点表现为活泼好动，想象力丰富，对新鲜事物有着极大的好奇心，但注意力不够集中，纪律意识薄弱，缺少克服困难的意志和毅力。该年龄阶段的学生通过前面课程的学习，初步掌握了篮球运动的基本运动技能和基本技术，有了一定的运动技能水平和体能能力，能够适应和接受如传接球、持球突破、接球投篮、传切配合等基本运动技术、组合动作技术以及简单战术的学练运用。因此，在充分考虑学生身心发展特点和身体活动水平的基础上，本案例基于情境学习、游戏体验和合作练习的课堂风格，注重鼓励、诱导和启发，采用多种教学方法，引导学生在发展运动能力的同时培育正确的价值观和爱国主义情怀。

四、整体设计

"智勇缉毒小战警"跨学科主题学习案例以"击杀毒贩缴获毒品"的情境设定为主线，通过准备部分、基本部分和结束部分三个环节共同推进课堂教学。基于"篮球＋国防教育＋道德与法治"知识、技能与方法的课程内容，从任务群、问题链及素养线三个方面进行了具体设计。

第一，任务群设计。任务一"侦察敌情"是指运用篮球脚步练习进行专项热身活动，引导学生快速融入身份角色，进入学习状态。任务二"潜伏探案"是指运用顺步持球突破动作练习，发展学生的专项运动技能水平，培养观察能力和快速反应能力。任务三"突破封锁"是指通过两两运球突破比拼的任务，培养学生能够独自面对复杂的现实情境并作出正确的判断的能力。任务四"浴血奋战"是指在模拟战斗场景中培养学生的战术思维，在发展篮球专项运动技能的同时培养责任感和团队意识。任务五"销毁毒品"是指科学普及禁毒知识，引导学生树立正确价值观，同时在红色主题歌曲情境下进行放松活动。

第二，问题链设计。问题1以"在日常生活中，我们如何做到远离毒品？"为前置问题导入，快速调动学生的思维和注意力，引导学生进入禁毒和国防教育的主题教学情境中。问题2以"如何才能突破防守，快速进行运球上篮？"引导学生对持球突破技术进行深入思考，在实战演练中培育学生的观察力、注意力和创新能力。问题3以"行军作战之际，团队应该如何配合以夺取胜利？"发展学生"排兵布阵"的战略意识，引导学生关注学习过程中产生的问题，并能够运用合理的方法解决问题。问题4以"同学们，有谁知道国际禁毒日的时间吗？"提问拓展课程内容，引导学生养成关注国家大事和国防知识的良好学习习惯，引发学生进一步深入思考和继续探究。

第三，素养线设计。在运动能力方面，旨在提高学生持球突破专项运动技能水平，发展速度、力量、耐力等身体素质。在健康行为方面，旨在帮助学生发展力量、协调、速度等身体素质，培养健康的运动习惯和良好的生活方式，并能够有效调控自己的情绪。在体育品德方面，旨在培养遵守规则、尊重对手、公平竞争的体育精神以及保家卫国的责任和情怀。在跨学科素养方面，旨在普及禁毒教育和国防历史等知识，增强学生自我防范意识和自我保护能力，加强正确价值观的引领。整体设计框架见图1-14。

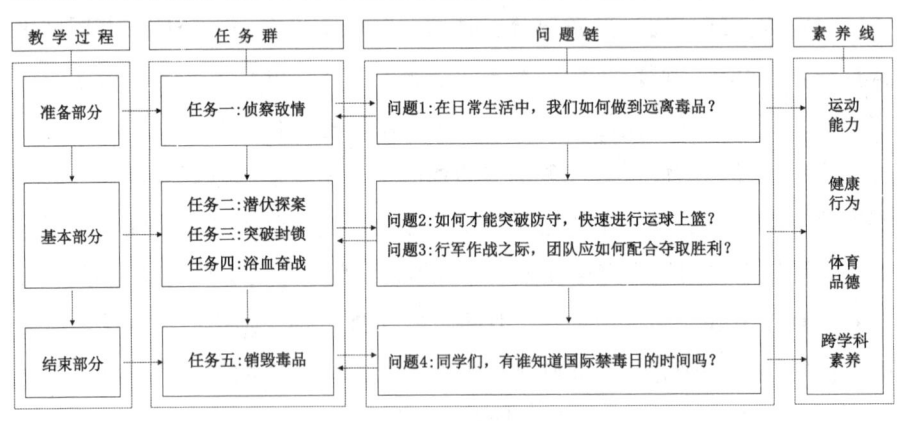

图1-14 "智勇缉毒小战警"整体设计框架图

五、学习目标和教学方法

（一）学习目标

运动能力：在模拟"击杀毒贩缴获毒品"跨学科主题学习情境任务中，

了解有关毒品的相关知识和拒毒防毒的方法手段,掌握顺步持球突破的动作技术要领,发展持球突破技术能力,并能在比赛情境中把握持球突破的正确时机。

健康行为:通过情境创设下的学、练、赛活动,养成科学、安全的锻炼习惯,能够在运动中有效调控自己的情绪,积极主动地参加体育锻炼。

体育品德:综合运用禁毒教育和国防教育等跨学科知识,结合篮球专项运动技能的学练,激发学生勇敢顽强的优良品格,在团队合作中能够鼓励同伴,相互协作,培养遵守规则、尊重对手、公平竞争的体育精神以及保家卫国的责任和情怀。

(二)教学方法

教法:讲解法、示范法、情境教学法、分组教学法、运动游戏法等。

学法:自主学习法、探究学习法、合作学习法等。

六、教学准备

(一)教学用具

多媒体显示屏、课件、音乐、音响、"毒品"销毁箱、3份毒品情报资料(教师可根据学生具体人数来确定运动器材的具体数量)。

(二)运动器材

篮球36个、标志筒36个、篮球架2个。

(三)安全预案

第一,体育教师必须严格按照体育课课堂常规的要求,认真细致地向学生讲清各种注意事项,在教学过程中反复强调"安全第一"。

第二,在教学过程中,若发生运动损伤事故,体育教师应立即了解伤者情况,判断伤情,进行现场救治或送往校医务室,并告知该学生班主任具体情况。

七、教学过程

（一）准备部分

创设"智勇缉毒小战警"红色主题情境，结合水平三阶段篮球专项运动技能中的持球突破相关内容，通过"10·5中国船员金三角遇害事件（湄公河惨案）"这一背景知识，了解我国对捍卫国土与国民的决心，认识国防教育的重要性。借助电影《湄公河行动》故事情节，将课堂化身为缉毒行动现场，学生化身为缉毒战士，展现中国军人保卫国家领土、保护祖国人民的英勇事迹。

播放一段"湄公河惨案"事件简介和电影片段的短视频。

体育教师："真实残暴的湄公河惨案，以及为还同胞清白的决心，都深深地震撼着每一位中国人。电影让我们看到，世界上有一群在危险中冲锋陷阵守护着我们的人，他们是谁？"

学生回答。

体育教师："对，就是中国警察，中国军人。'毒品不绝，英雄不死'是中国缉毒警不变的信念，有无数先烈都在缉毒的过程中丧失了宝贵的生命。毒品毁灭自己，祸及家庭，危害社会，我们每一位公民都要树立禁毒人人有责的意识。老师想问大家，我们应该如何远离毒品呢？"

学生回答。（教师补充，例如，永不尝试第一口，保持健康向上的生活方式，慎重交友，远离不健康的娱乐场所等。）

体育教师："好，同学们，今天，课堂就是战场，缉毒灭匪的行动需要大家的力量，作为一名智勇双全的缉毒战士，你们有信心成功缴获毒品，击杀毒贩吗？"

学生回答。

体育教师："非常棒！行动马上开始。"

【任务一：侦察敌情】

1. 任务说明

创设"侦察敌情"教学情境：13名中国籍船员在湄公河孟喜岛水域被

劫持，遭枪杀并被抛尸，上级组织派出缉毒战警军团了解船员遇难背后的阴谋，希望你们能查明真相，揪出幕后黑手。现在进行第一关任务，侦察敌方军情，获得可靠情报。首先，跟随教师动作进行篮球脚步练习（上下脚步、前后跳步、刺探步、小碎步、滑步、交叉步等）。其次，前后两人一组，一人防守一人进攻，运用滑步和交叉步进行无球跑动摆脱防守练习。

2. 师生活动

体育教师：（1）示范篮球脚步，组织学生跟练；（2）播放音乐和发布口令，注意调整学生两两一组练习的动作规范和队形秩序；（3）引导学生感受缉毒警察执行任务时的艰辛和不易，从实践经历中加深自身体会。

学生：（1）认真观看教师动作示范，认真跟练；（2）听从教师指挥和口令，积极做好防守动作；（3）切身感受缉毒警察执行任务时的勇气和辛劳，树立伟大的爱国主义精神。

3. 组织队形

"侦察敌情"组织队形见图1-15。

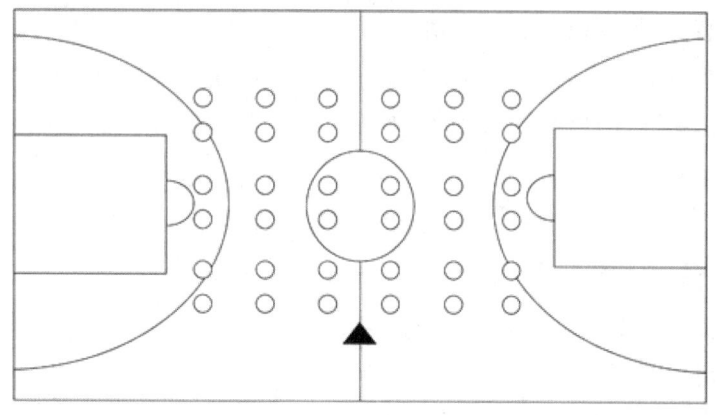

图1-15　"侦察敌情"组织队形图

注：▲表示老师；〇表示学生。

4. 设计意图

其一，通过侦察敌情任务的开展，充分渲染课堂情境氛围，引导学生融入"缉毒战警"的身份角色，快速进入学习状态。其二，通过篮球脚步练习，进行专项热身活动，发展学生速度、灵敏度、反应等身体素质。

（二）基本部分

【任务二：潜伏探案】

1. 任务说明

创设"潜伏探案"教学情境：现在我方军队已经探测到了幕后大毒枭及其根据地的所在位置，但对方物资雄厚，人员充足，一旦开战危险重重。因此，我们要在支援军队到来前继续做好潜伏工作，进一步刺探更精准的情报。全班同学进行持球过障碍练习，相距 0.5 m 放置两个标志筒，学生持球站在标志筒中间，反复练习顺步持球突破动作。在固定障碍的练习活动中，提高学生支配球、假动作吸引、脚步动作、转体探肩、推放球加速五个环节的熟练性。教师可评选练习动作最为规范和标准的同学，奖励情报资料一份。

2. 师生活动

体育教师：（1）示范并讲解顺步持球突破的动作要领；（2）播放音乐和发布口令，注意调整学生在任务练习中的队形秩序和动作节奏；（3）在实践演练中培育学生勇敢顽强、不怕苦不怕累、敢于挑战的意志品质。

学生：（1）认真观看动作示范，仔细听讲动作分解；（2）按要求进行顺步持球突破动作的练习，听从指挥，服从命令；（3）在实践演练过程中，感受缉毒警察的坚毅品格，培育勇敢顽强的精神意志。

评价：学生自评顺步持球突破动作的掌握情况；教师点评学生动作完成的规范程度。

3. 组织队形

"潜伏探案"组织队形见图 1-16。

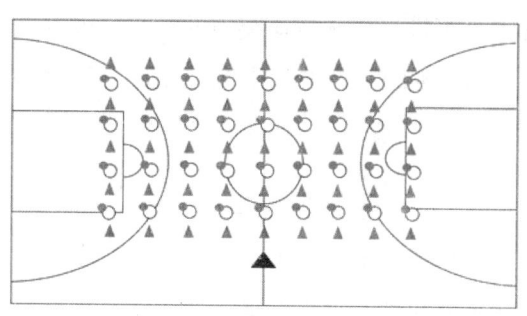

图 1-16 "潜伏探案"组织队形图

注：▲表示老师；〇表示持球的学生；▲表示标志筒。

4. 设计意图

其一，通过设置顺步持球突破的闯关任务，发展学生的专项运动技能水平。其二，通过"潜伏探案"任务情境的创设，引导学生在实践演练的过程中发展观察能力和快速反应能力，能够独自面对复杂的现实情境并作出正确的判断。

情报资料1之常见毒品种类：

罂粟，其果实可加工成鸦片、吗啡、海洛因，又称为"恶之花"，是世界上毒品的重要来源。

鸦片，是从罂粟的果蒂中提取的天然物质，通常呈现为一种棕色或黑色的黏稠物，吸食鸦片的症状表现为极度兴奋，继而嗜睡，长期吸食导致面无血色，瘦弱不堪。（教学使用时可附上图片更为直观）

【任务三：突破封锁】

1. 任务说明

创设"突破封锁"教学情境：我方支援部队已到，现在要进攻敌人营地，捉拿毒枭，缴获毒品。大毒枭狡猾无比，在沿途路上设置了层层障碍，小战士们需要利用自己的智慧和妙招来攻破障碍，获取情报资料。全班同学2人一组，一人持球进攻，另一人防守，在双手抱头、双手后背、积极滑动等各种防守条件下进行顺步持球突破的练习，练习6～8次后两人交换。练习认真、动作规范的小组由教师奖励情报资料一份。

> **问题提示**
>
> 　　如何才能突破防守，快速进行运球上篮？
> 　　★引导学生对运球突破技术进行深入思考，在实战演练中培育学生的观察力、注意力和创新能力，提高学生在实战中的运用能力和协作能力。

　　2. 师生活动

　　体育教师：（1）组织学生两两一组进行防守和进攻练习；（2）播放音乐，发布口令，全场巡视进行动作的纠错与改正；（3）提示学生在进行任务过程中注意安全，学会智取，培养学生的战术思维、预判能力和应变能力。

　　学生：（1）两两一组按要求进行防守和进攻练习；（2）听从组织命令和教师要求，服从纪律；（3）积极创设、运用战术思维发起进攻或组织防守，能够根据不同情况快速反应做出判断和行动。

　　评价：学生自评顺步持球突破动作的熟练运用程度；同伴间相互交流心得体会，评价对方的学习表现；教师对学生的自评和互评进行点评。

　　3. 组织队形

　　"突破封锁"组织队形见图1-17。

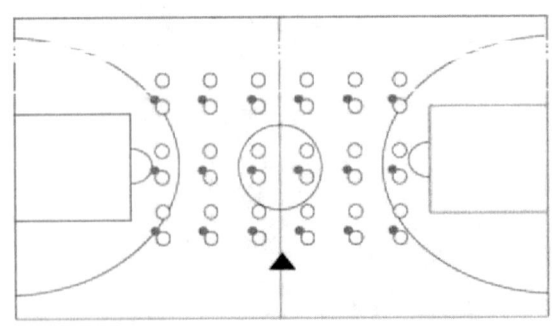

图1-17 "突破封锁"组织队形图

注：▲表示老师；○表示学生；▬表示篮球；⊙表示持球人。

4.设计意图

其一，通过设置顺步持球突破的闯关任务，发展学生的专项运动技能水平，并能够在对方有人防守的情况下快速做出应变举措。其二，通过"突破封锁"任务情境的创设，引导学生在两两比拼的过程中发展预判能力、观察能力和快速反应能力，能够独自面对复杂的现实情境并作出正确的判断。

> **情报资料2之常见毒品种类：**
>
> 海洛因，又称白粉，成瘾性极强，且难戒断，长期吸食、注射海洛因者，瞳孔缩小，身体迅速消瘦，易患病毒性肝炎、艾滋病等。
>
> 冰毒，形状与冰块相似，长期使用可导致永久性失眠，大脑机能破坏、心脏衰竭以及精神分裂症。（教学使用时可附上图片更为直观）

【任务四：浴血奋战】

1.任务说明

创设"浴血奋战"教学情境：战斗来到了决胜时刻，小战士们需要运用智慧和技巧打败敌人，夺取胜利，以获得最终的情报资料。全班同学分两个场地，两大组别，进行顺步持球突破接投篮比赛。3人为一小组，固定点突破分球，其中，一人防守，两人进攻，进攻人1从标志筒1顺步突破运球到标志筒2，然后将球传给位于标志筒3的进攻人2，由进攻人2投篮终结。后面的组别重复进行，两个场地保持组数一致，最后计算两大组的用时分胜负，获得比赛胜利的队伍由教师奖励情报资料一份。

> **问题提示**
>
> 　　行军作战之际，团队应该如何配合以夺取胜利？
> 　　★发展学生"排兵布阵"的战略意识，引导学生关注学习过程中产生的问题，并能够运用合理的方法解决问题。

2. 师生活动

体育教师：（1）示范并讲解顺步持球突破+投篮的动作要领及游戏规则；（2）播放音乐和发布口令，注意调整学生在比赛中的动作规范和队形秩序；（3）引导学生在小组交接任务时配合协作，通力完成；（4）在小组任务中锻炼学生团队合作能力，培养团队意识和合作精神。

学生：（1）认真观看动作示范，仔细听讲动作分解；（2）以小组为单位按要求进行顺步持球突破+投篮，听从指挥，服从命令；（3）遵守游戏规则，与同伴相互配合，共同完成；（4）在协作共赛的过程中，感受缉毒警察的团结精神，锻炼自信心和勇于交流的能力。

评价：学生评价自己在"浴血奋战"活动中的收获和体会；小组间相互评价合作比赛情况；教师点评学生与同伴的动作配合完成情况，表扬动作完成既规范又快速的小组，鼓励动作完成较慢的小组。

3. 组织队形

"浴血奋战"组织队形见图1-18。

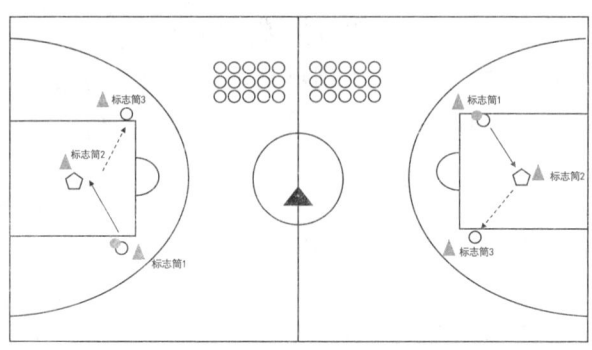

图1-18　"浴血奋战"组织队形图

注：▲表示老师；〇表示进攻人一；◯表示进攻人二；⬠表示防守人；▲表示标志筒。

4. 设计意图

其一，通过设置顺步持球突破+投篮的比赛任务，组织学生在学练篮球专项运动技能的同时培养责任感和团队意识，明白团队合作的重要性，锻炼社交能力。其二，通过"浴血奋战"任务情境的创设，在模拟战斗场景中培养学生的战术思维，激发学生的快速应变能力、观察能力以及合作能力。

> **情报资料 3 之常见毒品种类：**
>
> 跳跳糖，遇水即溶、即冲即饮，与各种饮品混合后口味都不发生变化，伪装性极高，且后劲很强，喝一次两天大脑都会处在兴奋当中。
>
> 彩虹烟，新型毒品，除了有更强的迷惑性，目标直接瞄准青少年，毒性比一般毒品对人体伤害更大。（教学使用时可附上图片更为直观）

（三）结束部分

【任务五：销毁毒品】

1. 任务说明

创设"销毁毒品"教学情境：小战士们一举拿下了毒贩根据地，成功抓获了毒匪，缴获了毒品，现在需要将所缴获的毒品集中销毁。教师拿出事先准备好的毒品销毁箱（自制道具），学生将所获得的情报资料（即毒品类别）扔进去进行销毁，教师借助多媒体视频播放情报资料上所介绍的几种毒品，扩大学生知识面。而后播放音乐《英雄的黎明》，进行放松活动。

2. 师生活动

体育教师：（1）进行"毒品"的销毁，借助幻灯片普及禁毒知识；（2）播放音乐，示范放松动作；（3）带领学生在音乐节奏下进行身体各部位的放松活动；（4）引导学生调整呼吸，融入节奏，在音乐声中升华本节课的主题。

学生：（1）参与"毒品"的销毁，认真听教师讲解禁毒知识；（2）面向教师，跟随教师在音乐节奏下进行身体各部位的放松活动；（3）听口令进行动作的变换；（4）充分放松身心，思考本节课的收获与感悟。

评价：学生评价自己在"销毁毒品"活动中的收获和体会；教师对学生的自我评价和学习情况进行点评。

3. 组织队形

"销毁毒品"组织队形见图1-19。

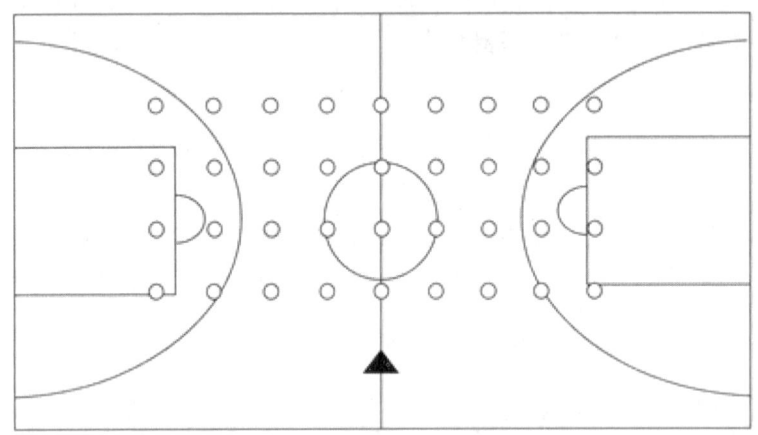

图1-19 "销毁毒品"组织队形图

注：▲表示老师；○表示学生。

4. 设计意图

其一，通过"销毁毒品"情境的创设和模拟任务的进行，科学普及禁毒知识，引导中小学生树立远离毒品、保卫国家的正确价值观。其二，通过积极充分的放松活动，使人体的各项机能逐渐调节到正常水平，从而达到机体超量恢复的能力，引导学生养成运动后自觉放松的习惯。其三，结合红色主题歌曲，进一步渲染课堂情境氛围，升华课程主题。

5. 教师总结

体育教师："同学们，有谁知道国际禁毒日的时间吗？"

学生回答。

体育教师："6月26日是国际禁毒日。我们的故事或者电影的结束总是以喜剧收尾，那就是正义战胜了邪恶，坏人被绳之以法，但在现实生活中，前仆后继的缉毒战士们都牺牲在缴毒品、追毒贩的过程中。小小的我们，唯一能做的就是树立并筑牢禁毒思想防线，以身作则拒绝毒品！大家能做到吗？"

学生回答。

体育教师："让我们一起为国家的安全做出自己的贡献！"

6. 学习评价

评价方式：学生自评、同伴互评、教师点评。"智勇缉毒小战警"综合评价量规详见表1-3。

表1-3 "智勇缉毒小战警"综合评价量规

评价维度	评价标准	★★★	★★	★
运动能力	1. 掌握顺步持球突破动作技术要领			
	2. 提高上下肢与核心部位的力量耐力			
健康行为	1. 养成科学锻炼习惯			
	2. 能够合理调控、控制自身情绪			
体育品德	1. 培养致力保家卫国的高尚情怀			
	2. 养成遵守规则、尊重对手的体育精神			
跨学科素养	1. 了解有关毒品的相关知识			
	2. 提高拒毒防毒、保家卫国的意识			

7. 课后作业

（1）进行上肢力量、下肢力量和腰腹力量的练习：俯卧撑，男生10个/组×3组，女生5个/组×3组。收腹跳，男生15个/组×3组，女生10个/组×3组。平板支撑，60秒/组×3组。

（2）拟写一条禁毒宣传语，在主题班会上进行展示。

八、教案参考

"智勇缉毒小战警"教案

主题	智勇双全小战士	学段	水平三	年级	五年级	班级	×××班
学习内容	智勇缉毒小战警——"篮球+道德与法治+国防教育"跨学科主题学习							
学习目标	运动能力：在模拟"击杀毒贩缴获毒品"跨学科主题学习情境任务中，了解有关毒品的相关知识和拒毒防毒的方法手段，掌握顺步持球突破的动作要领，发展持球突破技术能力，并能在比赛情境中把握持球突破的正确时机。 健康行为：通过情境创设下的学、练、赛活动，养成锻炼习惯，安全的锻炼习惯，能够在运动中有效调控自己的情绪，积极主动地参加体育锻炼。 体育品德：综合运用禁毒教育和国防教育等跨学科知识，结合篮球专项运动技能的学练，激发学生勇敢顽强的优良品格，在团队合作中能够鼓励同伴，相互协作，培养遵守规则，尊重对手，公平竞争的体育精神以及保家卫国的责任和情怀。							
重点	1. 掌握顺步持球突破动作技能。 2. 宣讲禁毒教育内容。					难点	1. 持球突破组合技术的衔接及合理运用。 2. 保家卫国责任意识的渗透与融入。	

课的结构	课的内容			学习内容	教法与指导	学法与表现	组织与队形
	时间	次数	负荷				
准备部分	1分钟	1	低	一、课堂常规 1. 体委整队，报告人数。 2. 师生问好，检查服装，强调安全。 3. 宣布本课学习内容及要求。	1. 教师进行常规教育管理。 2. 宣布本课内容、要求及安全教育。 3. 安排见习生。	1. 体委整队（快、静、齐）。 2. 明确本课任务及目标，见习生见习。 3. 牢记安全提醒。	参见图1-2

—62—

第一章 "钢铁战士"跨学科主题学习的教学设计

续表

课的结构	课的内容 时间	课的内容 次数	课的内容 负荷	学习内容	教法与指导	学法与表现	组织与队形
准备部分	4分钟	1	低	二、情境导入 1. 播放"湄公河惨案"事件简介短视频。 2. 教师语言导入。 三、热身活动（侦察敌情）	1. 教师播放视频。 2. 语言讲解导入。	1. 认真观看视频。 2. 认真听讲。	参见图1-2
准备部分	3分钟	1	低	中国籍船员在湄公河被劫持，遭枪杀并被抛尸，警方需查明真相，揪出幕后黑手，获得可靠情报（第一，跟随教师动作进行篮球脚步练习。第二，两人一组进行无球跑动摆脱防守练习）。	1. 示范篮球脚步，组织学生跟练。 2. 创设情境，讲解规则。 3. 发布指挥命令，调整学生在任务练习中的队形秩序。 4. 引导学生感受缉毒警察执行任务时的艰辛和不易。	1. 认真观看讲解动作示范，仔细听讲动作分解。 2. 以小组为单位按要求进行跟练。 3. 听从指挥和命令，认真练习。 4. 切身感受缉毒警察执行任务时的勇气，树立伟大的爱国主义精神。	参见图1-15
基本部分	8分钟	2	中	一、潜伏探案 现在我方军队已经探测到其根据地的所在位置，我们要在支援军队到来前继续做好潜伏工作，进一步刺探其精准的情报（全班同学进行持球过障练习）。	1. 示范并讲解持球过障的动作要领。 2. 创设情境，讲解规则。 3. 播放音乐，调整学生在任务练习中的队形和动作节奏。 4. 在实战演练中培育学生勇敢顽强的品质。	1. 认真观看动作示范，仔细听讲动作分解讲解。 2. 按要求持球进行过障碍的动作练习。 3. 听从指挥，服从命令，认真练习。 4. 在实战演练过程中认真感受缉毒警察的坚毅品格，培养不怕苦的精神。	参见图1-16

—63—

续表

课的结构	时间	次数	负荷	学习内容	教法与指导	学法与表现	组织与队形
基本部分	8分钟	3	中	二、突破封锁 我方支援部队已到现在要进攻敌人营地，捉拿毒枭，缴获毒品。小战士们需要利用自己的智慧和巧妙招来攻破障碍，获取情报资料（全班同学前后两人一组，一人防守一人进行顺步持球突破）。	1. 组织学生两两一组进行防守和进攻练习。 2. 播放音乐，发布口令，全场巡视进行动作的纠错与改正。 3. 提示学生进行任务时注意安全。 4. 培育学生的战术思维，预判能力和应变能力。	1. 两两一组按要求进行防守和进攻练习。 2. 听从组织命令和教师要求，服从纪律。 3. 练习过程中注意同伴及自身安全。 4. 积极创设，运用战术思维发起进攻或组织防守，根据不同情况快速反应做出判断和行动。	参见图1-17
基本部分	8分钟	3	高	三、浴血奋战 战斗来到了决胜时刻，小战士们需要运用智慧和技巧打败敌人，夺取最终的胜利，以获得情报资料。两大组别，两个场地，3人为一小组，固定点突破接投篮比赛，突破投篮计算两大组的用时分胜负）。	1. 示范并讲解顺步持球突破+投篮的动作要领和游戏规则。 2. 播放音乐调整学生在比赛中的动作规范和队形秩序。 3. 引导学生在小组配合任务中协作，通力完成任务。 4. 在小组任务中锻炼学生团队能力，培养团队意识和合作精神。	1. 认真观看动作示范，仔细听讲解动作分解。 2. 以小组为单位突破+投篮，听从指挥，与同伴相互配合。 3. 遵守游戏规则，服从命令。 4. 在协作共赢的过程中感受缉毒警察的团结精神，锻炼自信心和交流能力。	参见图1-18

-64-

第一章 "钢铁战士"跨学科主题学习的教学设计

续表

课的结构	课的内容			学习内容	教法与指导	学法与表现	组织与队形
^	时间	次数	负荷	^	^	^	^
结束部分	5分钟	1	低	一、放松活动（销毁毒品）小战士们成功抓获了毒匪，缴获了毒品，现在需要将缴获的毒品集中销毁。而后播放音乐《英雄的黎明》，进行放松活动。	1. 进行"毒品"的销毁，借助幻灯片普及禁毒知识。2. 播放音乐，示范放松动作。3. 带领学生身体各部位在音乐节奏下进行放松活动。4. 引导学生调整呼吸，融入节奏，在音乐声中升华本节课的主题。	1. 参与"毒品"的销毁，认真听教师讲解禁毒知识。2. 面向教师，跟随教师在音乐节奏下进行身体各部位的放松活动。3. 听口令进行动作的变换。	参见图1-19
^	3分钟	1	低	二、集合小结三、布置作业四、收拾场地与器材五、师生再见	5. 总结本节课的学习内容及情况。6. 安排学生归还器材。7. 布置课后作业。	4. 充分放松身心，思考本节课的收获与感悟。5. 认真听教师进行总结。6. 协助教师归还器材。7. 牢记课后作业并积极完成。	^
场地器材	多媒体显示屏、课件、音响、音乐、"毒品"销毁箱、3份毒品情报资料、球36个、标志筒36个、篮球架2个。						

—65—

续表

运动密度	运动强度：中等 运动密度：75% 平均心率：140次/分钟	心率曲线	预计心率 心率（次/分） 170 160 150 140 130 120 110 100 90 80 70 60 50 　　5　10　15　20　25　30　35　40 　　　　　　时间（分钟）
安全保障	1. 场地器材放置合理，确保学生练习间距，避免相互碰撞，造成学生受伤。 2. 充分做好热身活动，避免运动损伤。 3. 合理安排练习次数，注意运动负荷。			
课后反思			

案例设计四：

英勇中国志愿军
——"田径+历史"跨学科主题学习

```
年级：八年级
课时：1课时
主题：忠诚的祖国卫士
内容：田径 中长跑
学科：体育与健康、历史
```

一、案例概要

"英勇中国志愿军"跨学科主题学习案例以落实立德树人的根本任务和"健康第一"的教育理念为指导思想，以体育与健康学科核心素养为引领，以《义务教育体育与健康课程标准（2022年版）》关于开展跨学科主题学习的新要求为依据，紧扣"钢铁战士"中水平四的"忠诚的祖国卫士"学习主题，将中长跑运动项目与历史学科中的抗美援朝事件内容相结合，立足"学、练、赛"一体化的教学要求，创造性地对"体育与健康+历史"跨学科主题学习展开教学设计。本案例注重基于水平四阶段学生的学情分析和所选取知识的教材分析，借助视频、图片、音乐、体育器材等学习资源，引导学生了解抗美援朝战争的具体史实和历史意义，在实践练习中点燃学生心中爱国、爱军的红色火苗，培育学生正确的价值观，激发爱国主义情怀和保家卫国的责任意识。本案例通过"燃情练兵场—战前集训营—跨过鸭绿江—突破三八线—血战长津湖—英勇夺胜利"等系列任务的设计，将历史学科知识内容充分融入中长跑运动项目的学练过程中。一方面，深化中长跑动作技术水平的发展，提升学生身体素质，培育健康行为，提升体育品德；另一方面，普及历史学科中关于抗美援朝战役的跨学科知识，带领学生深刻解读抗美援朝伟大精神的内涵，增强对学生正确价值观的引领，厚植团队合作精神、集体主义精神以及爱国主义精神。

二、主题解读

《义务教育体育与健康课程标准（2022年版）》对"钢铁战士"水平四阶段的"忠诚的祖国卫士"学习主题作出了说明："结合革命先烈的英雄事迹，在田径、体操等运动项目学练中模拟军事训练场景，引导学生灵活运用所学运动技能，培养学生迎难而上、不怕受伤、挑战自我的钢铁意志。"本案例以"忠诚的祖国卫士"学习主题为切入点，以义务教育教科书《体育与健康教师用书 田径类运动 全一册》（人民教育出版社，2024年）中水平四阶段的"中长跑"为立足点，以义务教育教科书《历史》（人民教育出版社，2017年，八年级下册）第一单元第一课"抗美援朝"为串联点，设计了蕴含"田径+历史"知识和技能的"英勇中国志愿军"跨学科主题学习。"英勇中国志愿军"跨学科主题学习案例在遵循"准备部分—基本部分—结束部分"教学思路的基础之上，融入了"任务群、问题链、素养线"的跨学科主题学习设计逻辑，通过"抗美援朝"教学情境的设定和"中国人民志愿军"角色人物的体验，围绕"燃情练兵场—战前集训营—跨过鸭绿江—突破三八线—血战长津湖—英勇夺胜利"的闯关任务，在中长跑运动项目的学练过程中渗透抗美援朝事件的具体史实、历史意义和精神启示，在发展技能和体能的同时涵养历史素养，引导学生切身体会中国人民志愿军的高光和伟大，在实践体验中领悟抗美援朝伟大精神。

三、学情分析

本课的授课对象为水平四阶段的八年级学生。该年龄阶段的学生身体正处于青春期发育的初级阶段，是身体形态、机能、素质以及心理适应能力发展的重要时期。其生理发育特点表现为，身高和体重增长快速，身体各种器官生长发育显著，但快慢不一。其心理发展特点表现为自我意识增强，情绪波动频繁，对同伴关系非常重视，可多开展有益于交流和合作能力提升的体育活动。其性格特点表现为活泼好动，兴奋性强，好奇心强，学习兴趣容易被激发，但在学习过程中缺乏一定的耐心，注意力集中时间较短。该年龄阶段的学生通过前面课程的学习，具备了一定的速度、耐力、灵敏度、协调性等身体素质，初步掌握了田径运动中部分基本技术动作，有了一定的运动能力和体能能力，能够适应和接受如加速跑、弯道跑、间歇跑等基本运动技能的学练。因此，在充分考虑学生身心发展特点和身体活动水平的基础上，本案例基于情境学习、游戏体验和合作练习的课堂风格，注重鼓励、诱导和启发，采用多种教学方法，引导学生在发展中长跑运动能力的同时渗透历史学科相关知识，培育爱国主义情怀、集体主义精神和团队合作意识。

四、整体设计

"英勇中国志愿军"跨学科主题学习案例以"抗美援朝"的情境设定为主线，通过准备部分、基本部分和结束部分三个环节共同推进课堂教学。基于"田径+历史"知识、技能与方法的课程内容，从任务群、问题链及素养线三个方面进行了具体设计。

第一，任务群设计。任务一"燃情练兵场"是指通过行进间跑步专项素质练习完成热身活动，引导学生融入志愿军的身份角色，快速进入学习状态。任务二"战前集训营"是指学习呼吸节奏与跑步节奏的正确配合。任务三"跨过鸭绿江"是指通过纵队蛇形跑闯关任务，有效增强学生的灵敏度与速度。任务四"突破三八线"是指运用定距变速跑练习，发展学生的反应能力和快速跑能力，引导学生明白强健体魄的重要作用，在实践演练的过程中树立终身体育意识。任务五"血战长津湖"是指通过折返跑发展学生的运动能力，在模拟战斗场景中培育学生的团队合作意识和团结友爱品质。任务六"英勇夺胜利"是指结合真实战场上的伤亡情况，在红色主题歌曲情境下进行放松活动，引导学生铭记英雄，铭记历史。

第二,问题链设计。问题1以"同学们知道抗美援朝精神指的是什么吗?"为前置问题导入,快速调动学生的思维和注意力,引导学生进入课堂教学情境中。问题2以"在中长跑过程中,如何正确处理呼吸的节奏?"激发理论与实践的关联运用,引导学生围绕问题去思考,加强对动作技术的学习。问题3以"新时代的学生应该如何做一名忠诚的爱国者?"引导学生从实际生活出发关注爱国精神的具象化体现,促使学生明白爱国不仅存在于革命战场上,日常生活的方方面面都可以渗透爱国主义行为和集体主义精神。问题4以"中国人民志愿军为什么被称为'最可爱的人'?"的提问升华课程主题,深化历史学科知识底蕴,培育跨学科素养,引导学生深入思考和继续探究。

第三,素养线设计。在运动能力方面,旨在提高学生中长跑运动水平,掌握中长跑技术,提升速度、力量、耐力等身体素质。在健康行为方面,旨在帮助学生养成良好的体育锻炼习惯,培养终身体育意识。在体育品德方面,旨在激发学生勇于突破自我、超越自我的精神,厚植伟大爱国主义情怀。在跨学科素养方面,旨在深化学生对历史史实、战争启示和烈士精神等的理解和感知,在实践体验中领悟强身健体的重要性,培育正确价值观。整体设计框架见图1-20。

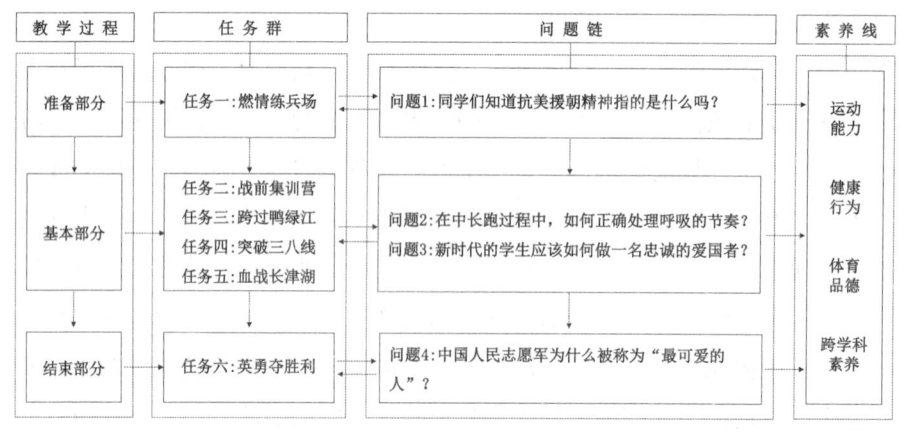

图1-20 "英勇中国志愿军"整体设计框架图

五、学习目标和教学方法

（一）学习目标

运动能力：在模拟"抗美援朝"跨学科主题学习情境任务中，知道抗美援朝精神的内涵和此次战役的历史意义，了解中长跑过程中呼吸节奏与跑步节奏的配合，初步掌握中长跑过程中呼吸和动作的相互配合。

健康行为：通过情境创设下的学、练、赛活动，养成良好的体育锻炼习惯，理解体育运动对调控情绪和释放压力的作用，树立终身体育意识。

体育品德：综合运用历史学科跨学科知识，结合中长跑运动项目的学练，激发学生吃苦耐劳、努力拼搏、勇敢顽强等优良品格，培养团队合作能力，涵养勇于突破自我、超越自我的精神，厚植伟大爱国主义情怀。

（二）教学方法

教法：讲解法、示范法、情境教学法、分组教学法、运动游戏法等。

学法：自主学习法、探究学习法、合作学习法等。

六、教学准备

（一）教学用具

多媒体显示屏、课件、音乐、音响、小红旗10个。

（二）运动器材

6 m长绳子20条、标志盘10个、标志杆10个（教师可根据学生具体人数来确定运动器材的具体数量）。

（三）安全预案

第一，体育教师必须严格按照体育课课堂常规的要求，认真细致地向学生讲清各种注意事项，在教学过程中反复强调"安全第一"。

第二，在教学过程中，若发生运动损伤事故，体育教师应立即了解伤者情况，判断伤情，进行现场救治或送往校医务室，并告知该学生班主任具体情况。

七、教学过程

（一）准备部分

创设"英勇中国志愿军"红色主题情境，结合水平四阶段田径项目中中长跑的相关知识，通过抗美援朝战役这一背景知识，了解舍生忘死的革命英雄主义精神和为了祖国和人民的尊严而奋不顾身的爱国主义精神。将课堂化身为战役现场，学生化身为勇敢的中国人民志愿军战士，展现中国军人舍生忘死、守护正义、奉献自己的英勇事迹。

播放一段"抗美援朝"事件简介和电影片段的短视频。

体育教师："同学们，1950年10月19日夜，中国人民志愿军隐蔽地开赴朝鲜前线。25日晚，志愿军某团在朝鲜北部与敌军遭遇，歼灭敌军一个营，首战告捷。后来，10月25日被定为抗美援朝纪念日。老师想问大家，有谁知道抗美援朝精神的内涵？"

学生回答。

体育教师："祖国和人民利益高于一切、为了祖国和民族的尊严而奋不顾身的爱国主义精神；英勇顽强、舍生忘死的革命英雄主义精神；不畏艰难困苦、始终保持高昂士气的革命乐观主义精神；为完成祖国和人民赋予的使命、慷慨奉献自己一切的革命忠诚精神；为了人类和平与正义事业而奋斗的国际主义精神，锻造了伟大抗美援朝精神。"

体育教师："同学们，忘记历史就意味着背叛，今天，课堂就是战场，抗美援朝之战需要大家的力量，作为一名英勇的中国人民志愿军，你们有信心成功杀敌，夺取胜利吗？"

学生回答。

体育教师："非常棒！行动马上开始。"

【任务一：燃情练兵场】

1. 任务说明

创设"燃情练兵场"教学情境：志愿军队伍日常训练严厉、组织纪律严格，战士们每天都需要备战、训练和学习，整齐列队，抖擞精神，以饱满的战斗状态和昂扬的冲锋姿态拉开练兵帷幕。播放《七剑战歌》音乐，教师带领学生进行行进间跑步专项素质练习，动作包括行进间后踢腿跑、行进间直腿跑、行进间高抬腿跑、行进间后蹬腿跑。

2. 师生活动

体育教师：（1）示范热身动作，组织学生跟练；（2）播放音乐和发布口令，注意调整学生的动作规范和队形秩序；（3）引导学生感受志愿战士的组织纪律性和严格标准要求。

学生：（1）认真观看教师动作示范，认真跟练；（2）听从教师指挥和口令，进行热身活动；（3）切身感受志愿战士的组织纪律和严格标准。

3. 组织队形

"燃情练兵场"组织队形见图1-21。

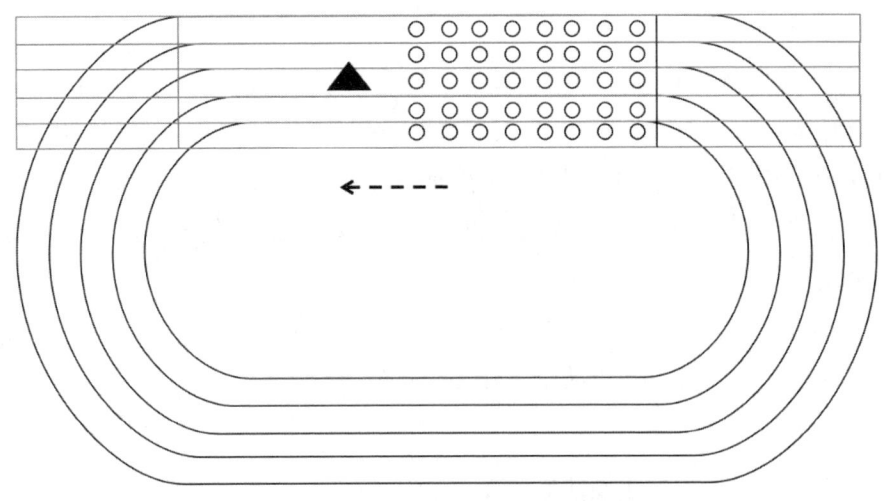

图1-21 "燃情练兵场"组织队形图

注：▲表示老师；〇表示学生。

4. 设计意图

其一，通过行进间后踢腿跑、行进间直腿跑、行进间高抬腿跑等行进间跑步专项素质练习完成热身活动。其二，通过"燃情练兵场"教学情境的创设，充分渲染课堂氛围，引导学生融入志愿军的角色，快速进入学习状态。

（二）基本部分

【任务二：战前集训营】

1. 任务说明

创设"战前集训营"教学情境：1950年10月，应朝鲜党和政府请求，中国共产党和政府决定入朝作战。毛主席派遣以彭德怀为司令员兼政治委员的中国人民志愿军开赴朝鲜战场，抗美援朝，保家卫国，与朝鲜军民并肩作战。出发前，战士们需要完成军队特训，为后续作战打好坚实基础。教师带领学生学习呼吸节奏与跑步节奏的正确配合。

2. 师生活动

体育教师：（1）示范并讲解中长跑中呼吸节奏与跑步节奏的正确配合动作要领；（2）指导学生练习并进行动作的纠错与改正；（3）播放练兵音乐，创设情境氛围，促进学生快速融入战前练兵的情境中。

学生：（1）认真听动作要领讲解，仔细观察教师动作示范；（2）模仿教师动作，认真练习；（3）学习过程中保持课堂纪律。

评价：学生自评对中长跑中呼吸节奏与跑步节奏正确配合动作要领的掌握情况；教师点评学生动作完成的规范程度。

3. 组织队形

"战前集训营"组织队形见图1-22。

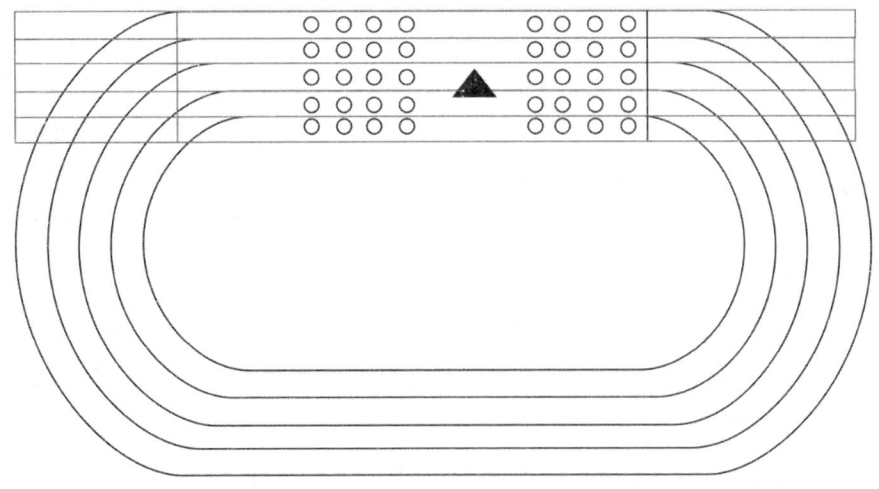

图 1-22　"战前集训营"组织队形图

注：▲表示老师；○表示学生。

4. 设计意图

其一，通过学习中长跑中呼吸节奏与跑步节奏的配合，掌握正确的中长跑呼吸方法。其二，通过"战前集训营"任务的创设和真实音乐情境的渲染，帮助学生快速进入课堂教学情境中，为后续的教学环节奠定基础。

【任务三：跨过鸭绿江】

1. 任务说明

创设"跨过鸭绿江"教学情境：中国人民志愿军需要从中朝边境的安东（今丹东）、长甸河口及辑安渡口，隐蔽跨过鸭绿江，奔赴朝鲜战场。全班同学分成五列纵队，同时绕 400 m 场地进行"纵队蛇形跑"（根据中长跑教学内容，合理设置运动量，如 400 m×2 圈），前后同学间距 1 m，听到老师哨声后，各排尾最后一位同学分别绕"S 形"至各排头领跑，当行进到第五名同学时，第二位同学开始同样的动作，以此类推，直至全部完成。

> **问题提示**
>
> 在中长跑过程中,如何正确处理呼吸的节奏?
>
> ★激发理论与实践的关联运用,引导学生围绕问题去思考,加强对动作技术的学习。

2. 师生活动

体育教师:(1)示范并讲解蛇形跑的动作要领,仔细讲解游戏规则;(2)播放音乐和发布口令,注意调整学生在任务练习中的队形秩序和动作节奏,保持安静,不发出声音,秘密"渡江";(3)引导学生感受志愿军为国出战的艰辛和不易,从实践经历中加深自身体会。

学生:(1)认真观看动作示范,仔细听讲动作分解;(2)以小组为单位按要求进行蛇形跑,听从指挥,服从命令,保持安静,秘密"渡江";(3)以切身体验感受志愿军作战的勇气和辛劳,树立伟大的爱国主义精神。

评价:学生自评蛇形跑动作的练习情况;教师对学生动作完成情况进行点评。

3. 组织队形

"跨过鸭绿江"组织队形见图1-23。

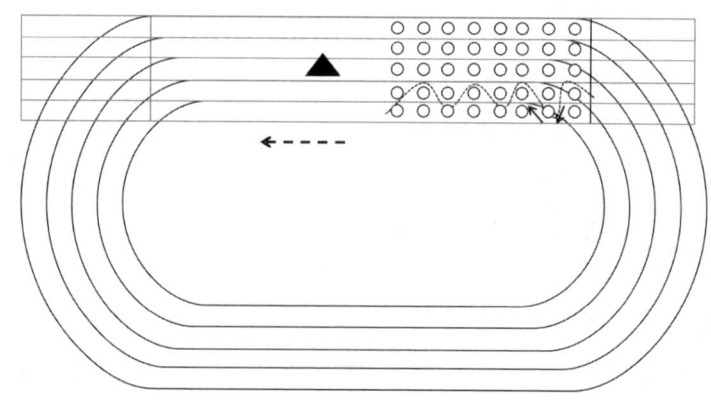

图1-23 "跨过鸭绿江"组织队形图

注:▲表示老师;○表示学生;〰〰表示行进路线。

4. 设计意图

其一，通过设置"纵队蛇形跑"的闯关任务，发展学生的弯道跑和途中加速跑技术，有效增强学生的灵敏度与速度，提高快速变向运动能力。其二，通过"跨过鸭绿江"任务情境的创设，引导学生感悟中国志愿者赴朝作战的艰辛和不易，厚植抗美援朝伟大精神。

【任务四：突破三八线】

1. 任务说明

创设"突破三八线"教学情境：三八线是位于朝鲜半岛上北纬38度附近的一条军事分界线，美军不顾中国政府一再警告，悍然越过三八线，把战火烧到中朝边境，中国人民志愿军需要同朝鲜军民共同作战，击退"联合国军"，保卫三八线。全班同学分成五列纵队，进行定距变速跑练习，从起点到50 m标志线处采用慢跑，从50 m到终点"三八线"处采用快跑，每人一来一回为完整的一次，最先返回起点的人为获胜者。

> **问题提示**
> 新时代的学生应该如何做一名忠诚的爱国者？
> ★引导学生从实际生活出发关注具象化的爱国精神体现，促使学生明白爱国不仅存在于革命战场上，日常生活的方方面面都可以渗透爱国主义行为和集体主义精神，如孝敬父母、尊敬老师、认真学习、遵守社会公德等。

2. 师生活动

体育教师：（1）示范并讲解定距变速跑的动作要领，仔细讲解游戏规则；（2）播放音乐和发布口令，注意调整学生在任务练习中的队形秩序和动作节奏；（3）在实践演练中促使学生深刻理解抗美援朝伟大精神。

学生：（1）认真观看动作示范，仔细听讲动作分解；（2）以小组为单位按要求进行追逐跑，听从指挥，服从命令，注意安全；（3）在实践演练过程中深刻领会抗美援朝伟大精神的内涵和实质。

评价：学生自评定距变速跑的练习情况；小组间相互交流心得体会，评价对方的学习表现；教师对学生的自评和互评进行点评。

3. 组织队形

"突破三八线"组织队形见图1-24。

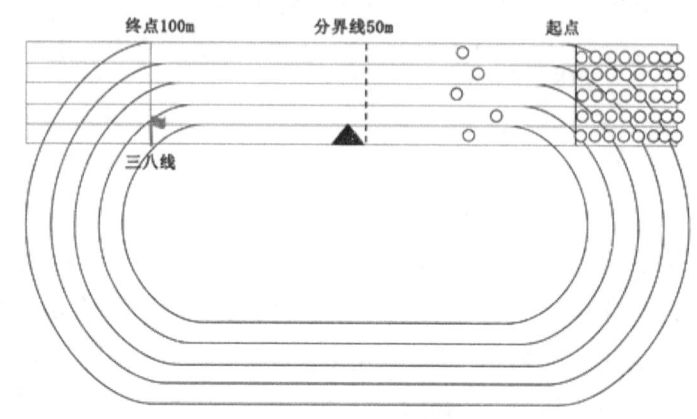

图1-24　"突破三八线"组织队形图

注：▲表示老师；○表示学生；▶表示标志物。

4. 设计意图

其一，通过设置定距变速跑的闯关任务，发展学生的反应能力和快速跑能力，提高学生的跑步兴趣，引导学生明白强健的体魄是一切学习、工作和生活的基础保障，在实践演练的过程中树立终身体育意识。其二，通过"突破三八线"任务情境的创设，增强学生的历史学科知识底蕴，领会中国人民志愿军的伟大战斗和无私奉献精神。

【任务五：血战长津湖】

1. 任务说明

创设"血战长津湖"教学情境：中美两支王牌军，志愿军第9兵团和美军海军陆战队即将在长津湖地区展开生死激战。志愿军需要包围敌人，消灭美军，将敌人全部逐出朝鲜东北部，夺取胜利。全班分成五个小组进行 60 m 折返跑接力赛。按照次序排列站好，由第一名同学从起点标志跑向终点标志后，再折返跑回队伍起点，与第二名同学击掌交接后，第二名同学开始进行任务，以此类推，直至全部同学完成任务，用时最短的队伍即为获胜者（教师可根据实际情况设置具体折返次数）。

2. 师生活动

体育教师：（1）示范并讲解折返跑的动作要领，仔细讲解游戏规则；（2）播放音乐和发布口令，注意调整学生在任务练习中的队形秩序和动作节奏；（3）引导学生在击掌交接时注意配合协作；（4）在合作任务中锻炼学生团队协作能力，培养团队意识和合作精神。

学生：（1）认真观看动作示范，仔细听动作分解的讲解；（2）以小组为单位按要求进行 60 m 折返跑接力赛，听从指挥，服从命令，注意安全；（3）遵守任务规则，与同伴相互配合，共同完成；（4）在协作共赛的过程中，感受志愿军战士的团结精神，锻炼自信心和勇于交流的能力。

评价：学生评价自己在"血战长津湖"活动中的收获和体会；小组间相互评价合作比赛情况；教师点评学生与同伴的动作配合完成情况，表扬动作完成既规范又快速的小组，鼓励动作完成较慢的小组。

3. 组织队形

"血战长津湖"组织队形见图 1-25。

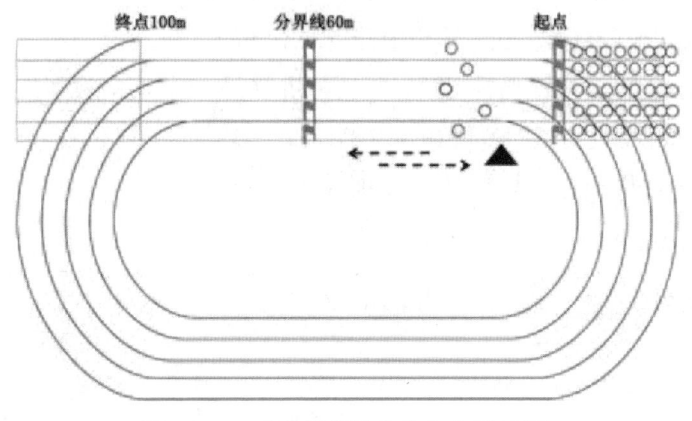

图 1-25 "血战长津湖"组织队形图

注：▲表示老师；○表示学生；🚩表示标志物。

4. 设计意图

其一，通过设置60 m折返跑接力赛的闯关任务，发展学生的反应速度、灵敏性和身体控制能力，提高腿部短距离的爆发力。其二，通过"血战长津湖"任务情境的创设，在模拟战斗场景中培育学生的团队合作意识和团结友爱品质，引导学生学会关爱同伴，培养正确的价值观。

（三）结束部分

【任务六：英勇夺胜利】

1. 任务说明

创设"英勇夺胜利"教学情境：战役最终获得了胜利，但我们也为之付出了巨大的牺牲，抗美援朝纪念馆曾通过各省、市、自治区民政部门核实，统计出志愿军烈士为18.3万余人。教师播放抗美援朝战役伤亡情况介绍，致敬伟大战士。在红色主题歌曲《日月同光》中进行放松活动，铭记英雄，铭记历史。

2. 师生活动

体育教师：（1）播放抗美援朝战役伤亡情况介绍的短视频，结合语言讲解，引导学生尊重烈士、铭记烈士；（2）播放音乐，示范放松动作；（3）带领学生在音乐节奏下进行身体各部位的放松活动；（4）引导学生调整呼吸，融入节奏，在音乐声中升华本节课的主题。

学生：（1）认真观看视频，听教师讲解；（2）面向教师，跟随教师在音乐节奏下进行身体各部位的放松活动；（3）听口令进行动作的变换；（4）充分放松身心，思考本节课的收获与感悟。

3. 组织队形

"英勇夺胜利"组织队形见图1-26。

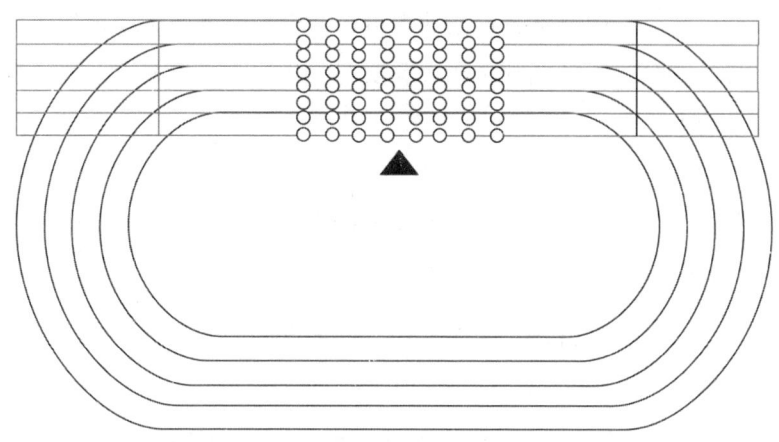

图 1-26 "英勇夺胜利"组织队形图

注：▲表示老师；○表示学生。

4. 设计意图

其一，通过"英勇夺胜利"情境的创设和视频的观看，带领学生认识抗美援朝战场上真实的场景，引导学生铭记是军人的铮铮铁骨照亮了祖国的万里山河。其二，通过积极充分的放松活动，使人体的各项机能逐渐调节到正常水平，从而达到机体超量恢复的能力，引导学生养成运动后自觉放松的习惯。其三，结合红色主题歌曲，进一步渲染课堂情境氛围，厚植伟大爱国主义精神，升华课程主题。

5. 教师总结

体育教师："同学们，根据我们今天的学习，你知道中国人民志愿军为什么被称为'最可爱的人'吗？"

学生回答。

体育教师："因为中国人民志愿军在抗美援朝战争中，发扬高度的爱国主义、国际主义和革命英雄主义精神，在战斗中不畏艰险，英勇顽强，许多战士为之付出了宝贵的生命，最终赢得了这场战争，保卫了国家，也为国家、为民族在国际上赢得了荣誉，所以被誉为'最可爱的人'。"

体育教师："从身边的小事做起，做好自己的事情，在自己的能力之内为学校、社会、国家贡献自己的力量,这也是一种爱国精神的体现。作为新时代的一名学生,老师希望大家要努力学习,立志成才,报效祖国,大家能做到吗?"

学生回答。

体育教师:"让我们一起为国家的富强繁荣贡献自己的力量!"

6. 学习评价

评价方式:学生自评、同伴互评、教师点评。"英勇中国志愿军"综合评价量规详见表1-4。

表1-4 "英勇中国志愿军"综合评价量规

评价维度	评价标准	★★★	★★	★
运动能力	1. 掌握中长跑呼吸与动作的正确配合			
	2. 提高耐力水平和奔跑能力			
健康行为	1. 养成科学锻炼习惯			
	2. 具备一定的运动安全意识			
体育品德	1. 培养吃苦耐劳、突破自我的品格			
	2. 培养爱国主义精神和团结协作精神			
跨学科素养	1. 了解抗美援朝的历史、意义和精神			
	2. 明确新时代学生的爱国责任和担当			

7. 课后作业

(1)进行核心素质训练:坐位交替抬腿,30秒/组×3组。坐位俄罗斯转体,30秒/组×3组。登山步,30秒/组×3组。坐位提膝击掌,30秒/组×3组。四点支撑,30秒/组×3组。

(2)查阅资料了解战斗英雄黄继光和邱少云,向家人讲述他们的故事。

八、教案参考

"英勇中国志愿军"教案

主题	忠诚的祖国卫士	学段	水平四	年级	八年级	班级	×××班
学习内容		英勇中国志愿军——"田径+历史"跨学科主题学习						
学习目标		运动能力：在模拟"抗美援朝"跨学科主题学习情境任务中，知道抗美援朝精神的内涵和此次战役的历史意义，了解中长跑过程中呼吸与步节奏的配合，初步掌握中长跑过程中呼吸和动作的相互配合。 健康行为：养成良好的体育锻炼习惯，理解体育运动对调控情绪和释放压力的作用，树立终身体育意识。 体育品德：综合运用历史跨学科知识，结合中长跑运动项目的学练，激发学生吃苦耐劳，努力拼搏，勇敢顽强等优良品格的养成，培养团队合作能力，涵养勇于突破自我，超越自我的精神，厚植伟大爱国主义情怀。|					
重点	colspan="3"	1. 呼吸与步伐节奏的正确配合。 2. 抗美援朝历史知识的渗透。	难点	colspan="3"	1. 合理分配中长跑的体力安排。 2. 深刻理解抗美援朝伟大精神内涵。

课的结构

课的内容	时间	次数	负荷	学习内容	教法指导	学法与表现	组织与队形
准备部分	1分钟	1	低	一、课堂常规 1. 体委整队，报告人数。 2. 师生问好，强调安全。 3. 宣布本课学习内容及要求，安排见习生。	1. 教师进行常规教育管理。 2. 宣布本课任务内容，要求及安全教育。 3. 安排见习生。	1. 体委整队（快、静、齐）。 2. 明确本课任务及目标，见习生见习。 3. 牢记安全提醒。	参见图1-26

-83-

续表

课的结构	课的内容			学习内容	教法与指导	学法与表现	组织与队形
	时间	次数	负荷				
准备部分	4分钟	1	低	二、情境导入 1. 播放"长津湖战役"事件短视频。 2. 教师语言导入。	1. 教师播放视频。 2. 语言讲解导入。	1. 认真观看视频。 2. 认真听讲。	参见图1-26
	3分钟	1	低	三、热身活动（燃情练兵场） 志愿军队伍日常训练严厉，组织纪律严格，战士们每天都需要备战、训练和学习。播放《七剑战歌》音乐，教师带领学生进行进间跑步专项素质练习，动作包括行进间踢腿跑、行进间直腿跑、行进间高抬腿跑、行进间后蹬腿跑。	1. 示范领做，播放音乐。 2. 变化口令，提示热身过程中动作拉伸到位。	1. 注意观察，认真跟做。 2. 遵守纪律，听从教师命令和指挥。	参见图1-21

-84-

续表

课的结构	课的内容 时间	课的内容 次数	课的内容 负荷	学习内容	教法与指导	学法与表现	组织与队形
基本部分	5分钟	2	中	一、战前集训营 中国共产党和政府决定人朝作战，抗美援朝，保家卫国，与朝鲜军民并肩作战。出发前，战士们需要完成军队特训，为后续作战打好坚实基础（教师带领学生学习呼吸节奏与跑步的正确配合）。	1. 示范并讲解中长跑中呼吸与跑步正确配合动作要领。 2. 指导学生练习并进行动作的纠错。 3. 播放练兵音乐，创设情境氛围，促进学生快速融入行军作战的情境中。	1. 认真听讲动作要领，仔细观察教师动作示范。 2. 模仿教师动作，认真练习。 3. 学习过程中保持课堂纪律。	参见图1-22
基本部分	8分钟	2	中	二、跨过鸭绿江 中国人民志愿军需要从中朝边境安东、长甸河口反辑安渡口，隐蔽跨过鸭绿江，奔赴朝鲜战场（全班同学分成五列纵队，同时绕场地进行纵队蛇形跑）。	1. 示范并讲解纵队蛇形跑的动作要领。 2. 播放音乐和任务布口令，调整学生在任务练习中的队形秩序和动作节奏。 3. 引导学生感受志愿军为国出战作战的艰辛，从实践经历中加深自身体会。	1. 认真观看动作示范，听讲动作分解。 2. 以小组为单位按形跑要求进行纵队蛇形跑，听从指挥和命令。 3. 以切身体验感受志愿军作战的勇气和辛劳，树立伟大的爱国主义精神。	参见图1-23

续表

课的结构	课的内容 时间	课的内容 次数	课的内容 负荷	学习内容	教法与指导	学法与表现	组织与队形
基本部分	8分钟	3	高	三、突破三八线 美军不顾中国政府一再警告，悍然越过三八线，把战火烧到中朝边境，中国人民志愿军需同朝鲜军民共同作战，击退"联合国军"，保卫三八线（全班同学分成五列纵队，进行定距变速跑练习）。	1. 示范并讲解定距变速跑的动作要领。 2. 播放音乐和发布口令，调整学生任务练习中的队形秩序和动作节奏。 3. 在实践演练中促使学生深刻理解抗美援朝伟大精神。	1. 认真观看动作示范，听讲动作分解。 2. 以小组为单位按要求进行定距变速跑，听从指挥和命令。 3. 在实践演练中深刻理解抗美援朝伟大精神。	参见图1-24
基本部分	9分钟	2	中	四、血战长津湖 中美两支王牌军，志愿军第9兵团和美军海军陆战队即将在长津湖地区展开生死激战，志愿军们需要包围敌人，消灭敌人，将敌军全部逐出朝鲜东北部，夺取胜利（全班分成五个小组进行60m折返接力赛）。	1. 示范并讲解折返跑的动作要领。 2. 播放音乐和发布口令，调整学生任务练习中的队形秩序和动作节奏。 3. 引导学生在击掌交接时注意合作。 4. 在合作任务中锻炼学生团队协作能力，培养团队意识和合作精神。	1. 认真观看动作示范，听讲动作分解。 2. 以小组为单位按要求进行折返跑接力赛。 3. 服从指挥，服从命令，注意安全，与同伴相互配合。 4. 在协作共赛的过程中，感受志愿军战士的团结精神，锻炼自信心和勇于交流的能力。	参见图1-25

续表

课的结构	课的内容			学习内容	教法与指导	学法与表现	组织与队形
	时间	次数	负荷				
结束部分	4分钟	1	低	一、放松活动（英勇夺胜利） 战役最终取得了胜利，但我们也为之付出了巨大的牺牲。（播放抗美援朝战役伤亡情况介绍，致敬伟大战士）。在红色主题歌曲《日月同光》中进行放松活动，铭记英雄，铭记历史。 二、集合小结 三、布置作业 四、收拾场地与器材 五、师生再见	1. 播放抗美援朝战役伤亡短视频，结合语言讲解。 2. 播放音乐，示范放松动作。 3. 带领学生在音乐节奏下进行身体各部位的放松活动。 4. 引导学生调整呼吸，融入节奏，在音乐声中升华本节课的主题。 5. 总结本节课的学习内容及情况。 6. 安排学生归还器材。 7. 布置课后作业。	1. 认真观看视频，听教师讲解。 2. 面向教师，跟随教师在音乐节奏下进行身体各部位的拉伸。 3. 听口令会进行动作的变换。 4. 充分放松身心，思考本节课的收获与感悟。 5. 认真听教师进行总结。 6. 协助教师归还器材。 7. 牢记课后作业并积极完成。	参见图1-26
	3分钟	1	低				

—87—

续表

场地器材	多媒体显示屏、课件、音响、音乐、6 m 长绳子 20 条、标志盘 10 个、标志杆 10 个、小红旗 10 个。	
运动密度	运动强度：中等 运动密度：75% 平均心率：145 次/分钟	心率曲线
安全保障	1. 场地器材放置合理，确保学生练习间距，避免相互碰撞，造成学生受伤。 2. 充分做好热身活动，避免运动损伤。 3. 合理安排练习次数，注意运动负荷。	
课后反思		

第二章

"劳动最光荣"跨学科主题学习的教学设计

案例设计五：

我知与我行
——"爬行＋劳动教育"跨学科主题学习

> 年级：一年级
> 课时：1课时
> 主题：自己的事情自己做
> 内容：爬行
> 学科：体育与健康、劳动教育

一、案例概要

"我知与我行"跨学科主题学习以立德树人和"健康第一"为指导思想，紧扣《义务教育体育与健康课程标准（2022年版）》中"劳动最光荣"水平一中的"自己的事情自己做"学习主题，遵循体育与健康跨学科主题学习的设计思路和实践要求，围绕体育与健康课程水平一阶段学生应掌握的移动性技能——爬行，并结合学生生活中的劳动行为，对体育与健康、劳动教育两门学科的知识和技能进行了整合。本案例注重从水平一阶段学生的学情出发，强调紧密结合学生生活、课本教材，融入《劳动教育》的知识和技能，创设了贴近学生生活场域的"打扫房间卫生"学习情境，通过模拟不同小动物自己打扫自己的房间，引导学生体验正确的爬行姿势和方法，有效解决了学生在体育与健康课程中学练爬行移动性技能时枯燥乏味、注意力易分散等问题。同时，本案例基于"任务群、问题链、素养线"的跨学科主题学习设计思路，通过"跨"劳动教育学科知识和技能来"习"学生的生活自理能力和劳动能力，开展游戏化和情境化的体育教学，以增强学生团结协作的能力和坚持不懈的意志品质，磨砺学生积极进取、不怕困难的体育精神，让学生习得"体"之强健，树立"劳"之品德，感受"精神"之风采，树立自己的事情自己做的意识，在生活中做到知行合一。

二、主题解读

《义务教育体育与健康课程标准（2022年版）》在"劳动最光荣"水平一"自己的事情自己做"学习主题中指出："结合日常劳动行为，创设生活化的劳动情境，在提高学生基本运动技能的同时，引导学生感受劳动乐趣，爱惜劳动成果，树立自己的事情自己做的意识，培养学生的生活自理能力。""我知与我行"案例在教学设计上以"自己的事情自己做"学习主题为切入点，以学生的学、练、赛为进阶，以统整的"体育与健康＋劳动教育"知识和技能为内容，以"我知"为理论主线，以"我行"为实践主线，旨在促进学生在日常生活中做到"知行合一"。在"我知"的理论主线上，本案例主要基于整合的"体育与健康＋劳动教育"知识和技能，从晓清洁、懂清洁、讲卫生、爱干净、知健康五个方面进行设计，以提升学生对劳动教育中"清洁与卫生"的思想认知水平，树立自己的事情自己做的意识。在"我行"的实践主线上，本案例主要围绕统整的"体育与健康＋劳动教育"知识和技能，从会搬运、捡垃圾、能拖地、勤打扫、享生活五个方面进行设计，以发展学生的基本运动技能，提升学生的生活自理能力。

三、学情分析

"我知与我行"案例的授课对象为水平一阶段的一年级学生。就性格特点而言，一年级学生逐渐开始形成自我意识，渴望得到认可和表扬，表现出较强的表现欲。就认知水平而论，一年级学生的思维主要以形象思维为主，对抽象概念的理解能力颇为有限，注意力集中时长较短。就身体活动能力来讲，一年级学生喜爱走、跑、跳、钻、爬等运动，有较高的体育锻炼需求，且学生身体的协调性和运动能力也在迅速发展，而体育活动能够很好地满足他们运动的天性。就学习方式而言，一年级学生的学习方式主要体现为模仿学习、兴趣驱动、习惯养成。就学习基础来看，通过之前课程的学习，学生已经掌握了直线走、自然走、大步走、正步走、模仿动物走、双脚跳、单脚跳等一系列简单的基本运动技能，具备了一定的身体活动能力和体育兴趣，适合进一步学习和拓展各种爬行的动作和姿势。因此，体育教师在学习情境创设上要充分考虑一年级学生的性格特点、认知思维、身体活动和学习方式等基本特征，注重创设富有趣味性、生活化的学习情境，将学练融于游戏和情境之中，充分激发一年级学生的学习动机，吸引学生的注意力，提升学生的专注度和专注时长。此外，本案例在教学内容上注重将爬行的学、练与劳动教育相结合，并基于学生日常生活的真实情境创设任务群，以帮助学生在"跨"中学、在"跨"中习、在"跨"中练，进而提升学生的跨学科素养。

四、整体设计

"我知与我行"以"小动物打扫房间卫生"作为整体设计的主线，以统整的"体育与健康＋劳动教育"知识和技能为核心，结合"任务群、问题链、素养线"的设计思路，全面推进体育与健康跨学科主题学习的准备部分、基本部分及结束部分。具体设计思路如下。

第一，任务群设计。任务一"晓清洁，会搬运"为本案例的准备部分，该任务主要是引导学生在"我知与我行"的学习情境中完成热身活动，知晓日常生活中的清洁知识，并完成体育课堂器材和教具的搬运，促使学生从此刻开始践行"自己的事情自己做"。任务二"懂清洁，捡垃圾"为本案例的基本部分，此任务主要是以"蚂蚁爬"动作的学练来引导学生在学习情境中捡垃圾。任务三为"讲卫生，能拖地"，此任务主要是基于"爬"的移动性技能学练，引导学生模仿毛毛虫爬、螃蟹爬和鳄鱼爬来发展学生"爬"的移动性技能。任务四为"爱干净，勤打扫"，此任务主要是在学生学练的基础上，组织学生在"大扫除"的情境中进行比赛，进一步巩固学生爬行的能力。任务五"知健康，享生活"为本案例的结束部分，此任务旨在引导学生将爱干净、讲卫生的健康意识迁移至生活中。

第二，问题链设计。问题1为"日常家庭清洁会运用到哪些工具呢？"

此问题与任务一相关联，旨在引导学生融入打扫卫生的情境中，启发学生联系生活思考问题。问题2为"捡起地上的垃圾会使用什么动作呢？"此问题与任务二相联系，旨在启发学生将本节课学练的"行"与日常劳动相结合，引导学生进入"懂清洁，捡垃圾"的学习情境。问题3为"什么动作能替代我们日常的拖地呢？"此问题与任务三相联系，旨在引导学生从身体活动的角度思考"体育运动与拖地活动"之间的内在联系。问题4为"同学们在家里会不会经常保持卫生？"此问题与任务四相联系，旨在组织学生对自己的房间进行大扫除，启发学生要勤打扫，才能保持房间干净、整洁。问题5为"以后的生活我们应该如何保持健康？"此问题与任务五相联系，旨在启发学生将本节课所学的知识与技能迁移至生活中，让学生自幼树立做一个爱干净、讲卫生的好孩子的意识。

第三，素养线设计。本案例在锚定体育核心素养的同时，注重发展学生的跨学科素养，具体体现在以下几方面。（1）体育核心素养。在运动能力方面，学生能够说出蚂蚁爬、毛毛虫爬、螃蟹爬和鳄鱼爬四种小动物爬行方式的异同，并能运用这三种不同的爬行姿势直线爬行 10 m。在健康行为方面，知道参与体育锻炼对身体有益，学会保持个人卫生，做爱干净、讲卫生的好孩子。在体育品德方面，培养积极进取、不怕困难的体育精神，树立遵守规则、公平竞争的体育道德。（2）劳动教育核心素养。树立"自己的事情自己做"的意识，提高生活自理能力。整体设计框架见图2-1。

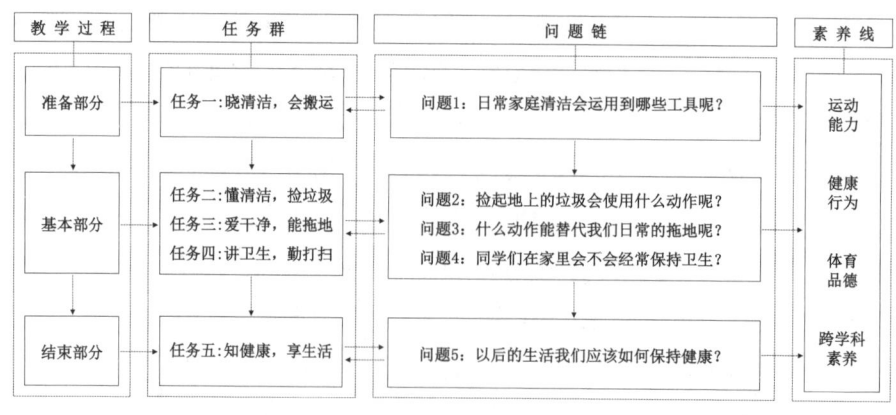

图 2-1 "我知与我行"整体设计框架图

五、学习目标和教学方法

（一）学习目标

运动能力：掌握正确爬行的基本知识，能够说出蚂蚁爬、毛毛虫爬、螃蟹爬和鳄鱼爬（两种姿势），共五种爬行方式的异同，并能用这五种"动物爬行"姿势直线爬行 10 m。

健康行为：保持正确的坐、立、行姿势，知道参与体育锻炼对身体有益，懂得"自己的事情自己做"，学会保持个人卫生，做爱干净、讲卫生的好孩子。

体育品德：培养积极进取、不怕困难的体育精神，树立遵守规则、公平竞争的体育道德。

（二）教学方法

教法：讲解法、示范法、情境教学法、竞赛法等。
学法：探究学习法、自主学习法、小组练习法等。

六、教学准备

（一）教学用具

多媒体显示屏、课件、音乐、音响、报纸若干张、垃圾篓 5 个、地标贴 5 个。

（二）运动器材

体操垫 20 个。

（三）安全预案

第一，坚持"安全第一"原则，保障学生安全，科学设计学生跑动路线，避免发生冲撞和踩踏等事件。

第二，在课堂教学过程中，需提醒学生注意安全，遵守课堂纪律，服从体育教师管理，做一名文明的小学生。

七、教学过程

（一）准备部分

体育教师以"打扫房间卫生"为主题，营造生活化的学习情境，并通过提问引导学生快速融入学习情境，让学生回忆日常生活中"打扫房间卫生"的场景，回想打扫卫生需要用到什么工具，揭示自己的事情应该自己完成，使水平一的学生能够树立自己的事情自己做的意识，提高学生的生活自理能力。

体育教师："是不是每一位小朋友都有自己温馨的小房间呀？平时都是谁打扫收拾房间？打扫房间需要做些什么劳动？打扫需用到什么工具呢？"

学生回答。

体育教师补充提问："看来同学们对打扫房间卫生已经有了一定的认识。老师有一个疑惑，既然房间是我们自己的，那为什么我们自己的房间还需要爸爸妈妈、爷爷奶奶、外公外婆帮我们打扫呢？自己的事情是不是应该自己来做呢？今天老师就给小朋友们一个机会，让小朋友们扮演不同的小动物，把自己的'小家'打扫干净，成为'家'的主人。下面，请小朋友们跟着老师一起活动活动身体吧！"

学生回答。

体育教师："热身活动即将开始。"

教师播放《劳动小能手》音乐，带领学生跟随音乐节奏和歌词进行劳动热身活动。

【任务一：晓清洁，会搬运】

1. 任务说明

创设"晓清洁，会搬运"的学习情境：体育教师播放清洁视频并讲解清洁知识，提问学生"日常生活中会用到哪些清洁工具"，让学生对日常生活中打扫卫生的工具建立初步认识。此外，告诉学生自己的事情自己做，并从本节体育课开始，让学生自行拿取自己所需的体育器材，开始践行"自己的事情自己做"。

2. 师生活动

体育教师：（1）播放清洁的视频，并提问学生"日常生活中哪些清洁工作我们可以自己做？分别会用到哪些清洁工具"；（2）组织学生排队站好，以"正步走"的方式前往体育器材室搬运本节课所需的音响、体操垫、报纸等运动器材；（3）组织学生进行热身活动，注意课堂秩序和安全问题，预防运动损伤。

学生：（1）在体育老师的组织下观看视频，思考日常生活中哪些清洁工作我们可以自己做，分别会用到哪些清洁工具；（2）学生整齐排队前往体育器材室搬运体育器材；（3）学生进行热身活动，充分拉伸肌肉。

评价：学生自评"正步走"动作；体育教师对学生的行走姿势和活动秩序进行评价，帮助学生树立正确的坐、立、行观念。

3. 组织队形

"晓清洁，会搬运"的组织队形见图 2-2。

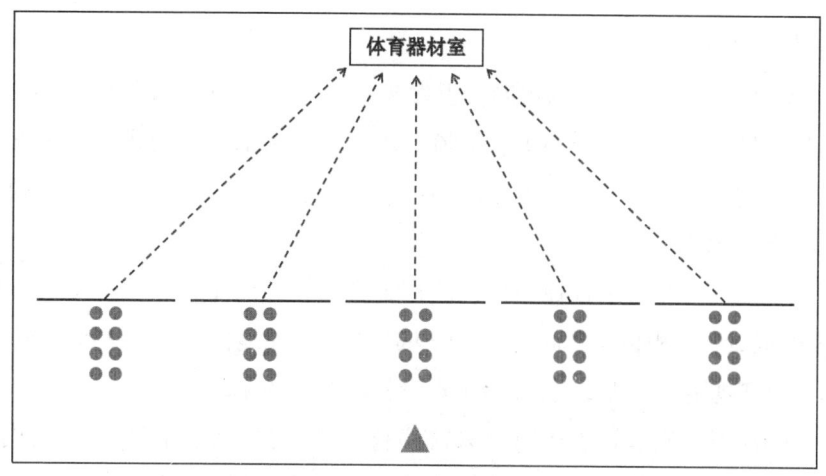

图 2-2　"晓清洁，会搬运"组织队形图

注：▲表示老师；●表示学生；---▶表示学生跑动路线。

4. 设计意图

其一，通过视频和提问，帮助学生了解日常生活中的清洁活动和所用到的工具。其二，学生自行搬运本节体育课所需器材，让学生从现在开始学着自己的事情自己做。其三，组织学生完成热身活动，防止学生在后续的学习活动中出现运动损伤。

（二）基本部分

【任务二：懂清洁，捡垃圾】

1. 任务说明

体育教师创设"懂清洁，捡垃圾"的学习情境：教师创设动物乐园打扫卫生的场景，并提问学生不同小动物是如何拾起地上的垃圾的？该任务主要是创设模拟动物行走的教学场景，主要学习"蚂蚁爬"姿势，并教会学生运用"蚂蚁爬"姿势进行捡垃圾和运垃圾。同时，提供机会让学生模仿其他小动物行走的方式，引导学生初步了解动物移动的姿势和方法，启发学生积极思考与模仿。

2. 师生活动

体育教师：（1）教师提问，引发学生思考；（2）创设情境，讲解与示范"蚂蚁爬"动作；（3）讲解捡垃圾、运垃圾的活动要求，组织学生学练"蚂蚁爬"动作；（4）播放动物视频，引导学生模仿其他动物的行走或爬行的姿势。

学生：（1）回忆各种小动物的行走方式，想象小动物一边走一边捡垃圾的场景，并积极回答问题；（2）认真听讲，原地模仿"蚂蚁爬"姿势；（3）遵守规则，积极参与。（4）观看视频，模仿小动物行走。

评价：学生自我评价运用"蚂蚁爬"捡垃圾、运垃圾中存在的不足之处；体育教师对学生进行"蚂蚁爬"学练进行点评和纠错，引导动作规范的学生进行动作展示与分享。

3. 组织队形

学生呈纵列队形排列，以场地内的参考线为起点，每隔 2 m 放置一张报纸，共放置两列报纸，报纸与报纸横向距离为 3 m，一共放置 10 张，并在终点处放置一个垃圾桶，学生到达垃圾桶时，将报纸放进垃圾桶内后从两侧返回。

"懂清洁，捡垃圾"的组织队形见图 2-3。

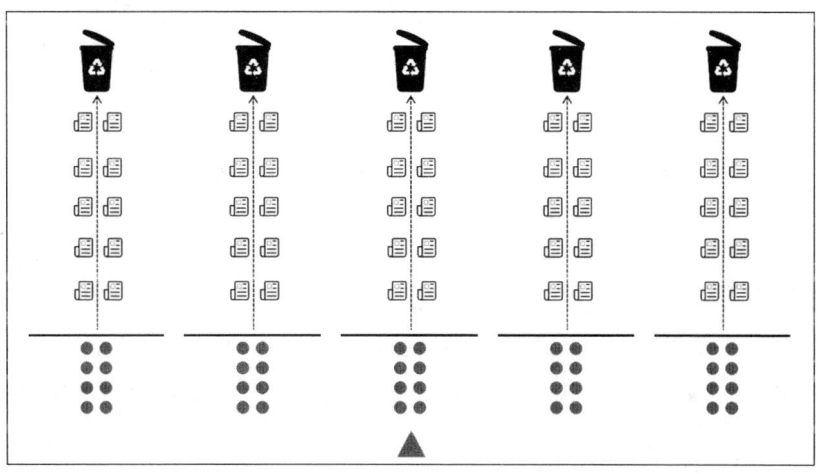

图 2-3　"懂清洁，捡垃圾"组织队形图

注：▲表示老师；●表示学生；🗑表示垃圾篓；🗐表示报纸；——表示起跑线。

4. 设计意图

其一，通过创设小动物爬行的游戏场景，激发学生的学习兴趣，帮助学生快速投入教学活动。其二，将劳动中的清洁行为（捡垃圾、运垃圾）融入体育跨学科课堂中，引导学生将捡垃圾等劳动行为迁移到生活中。其三，帮助学生了解与认识"蚂蚁爬"这种姿势，从而启发学生体验不同小动物的爬行方式，建立对爬行动作的认知。

> **知识窗**
>
> 蚂蚁爬
>
> 　　仰卧,两臂撑垫,两手五指张开,两腿屈膝,两脚分开撑垫,用异侧的手和脚交替向前、向后爬行移动。这个动作如果向侧移动,就是螃蟹爬。
>
>
>
> 参考来源:人民教育出版社《义务教育教科书体育与健康教师用书 基本运动技能 全一册》。

【任务三:爱干净,能拖地】

1. 任务说明

创设"爱干净,能拖地"的学习情境:体育教师向学生提问,小动物们在完成捡垃圾、运垃圾的工作后,还需要做什么才能让动物的"家"变得更干净?引导学生回忆打扫房间的场景,帮助学生了解打扫房间的流程和顺序后,引出拖地这项劳动任务,并进行"动物爬行"拖地游戏。

2. 师生活动

体育教师:(1)播放毛毛虫、螃蟹和鳄鱼等爬行动物的视频动画,组织学生分别模仿动画中动物的爬行姿势,引导动作规范的学生进行展示;(2)依次讲解"毛毛虫爬""螃蟹爬"和"鳄鱼爬(有两种爬行姿势)"的动作要领,并分别进行示范;(3)纠正学生的错误动作,再次强调爬行的动作要领以及如何保持爬行路线为直线;(4)引导学生发挥想象力,激发学生的表现欲望;(5)组织学生思考并评价哪种爬行方式拖地拖得最干净。

学生:(1)认真观看视频,模仿视频中小动物爬行的动作,踊跃进行动作模仿与展示;(2)认真听讲并仔细观察学习教师的动作示范,依次完成"毛毛虫爬""螃蟹爬""鳄鱼爬(有两种爬行姿势)"四种不同爬行姿势的练习;(3)及时纠正错误动作,注意区分每个小动物的不同特点;(4)在练习过程中充分发挥想象力,大胆表现出各个动物的特点;(5)积极思考,哪种小动物的爬行姿势拖地拖得最干净。

评价:学生自评、互评模拟"动物爬行"的动作和姿势是否标准、路线是否为直线;体育教师点评学生模拟"动物爬行"的练习情况,纠正部分学生的错误动作,再次示范。

3. 组织队形

"爱干净,能拖地"的组织队形见图2-4。

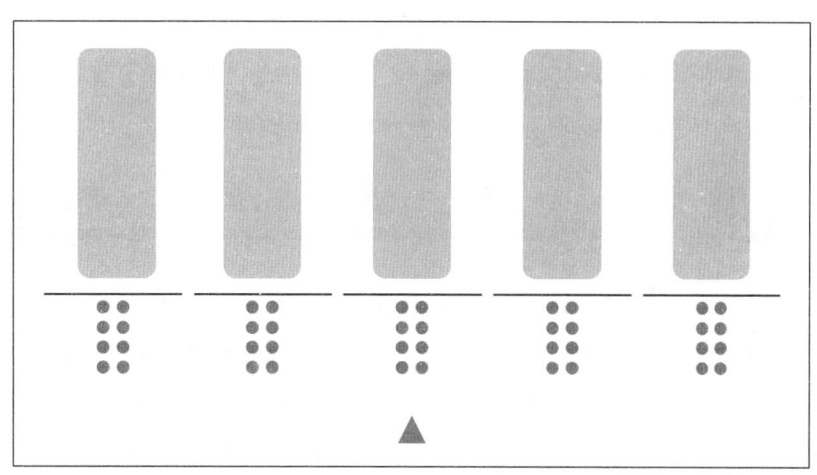

图2-4 "爱干净,能拖地"组织队形图

注:▲表示老师;●表示学生;——表示起跑线;▬▬表示由体操垫拼接而成的翻滚轨道。

4. 设计意图

其一,该环节以义务教育教科书《体育与健康教师用书 基本运动技能 全一册》(人民教育出版社,2024)第三章第一节中的"开心爬爬乐(仿生爬)"这一学练活动与游戏为依据,结合了拖地这一劳动元素进行了教学设计,让学生在生活化的情景中学习爬行并发展移动性技能。其二,通过动物爬行,培养学生的想象力和创造力,用身体表现出动物的特点和神情,帮助学生进一步了解动物的习性和特点,提升学生对自然的感知力和敏感度。

知识窗

毛毛虫爬

站立位双脚微分，屈髋向下，向前爬四步到斜板，直腿向前双脚立于双手之间，再直腿回到斜板，向后四步回到站立前屈，卷背起身立直。

螃蟹爬

手脚分开与肩同宽，手掌心着地，两脚开立，膝盖弯曲成90度，背部保持平直，移动同侧手和脚进行侧身爬行移动。

鳄鱼爬

俯卧，两臂屈肘，两腿屈膝，成前臂与小腿俯撑姿势，用异侧的前臂和小腿交替向前屈伸爬行移动。另一种方法是俯卧在垫上，两臂屈肘，一侧的前臂前伸和异侧大腿屈膝向体侧举（小腿内侧着垫），然后蹬腿屈臂，使身体向前爬行移动。

参考来源：人民教育出版社《义务教育教科书体育与健康教师用书 基本运动技能 全一册》。

【任务四：讲卫生，勤打扫】

1. 任务说明

创设"讲卫生，勤打扫"的学习情境："动物乐园"大扫除比赛即将开始,让我们看看哪种动物打扫得又快又干净!将捡垃圾、运垃圾和拖地融入比赛,使学生在比赛中巩固五种"动物爬行"的姿势与方法,增强课堂趣味性,提升学生的运动能力,同时告诉学生要学会爱干净、讲卫生,培养学生勤于劳动的品质。

2. 师生活动

体育教师:(1)总结之前学生在"动物爬行"学练与游戏环节中易出现的错误动作,并组织学生运用所学的四种爬行姿势进行比赛;(2)详细讲解比赛规则并做完整示范;(3)提醒学生在比赛中守规则、讲秩序、相互鼓励。

学生:(1)纠正错误动作;(2)认真听比赛规则讲解,积极参与比赛;(3)遵守比赛规则、讲秩序,小组间相互鼓励、加油。

评价:学生自评、互评各小组同学在比赛中的表现及练习情况;体育教师表扬动作标准且速度最快的小组,鼓励学生快速、出色地完成比赛。

3. 组织队形

"讲卫生,勤打扫"的组织队形见图2-5。

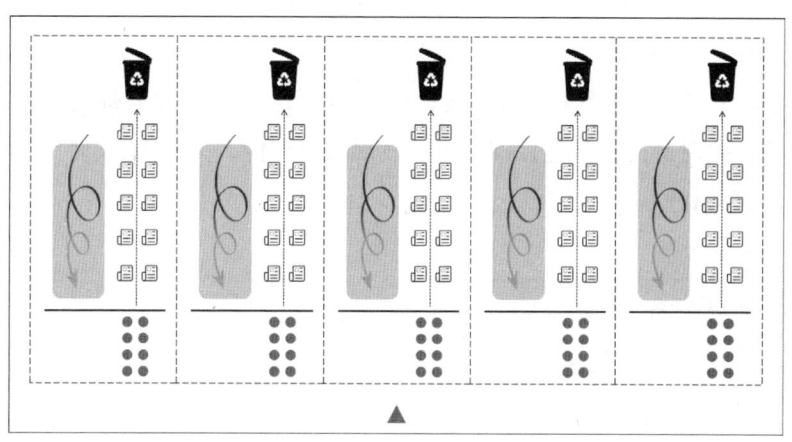

图2-5 "讲卫生,勤打扫"组织队形图

注:▲表示老师;●表示学生;——表示起跑线;▨表示由体操垫拼接而成的翻滚轨道;🗑表示垃圾篓;▤表示报纸;---→表示捡垃圾活动的路线;⟶表示拖地活动的路线。

4.设计意图

其一,通过创设"讲卫生,勤打扫"学习情境来巩固学生对爬行动作的学练,进一步发展学生的力量、协调性、灵敏性和运动能力。其二,通过该环节,让学生明白打扫房间是自己的事情,自己的事情应该自己做,树立热爱劳动、劳动快乐的观念和意识,培养学生的生活自理能力。

（三）结束部分

【任务五:知健康,享生活】

1.任务说明

创设"知健康,享生活"学习情境:教师播放《热爱劳动》音乐,让学生跟随音乐旋律一起进行放松活动,总结与评价学生本节课的学习情况和效果,升华本主题。

2.师生活动

体育教师:（1）组织学生进行放松运动;（2）总结和评价,升华主题;（3）组织学生收拾器材,并布置课后作业。

学生:（1）有序参与放松运动;（2）认真听讲体育老师的课堂总结和评价,并对自己和学生在课堂中的表现进行评价;（3）记录课后作业,收拾体育器材。

3.组织队形

"放松活动"的组织队形见图2-6。

第二章 "劳动最光荣"跨学科主题学习的教学设计

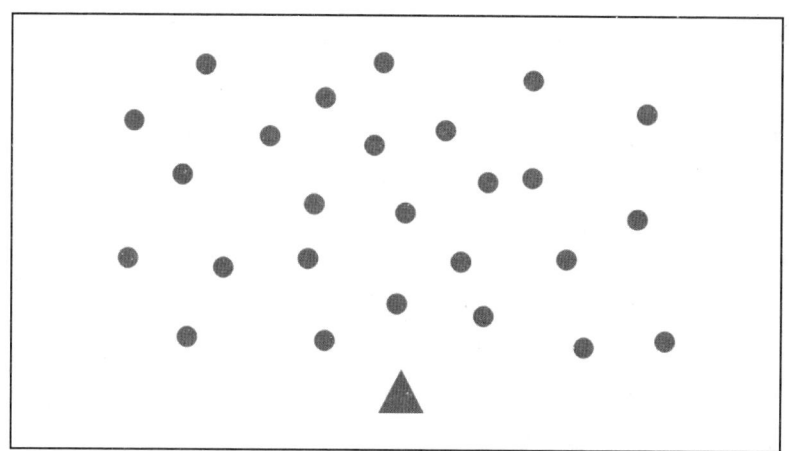

图 2-6 "放松活动"组织队形图

注：▲表示老师；●表示学生。

4. 设计意图

其一，进行放松和拉伸运动，降低学生心率，充分放松学生身体各部位的肌肉。其二，体育教师进行总结，帮助学生回顾教学内容，进一步加深学生对爬行动作的认识。其三，升华主题，反馈课堂效果。

5. 体育教师总结

体育教师："同学们，今天我们模仿小动物给自己的房间进行了大扫除，知道了我们要懂清洁、讲卫生、爱干净、善劳动，也明白了自己的事情应该自己做。在今后的生活中，同学们可得拿出今天课上的干劲，回家后好好地给我们的房间洗个'澡'。在日常生活中，也要告诉自己的爸爸妈妈，有些事情我能够自己做了，并用实际行动证明给他们看，好不好？"

学生回答。

体育教师总结："希望通过今天这节课，小朋友们回家后都能成为妈妈爸爸的得力小助手，在完成自己分内的事情之外，也帮家人们分担一些自己力所能及的家务活。只有利用好我们勤劳的双手，讲卫生，爱劳动，我们的身体才会变得越来越棒，社会也会变得越来越好！"

6. 学习评价

评价方式：学生自评、小组评价、师生互评。"我知与我行"综合评价量规详见表2-1。

表2-1 "我知与我行"综合评价量规

评价维度	评价标准	★★★	★★	★
运动能力	1. 学练五种"动物爬行"的姿势			
	2. 提高灵敏度、协调性、力量等素质			
健康行为	1. 保持个人卫生，讲卫生、爱干净			
	2. 知道体育锻炼对身体的益处			
	3. 具备简单的安全意识和防范能力			
体育品德	1. 培养积极进取、不怕困难的体育精神			
	2. 树立遵守规则、公平竞争的体育道德			
	3. 培养自尊自信、文明礼貌的体育品格			
跨学科素养	1. 树立自己的事情自己做的意识			
	2. 提升生活自理能力			

7. 课后作业

（1）学练任务：课后在家进行动物爬行姿势的练习，学习"人"正确的行走姿势，巩固课堂所学的知识和技能。

（2）知识串联：体育教师布置课后作业"哪些常见的劳动动作与体育动作有紧密联系"，引导学生查阅资料并进行实践。

（3）课后观察：参与家务劳动，并在班会上分享心得。

八、教案参考

"我知与我行"教案

主题	自己的事情自己做	学段	水平一	年级	一年级	班级	×××班
学习内容	我知与我行——"爬行+劳动教育"跨学科主题学习							
学习目标	运动能力：掌握正确爬行的基本知识，学生能够说出蚂蚁爬行10 m。 健康行为：保持正确的坐、立、行姿势，知道参与体育锻炼对身体有益，懂得"自己的事情要自己做"，学会保持个人卫生，做爱干净、讲卫生的好孩子。 体育品德：培养积极进取，不怕困难的体育精神，树立遵守规则、公平竞争的体育道德。并能用这五种"动物爬行"姿势和爬行方式的异同，毛毛虫爬、螃蟹爬和鳄鱼爬（两种姿势），共五种爬行方						
重点	1. 爬行的动作要领。 2. 树立自己的事情自己做的意识。		难点	1. 不同姿势的直线爬行，动作协调、连贯。 2. 劳动教育的渗透与融入。			
课的结构	学习内容	教法与指导	学法与表现	组织与队形			
准备部分	时间	次数	负荷	一、课堂常规 1. 整队，问好。 2. 检查服装，强调安全。 3. 宣布本课内容，安排见习生。	1. 师生相互问好。 2. 宣布本课内容，要求及安全教育。 3. 宣布本节课的内容和要求。	1. 体委整队，学生和老师问好。 2. 牢记安全提醒，见习生见习。 3. 认真听讲，遵守课堂纪律。	一
	1分钟	1	低			

—107—

续表

课的结构	课的内容			学习内容	教法与指导	学法与表现	组织与队形
	时间	次数	负荷				
准备部分	2分钟	1	低	二、情景导入。1. 提问导入。2. 总结并引出本节课的学习内容。	1. 体育教师提问：我们的房间？平时谁打扫我的房间？打扫房间需要做些什么劳动？需要哪些工具？2. 体育教师总结：自己的房间应该自己打扫，自己的事情自己做。	1. 认真听讲问题，积极思考并回答。2. 认真听讲。	参见图2-6
	3分钟	1	中	三、热身活动播放《劳动小能手》，带领学生进行热身活动。	1. 播放音乐，组织学生进行准备活动。	1. 学生认真跟随教师动作完成热身，充分活动身体各部位的肌肉。	
基本部分	5分钟	3	中	一、晓清洁，会搬运体育教师播放清洁视频，讲解清洁知识并向学生提问有关知识。此外，让学生自行搬运本节课所需的体育器材，践行"自己的事情自己做"。	1. 播放视频，引导学生观看，并示范正确的行走姿。2. 组织学生排队站好，以正步搬运本节课所需的运动器材。3. 组织热身活动，维持课堂秩序，注意安全问题，预防在体育课堂上出现运动损伤。	1. 认真观看视频，思考正确的行走姿势，并进行模仿。2. 学生以队列队形的姿势在体育器材室搬运体育器材。3. 学生进行热身活动，充分拉伸肌肉，活动关节。	参见图2-2

第二章 "劳动最光荣"跨学科主题学习的教学设计

续表

课的结构	课的内容				学习内容	教法与指导	学法与表现	组织与队形
^	时间	次数	负荷						

课的结构	时间	次数	负荷	学习内容	教法与指导	学法与表现	组织与队形
基本部分	6分钟	4	高	二、懂清洁，捡垃圾 体育教师创设动物乐园打扫卫生的场景，并向学生提问不同小动物是如何捡垃圾和搬运垃圾的，教会学生"蚂蚁爬"的姿势，并让学生模仿其他爬行动物的移动方式。	1. 教师提问，引发学生思考。 2. 创设情境，讲解与示范"蚂蚁爬"动作。 3. 讲解捡垃圾、运垃圾的活动要求，组织学生学练"蚂蚁爬"爬行动作。 4. 播放视频，引导学生模仿其他爬行动物的爬行动作。	1. 回忆各种小动物的行走方式，并积极回答问题。 2. 认真听讲，原地模仿"蚂蚁爬"姿势。 3. 遵守规则，认真练习。 4. 观看视频，模仿小动物爬行。	参见图2-3
	9分钟	8	中	三、爱干净，能拖地 体育教师创设情境，引导学生回忆拖地场景，并带领学生用"动物爬行"拖地法进行练习。	1. 播放动画，组织学生分别模仿四种动物的爬行姿势，组织优生展示。 2. 讲解与示范毛虫爬、螃蟹爬和鳄鱼爬动作。 3. 纠正学生的错误动作，强调直线爬行。 4. 引导学生发挥想象力，激发学生的表现欲望。 5. 组织学生评说哪种爬行方式拖地拖得最干净。	1. 认真观看视频，并模仿视频中小动物的爬行动作。 2. 认真听讲并观察教师的动作示范，依次完成毛毛虫爬、螃蟹爬和鳄鱼爬（两种姿势）动作练习。 3. 反时纠正错误动作，保持身体稳定，直线爬行。 4. 在练习过程中充分发挥想象，大胆表现。 5. 积极思考，哪种小动物的爬行姿势拖地拖得最干净。	参见图2-4

—109—

续表

课的结构	课的内容			教法与指导	学法与表现	组织与队形
	时间	次数	负荷	学习内容			
基本部分	10分钟	5	高	四、讲卫生、勤打扫创设比赛场景,将扫地和拖地融入比赛中,让学生在比赛中巩固"行"和"爬"两个运动能力。	1.总结学生易出现的错误动作。 2.认真讲解比赛规则,并做完整示范。 3.提醒学生在比赛中守规则、讲秩序,相互鼓励。	1.尽力纠正错误动作。 2.认真听讲比赛规则,积极参与比赛。 3.遵守比赛规则,讲秩序,小组间相互鼓励、加油。	参见图2-5
结束部分	3分钟	1	低	一、知健康、享生活放松活动。 二、总结、评价。 三、布置课后作业。 四、师生再见,收还器材。	1.播放音乐,带领学生做放松活动。 2.总结和评价上课内容及情况。 3.布置课后作业。 4.宣布下课,提醒学生归还器材。	1.跟随音乐节奏和体育教师示范,充分放松。 2.学生互评学习效果。 3.按时按量完成课后作业。 4.协助老师归还器材。	参见图2-6
	1分钟	1	低				
教学用具	多媒体显示屏、课件、音乐、音响、报纸若干张、垃圾篓5个、地标贴5个。						
运动器材	体操垫20个。						

续表

运动密度	运动强度：中等 运动密度：63% 平均心率：115 次/分钟	心率曲线	预计心率曲线图（纵轴：心率（次/分钟）50-140，横轴：时间（分钟）0-40）
安全保障	1. 合理布置场地器材，优化学生跑动路线。 2. 引导学生充分热身，避免造成运动损伤。 3. 合理安排练习次数，注意练习密度和运动负荷。			
课后反思				

—111—

案例设计六：

五谷与四季
——"足球+劳动教育+语文"跨学科主题学习

> **年级**：三年级
> **课时**：1课时
> **主题**：劳动最光荣
> **内容**：足球脚背正面运球和脚内侧运球技术
> **学科**：体育与健康、劳动教育、语文

一、案例概要

"五谷与四季"跨学科主题学习以落实立德树人筑基工程和"健康第一"为指导思想，紧扣《义务教育体育与健康课程标准（2022年版）》中"劳动最光荣"水平二中的"争做小劳模"学习主题，立足体育与健康课程水平二中的专项运动技能——足球专项，结合劳动这一身体活动，创造性地将三年级体育与健康、劳动教育、语文学科中涉及身体活动的知识和技能融为了一体。"五谷与四季"案例注重从中华优秀传统文化——古诗出发，结合学科教材、学生生活和田园风光，融入了农业生产劳动，串联四季古诗词的朗读和背诵，将足球运球的基本知识和技能与四季农耕活动相融合，即创设农民伯伯在田间辛勤种植"五谷"的劳动场景——春耕、夏耘、秋收、冬藏，试图解决传统体育与健康课程中足球练习内容缺乏趣味性、创新性等问题。本案例通过创设农耕情境，让学生在情境中学习足球的两种

运球方法，引导学生懂得"一分耕耘，一分收获""尊重劳动人民""劳动无高低贵贱之分"等道理，发展学生尊重劳动人民的优良品质，在弘扬中华优秀传统文化的同时，提升学生文化自信，帮助学生"知"四季、农耕、五谷等知识和"行"珍惜粮食、尊重劳动人民等行为，达到知行合一、学以致用的目的。

二、主题解读

《义务教育体育与健康课程标准（2022年版）》在"劳动最光荣"水平二"争做小劳模"学习主题中指出："结合重复性、模仿性较强的体力劳动，创设家务劳动情景，在发展学生体能的同时，帮助学生体会劳动者的艰辛，感受劳动的光荣，增强劳动意识与能力。"本案例立足义务教育教科书《体育与健康教师用书 足球运动 全一册》（人民教育出版社，2024年）第三章第二节中的"运球技术"，重点学习"脚背正面运球"和"脚内侧运球"两种运球技术，并结合《义务教育劳动课程标准（2022年版）》中第二学段（3～4年级）提出的"懂得体会劳动光荣、劳动无高低贵贱之分的道理，……初步形成热爱劳动的态度"学段目标，以及融入《义务教育语文课程标准（2022年版）》中对3～4年级学生"阅读与鉴赏"能力要求的"诵读优秀诗文，……领悟诗文大意""背诵优秀诗文50篇（段）"教学内容，以使本案例"跨"有依，"理"有据，实现"体育与健康+劳动教育+语文"的学科融合。"五谷与四季"跨学科主题学习在遵循体育与健康课程"准备部分—基本部分—结束部分"基本思路的同时，从任务群、问题链、素养线三重维度进行了具体设计，以培育学生运用"体育与健康+劳动教育+语文"的知识和技能来解决体育与健康实践问题的能力。同时，本案例以"春耕—夏耘—秋收—冬藏"为主线，沿着四季变换的大情景和大任务，设置了"翻土播种、浇水施肥、除草丰收、运粮储藏"小任务群，旨在发展学生足球专项运动技能的同时，帮助学生在学、练过程中领悟劳动的意义和价值，培养学生劳动光荣、勤俭节约和吃苦耐劳的精神品质，并在生活中做到珍惜劳动成果和不浪费粮食，促使学生感受中华优秀传统文化的博大精深和提升学生的文化自信。

三、学情分析

"五谷与四季"的授课对象为水平二阶段的三年级学生。就性格特点而言，三年级的学生活泼好动，学习动机受兴趣和同伴的影响较大，喜爱模仿，富有想象力和创造力，但注意力易分散。在认知思维方面，三年级的学生认知能力处于迅速发展阶段，在理解抽象概念、逻辑推理和问题解决等方面有较大的提升空间，学生的思维方式逐渐从具体形象思维向抽象逻辑思维过渡。在身体活动方面，三年级的学生身体协调性、灵敏性、速度、力量和运动技能等能力逐步提升，大肌肉动作发展迅速，喜欢奔跑、跳跃、球类等体育运动，展现出较好的身体活力和运动能力。从学习基础来看，通过三年级课程的学习，学生对足球专项运动已经有了初步的了解，知道了足球运动的基本技术包括：停、传、运、射四个方面，也初步学习了足球脚背正面运球和脚内侧运球技术，有助于本节课在劳动教育——四季农耕的场景下巩固两种运球技术的运用与实践。因此，体育教师在跨学科主题学习情境创设上要充分考虑三年级学生的性格特点、认知思维、身体活动等基本特征，通过创设丰富有趣的学习情境和游戏化教学来激发学生的学习动机，提高学生的专注度和专注时长。同时，在教学内容设计上要基于农耕生活的真实情景设置适宜的问题和任务，将学生学练足球脚内侧运球和脚背正面运球的基本方式与四季耕作活动和古诗词相结合，进而培育学生的劳作精神，磨砺学生吃苦耐劳的意志品质，提升学生的文化自信。

四、整体设计

"五谷与四季"在整体设计上以"五谷蹲—春耕—夏耘—秋收—冬藏—欢庆"为主线，以统整的"体育与健康+劳动教育+语文"知识和技能为核心，基于任务群、问题链及素养线来推进准备部分、基本部分及结束部分。

第一，任务群设计。任务一"五谷蹲"作为准备部分的热身活动，意在引导学生融入"五谷与四季"的学习情境，帮助学生完成热身。任务二

"春耕——翻土耕种植五谷"为本案例的基本部分，主要是在"春分"和"惊蛰"节气情境下，借助足球脚背正面运球技术和脚内侧运球技术来实现春耕的犁地和播种。任务三为"夏耘——浇水施肥勤劳作"，主要是在"立夏"和"芒种"节气情景下，通过巩固学生足球运球技术来实现夏耘的浇水和施肥。任务四为"秋收——硕果丰收颜欢笑"，主要是在"立秋"和"白露"节气下，巩固学生脚背正面和脚内侧运球技术，运用两个动作结合的方式来实现秋天的粮食收割。任务五为"冬藏——五谷丰登迎新春"，主要是在冬至节气的背景下，以小组为单位进行搬运粮食比赛和设计果实储藏造型比赛。任务六为"欢庆——迎新年"，主要为结束部分的放松运动和教师总结与评价等环节。需要着重指出的是，本案例的"春耕、夏耘、秋收、冬藏"四个任务均以应季的语文古诗词和二十四节气等知识为引导，以帮助学生生动形象地理解与联想古诗词所蕴含的意义以及了解二十四节气的知识。

第二，问题链设计。问题1"同学们知道五谷与四季有什么关系吗？"与任务一相关联，旨在引导学生思考问题并迅速融入"五谷与四季"的学习情境中。问题2"同学们有了解与春耕相关的古诗词吗？"与任务二相联系，旨在引导学生思考语文学科知识，并以此为基础开展"翻土耕种植五谷"活动。问题3"农民伯伯在夏耘时如何进行农业劳动呢？"与任务三相联系，旨在引导学生联系生活，思考问题。问题4"农民伯伯在秋收时怎样完成五谷收割呢？"与任务四相联系，旨在引导学生进入秋收的劳动情境，启发学生联系生活。问题5"农民伯伯为什么会在冬季存储五谷呢？"与任务五相联系，旨在启发学生认识到粮食对百姓来年生活的重要性。问题6"农民伯伯有哪些品质、精神值得学习？"与任务六相联系，旨在对课堂进行总结与评价，促进学生将课堂的体会和感悟迁移至生活中。

第三，素养线设计。本案例在发展学生体育核心素养的同时，注重培养学生的跨学科素养，具体表现为：（1）体育核心素养。运动能力方面，学生需掌握足球脚背正面运球和脚内侧运球技术，提高心肺耐力、下肢力量和协调性等。健康行为方面，学生应了解体育锻炼的积极作用，知晓体育伤病的预防方法。体育品德方面，学生要培养不怕困难、坚持到底的体育精神，树立尊重对手、公平竞争的体育道德，形成正确、积极胜负观念的体育品格。（2）跨学科素养。劳动教育核心素养方面，学生需明白农耕活动与季节之间的联系，树立劳动光荣、惜粮爱农的劳动观念，践行勤俭节约、吃苦耐劳的劳动精神。语文核心素养方面，学生要丰富并巩固四季古诗，学会阅读与欣赏古诗词，增强文化自信。整体设计框架见图2-7。

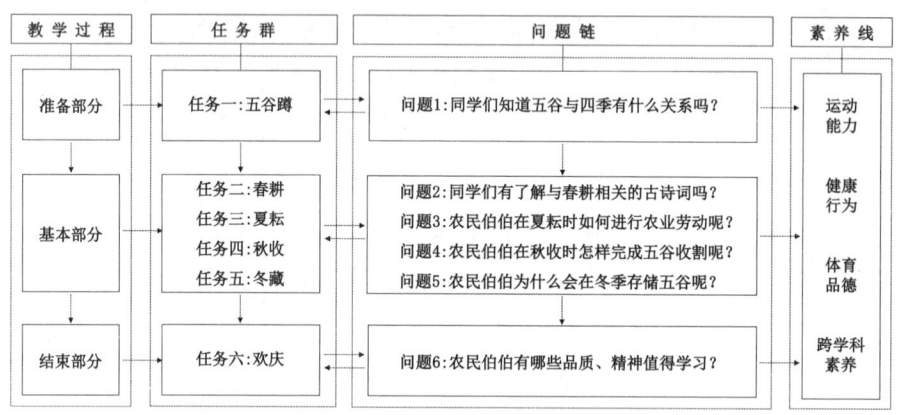

图2-7 "五谷与四季"整体设计框架图

五、学习目标与教学方法

（一）学习目标

运动能力：通过本节课的学习，学生能够说出脚背正面运球和脚内侧运球技术的动作要领，知道在足球比赛中除守门员外的队员不可用手触球的规则；基本掌握脚背正面运球和脚内侧运球技术；能够运用脚背正面运球技术直线运球 5 m，提升心肺耐力和协调灵敏性。

健康行为：通过学习，学生能明晰自身身体状况，学会根据身体状况合理选择运动负荷；掌握擦伤和扭伤等课上、课外常见运动损伤的简单处理和预防方法。

体育品德：通过本节课的学练，学生能发扬不怕困难、坚持到底的体育精神；树立尊重对手、公平竞争的体育道德；培养正确、积极胜负观念的体育品格。

（二）教学方法

教法：讲解与示范法、情境教学法、预防与纠正错误法、游戏与竞赛法等。

学法：探究学习法、自主学习法、合作学习法等。

六、教学准备

（一）教学用具

多媒体显示屏、课件、音乐、音响、装有沙子的废旧塑料瓶若干个、地标贴10条、"最佳春耕劳动者"徽章3枚、"最佳夏季耕耘者"徽章2枚、"收割粮食小能手"徽章2枚。

（二）运动器材

足球若干个、标志盘若干个、体操垫5个。

（三）安全预案

第一，强调"安全第一"原则，注意保障学生安全，避免发生危害学生人身安全的体育伤害事故。

第二，在教学过程中，若有学生出现体育伤害事故，体育教师应立即上前查看伤势，判断学生伤势情况，情况严重时应立即将学生送往校医务室进行治疗，并告知班主任实情。

七、教学过程

（一）准备部分

体育教师以古诗《悯农二首》为情境导入的起点，通过提问引导学生快速融入学习情境，思考并想象古诗中描绘的耕作场景，锻炼学生的语言表达能力和提升学生阅读与鉴赏的能力，通过想象古诗中农民伯伯一年四季辛勤劳作的艰辛，教导学生学会爱农、惜粮，知道粮食的来之不易。同时，以"五谷"实物呈现的方式帮助学生直观地认知"五谷"。

体育教师:"哪位同学知道'春种一粒粟,秋收万颗子。四海无闲田,农夫犹饿死。'这首诗的诗名是什么?作者是谁吗?哪位同学愿意与老师分享诗中描绘的耕作场景?"

学生回答。

体育教师补充提问:"有没有同学知道诗中的'粟'指的是什么粮食?"

学生回答。

体育教师向学生展示提前准备好的"五谷"实物并解释道:"在我国古书《孟子·滕文公》中记载,'五谷'包括'稻、黍、稷、麦、菽'。稻指水稻,去壳后就是我们熟知的大米。黍(shǔ)结的果实叫做黍子,去皮后就是北方的黄米。稷(jì)又称粟,脱皮就是小米,它是我国古代最重要的粮食作物。麦就是麦子。菽(shū)是豆类的总称,也特指大豆。"

体育教师补充提问:"除了方才我们所讲的那首古诗,哪位同学还知道其他有关农民伯伯辛勤劳作的古诗?它又讲述了一个怎样的故事呢?"

学生回答:"《悯农二首(其二)》。锄禾日当午,汗滴禾下土。谁知盘中餐,粒粒皆辛苦。"

体育教师评价:"看来同学们都学习了关于农民伯伯辛勤劳作和粮食来之不易的知识!同学们,正是因为农民伯伯的辛勤劳作,才换来了今天大家衣食无忧的美好生活。因此,今后同学们要从身边的小事做起,每次吃饭的时候,都不应浪费粮食,学会珍惜粮食,要明白劳动无高低贵贱之分,应尊重每一位劳动者的劳动成果。今天,就让我们和农民伯伯一同劳作,收获属于自己的劳动成果吧!"

体育教师:"下面,我们先进行热身游戏——五谷蹲。"

要求:学生认真思考并运用所学知识展开联想,大胆表达,积极与体育老师互动。

【任务一："五谷蹲"】

1. 任务说明

体育教师一边深蹲,一边跟随音乐念唱:"农民伯伯蹲,农民伯伯蹲,农民伯伯蹲完,小麦组蹲。"

小麦组跟随音乐深蹲,同时排头第一位同学紧跟音乐旋律发出指令,"小麦组蹲,小麦组蹲,小麦组蹲完,豆子组跳",然后排头第一位同学跑到队伍末尾,被喊到的小组再接龙。

当听到体育老师说:"大丰收!"时,五谷(所有同学)迅速回到自己的家(指定区域),以此类推,完成热身游戏。

2. 师生活动

体育教师:(1)组织学生进行"五谷蹲"游戏;(2)讲解游戏规则:学生根据"五谷"的种类平均分成五组,分别代表小麦、水稻、黄米、小米和豆子;体育教师则代表农民伯伯;(3)发号施令,游戏开始,并做示范供学生模仿;(4)以问题1"同学们知道五谷与四季有什么关系吗"为引导,启发学生思考问题。

学生:(1)以小组为单位,在指定区域模仿体育教师动作进行热身活动;(2)在跑动过程中,使身体最大限度地活动,避免因准备活动不充分而受伤;(3)在游戏指令和深蹲环节,需根据音乐旋律念唱口令,并进行身体律动,提升随机应变的能力和对音乐节奏的感知;(4)在"大丰收"环节,注意避免相互冲撞,文明礼貌地进行游戏。

3. 组织队形

"五谷蹲"组织队形见图2-8。

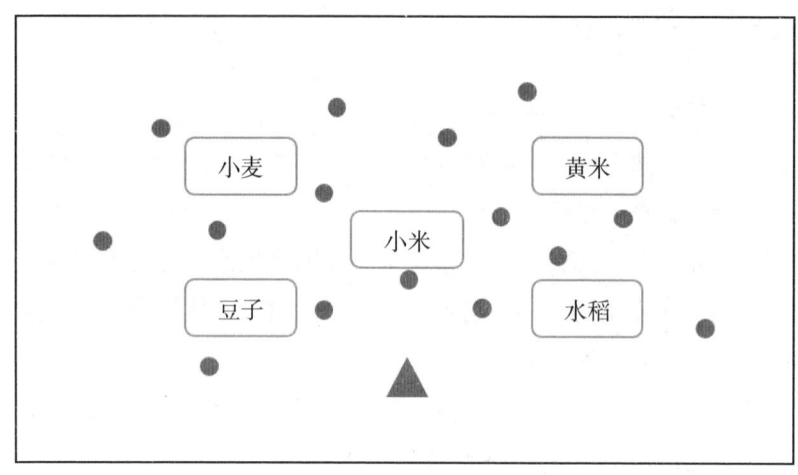

图 2-8 "五谷蹲"组织队形图

注：▲表示老师；●表示学生；▢表示各小组的指定区域。

（二）基本部分

【任务二：春耕——翻土耕种植五谷】

1. 任务背景

"立春新年到，早起晚睡觉。"立春，标志着春季的到来，也预示着农民伯伯要开始进行春播春耕了。"一年之计在于春，一日之计在于晨"，春天来了，教师播放幻灯片或动画，学生朗读古诗《春晓》并思考其含义，联想古诗所描绘的画面和场景。体育教师提问学生，除上述古诗外，同学们是否了解与春耕相关的其他古诗词？春天万物复苏，勤劳的小农民伯伯们早早起身，带上你们的小工具（足球）开始犁地和播种，为今年"五谷"的耕耘做准备吧！

2. 任务说明

创设"犁地播种"学习情境：体育教师讲述含"春"字的古诗词，为学生创设出五谷春耕春种的劳动情景，小农民伯伯们通过农耕工具进行犁地和播种活动，体会劳动的劳苦与艰辛。

组织形式：犁地、播种的队形及场地设置不变，练习内容变化，学生每次听到口令后，须大声背诵应季古诗词才能开始练习或游戏。（1）犁地。学生听到"春分"口令后，以小组为单位背诵春天古诗词，两侧队员同时开始运球接力，到田间完成犁地翻土（翻标志盘）活动（图2-9）。（2）播种。学生听到"惊蛰"口令后，同样先背诵古诗再进行练习，两侧队员再同时开始将种子"种"到"土坑"里（图2-10）。（废旧塑料瓶代表种子，标志盘表示土坑）。

任务要求：每次回答需变换古诗词，不能每次都回答同一句古诗词；练习时，各小队秩序井然、相互鼓励。

3. 师生活动

体育教师：（1）按照"五谷"种类，将全体同学划分为水稻队、黄米队、小米队、麦子队、豆子队五个小队；（2）示范脚背正面运球技术动作，讲解技术要领；（3）发出口令，仔细倾听学生所说的古诗词是否正确；（4）及时发现并纠正学生的错误动作，并提醒同学进行纠正；（5）为秩序最佳的小队授予"最佳春耕劳动者"徽章一枚。

学生：（1）仔细观察体育教师的动作示范，认真用惯用脚完成脚背正面运球技术练习，并尝试抬头观察；（2）各小组以运球击掌接力的形式，依次完成犁地和播种的春耕活动；（3）小组齐心协力想古诗，并大声背诵古诗词；（4）各队成员齐心协力，注意安全；（5）相互鼓励、加油。

评价：学生自评、互评各小组脚背正面运球技术的练习情况；体育教师点评同学的运球姿势和击球部位，鼓励学生运球时保持身体的放松和协调。

4. 组织队形

"犁地"组织队形见图2-9，"播种"组织队形见图2-10。

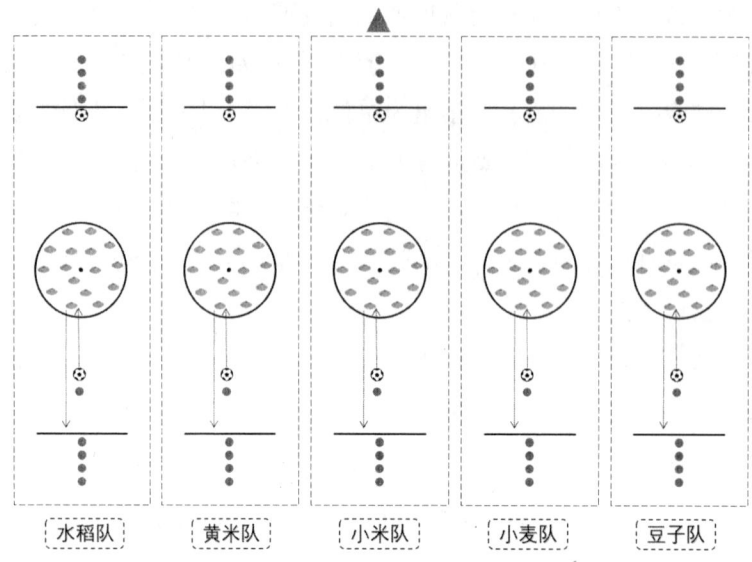

图 2-9 "犁地"组织队形图

注：▲表示老师；●表示学生；🥔表示标志盘；——表示起跑线；---> 表示学生运球跑路线。

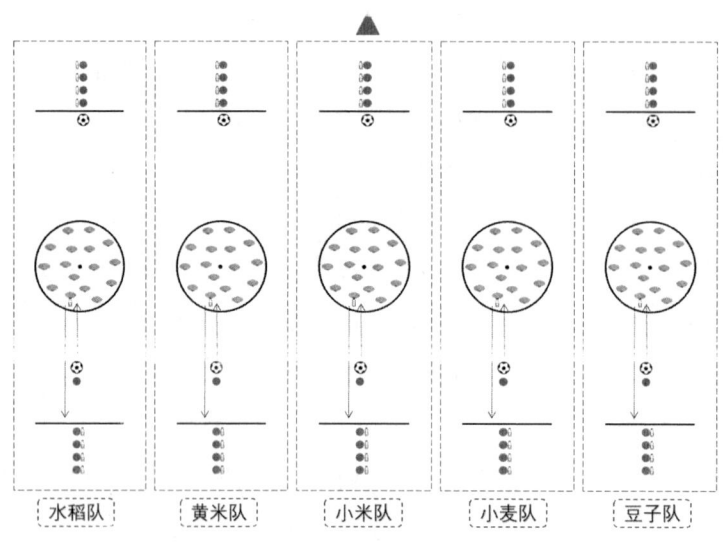

图 2-10 "播种"组织队形图

注：▲表示老师；●表示学生；🥔表示标志盘；——表示起跑线；---> 表示学生运球跑路线；
🍶表示塑料瓶

5. 设计意图

其一，以带"春"或描绘春天的古诗词为引导，辅以"节气"口令、音乐、视频动画和多媒体设备，让学生在春耕情境中扮演"小农民伯伯"角色，通过犁地和播种两个活动，使学生能够身临其境般参与到春季的农耕劳动中，提高学生的学习兴趣、练习专注度及专注时长。其二，通过犁地和播种活动，帮助学生学习和掌握足球脚背正面运球技术，发展学生的身体协调性和灵敏性，提升学生足球的球性球感。

知识窗

脚背正面运球

【动作方法】运球时上体稍前倾，步幅适中，触球时支撑脚在球的侧后方；运球腿屈膝提起，髋部前送，脚尖向下，脚背绷直，以合适的力度用脚背正面接触球的后中部，身体重心随球跟进身体保持正常跑动姿势，上体稍前倾，步幅适中；运球腿屈膝提起，髋部前送，脚背绷紧，脚尖向下，用脚背正面部位接触球的后中部，推送运行。

【动作要点】脚背正面轻轻推，人随球行紧紧追。

【易犯错误】1. 触球部位和推送力量不当，不能有效控球。

2. 推送球后，身体重心落后，影响身体跟进。

参考来源：人民教育出版社《义务教育教科书体育与健康教师用书 足球运动 全一册》。

【任务三：夏耘——浇水施肥勤劳作】

1. 任务背景

"稻花香里说丰年，听取蛙声一片。"夏天到了，炎热的气候使得农民伯伯劳作时更加辛苦了，正如白居易在《观刈麦》中所描述的"田家少闲月，五月人倍忙"。在夏季，农民伯伯需要充分利用充足的阳光和雨水，勤劳地劳作才能迎来秋季的大丰收。接下来请同学们带上你们的农具，一同前往田间开展浇水、除草、施肥活动吧！

2. 任务说明

创设"浇水、施肥"学习情境：教师播放幻灯片带领学生朗读《观刈麦》古诗，组织学生分享自己对这首古诗的理解与认识，并询问学生带有"夏"字或描绘夏天的古诗词以及农民伯伯在夏耘时如何进行农业劳动，用自己的语言表述诗中描绘的场景，将学习情境导入至夏季，再把夏天中"立夏、芒种"等节气融入教学设计中，为学生营造夏天"人倍忙"的劳动场景。学生通过浇水、施肥等活动，让小农民伯伯们知道劳动虽艰辛但光荣。

组织形式：浇水、施肥的队形及场地设置维持不变，练习内容有所变动，学生每次听到口令后，须大声背诵应季古诗词才能开始练习或游戏。（1）浇水。学生分组保持不变，当听到"立夏"口令后，小组大声背诵一首秋季古诗词，两侧队员同时开始，运球绕田一圈，回到起点与队友接力，展开灌溉活动（见图2-11中的①）。第二次练习时，学生可自由选择给田里某颗种子浇水或者绕田一圈进行灌溉活动（见图2-11中的②）。（2）施肥。学生分组不变，当听到"芒种"后，小组大声背诵另一首秋季古诗词后，两侧队员手持标志盘（代表化肥），运球至田间为种子施肥，将标志盘放置于种子（塑料瓶）上方表示施肥成功，学生可自由选择施肥的种子，之后快速运球返回出发点，依此类推。

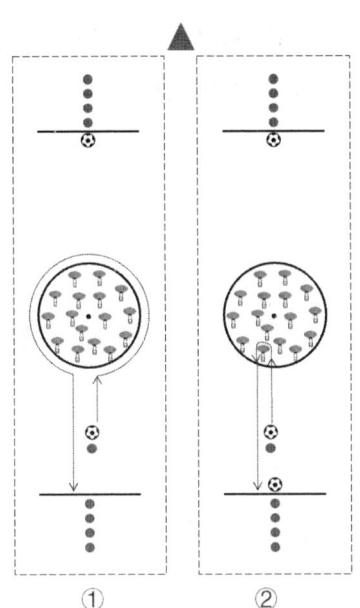

图 2-11 "浇水、施肥"组织队形图

注：▲表示老师；●表示学生；🌑表示标志盘；——表示起跑线；---->表示学生运球的路线；🍾表示塑料瓶。

要求：在浇水环节，学生应注意运球时切勿低头，学会抬头观察，避免相互碰撞。在施肥环节，队员需注意每一粒种子都要施肥，同时不要忘记鼓励队友，秩序最佳的小队可获得"最佳夏季耕耘者"徽章一枚。

3.师生活动

体育教师：（1）讲解并示范脚内侧运球技术；（2）发出节气口令，引导学生开始练习；（3）提醒学生在运球过程中保持身体前倾，动作连贯且协调；（4）评价并鼓励各小组队员，组织动作标准且协调的同学进行展示。

学生：（1）认真听讲，仔细观察教师的动作示范并原地模仿；（2）听到口令后，小组大声背诵相关古诗；（3）思考错误原因，努力纠正并改正错误动作，动作正确的同学可适当提高运球速率，并尝试运球时不低头看球；（4）优生展示。

评价：学生自评脚背正面和脚内侧运球技术与标准动作之间的差距，提出改进意见并改正错误；体育教师进行点评与纠错。

4. 组织队形

"浇水"组织队形见图2-11，"施肥"活动的组织队形见图2-12。

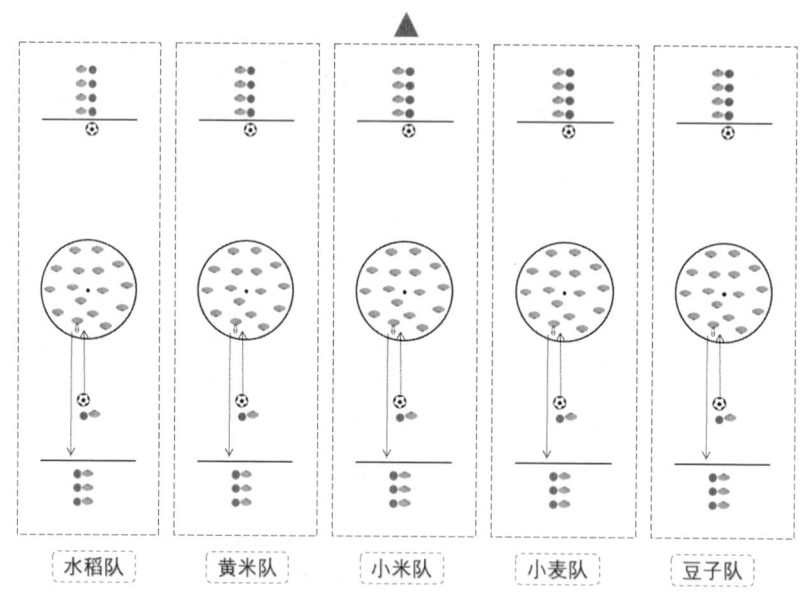

图2-12 "施肥"活动组织队形图

注：▲表示老师；●表示学生；●表示标志盘；——表示起跑线；--->表示学生运球的路线；▯表示塑料瓶。

5. 设计意图

其一，体育教师借助古诗词创设学习情境，帮助学生生动形象地理解古诗词所蕴含的意义，为学生学习古文提供新方法，为学生提升语文素养创造新空间。其二，巩固学生足球运球技术，帮助学生循序渐进地掌握足球脚背正面及脚内侧运球技术的动作要领，并能灵活运用于实践中。其三，通过夏耘任务，进一步丰富学生对农耕知识的了解与认知。

> **知识窗**
>
> ### 脚背内侧运球
>
> 【动作方法】运球时，支撑脚在球的侧后方，脚尖稍外转，膝关节微屈，上体前倾向内转，运球脚提起，用脚内侧推球的侧中部。连续运球时，经常用双脚交替触球。
>
> 【动作要点】脚内侧触球侧中部，人球的距离要适宜。
>
> 【易犯错误】1.触球时脚型不稳，拨球力量控制不好，影响运球效果。
>
> 2.人与球的距离太远，人球分离时失去对球的控制
>
>
>
> 参考来源：人民教育出版社《义务教育教科书体育与健康教师用书 足球运动 全一册》。

【任务四：秋收——硕果丰收颜欢笑】

1. 任务背景

"春种一粒粟，秋收万颗子。"秋天是丰收的季节。勤劳的农民伯伯们历经大半年的辛勤劳作，非常期待看到"夜来南风起，小麦覆陇黄"的丰收景象，也渴望听到"稻花香里说丰年，听取蛙声一片"的悦耳蛙鸣。只有辛苦劳作的小组在秋天才能收获硕果累累，我们的国家才能"谷多民稳社稷安"，否则只能看到"种豆南山下，草盛豆苗稀"的景象了。下面就让我们一同见证每个小组的秋收成果吧！

2. 任务说明

创设"秋收"的学习情境：通过同学们的辛勤劳动，五谷迎来了秋天的第一次大丰收！接下来，请小农民伯伯们先想一想农民伯伯在秋收时如何完成五谷收割呢？注意观察哪些五谷已成熟，做好标记后才能收割。（1）收

割粮食。学生听到"立秋"后,各小组大声背诵一首秋季古诗词后,迅速选择正确的运球方式绕过障碍后收割成熟的五谷粮食(打倒塑料瓶),再直线运球返回(见图2-13),在规定时间内标记果实最多的小队可获得"收割粮食小能手"徽章一枚。(2)体能储备。进行体能练习,学生听到"白露"后,各小组大声背诵另一首秋季古诗词后,双侧的队员出发,进行移动性体能练习(折返跑、鸭子步、青蛙跳、开合跳、前滚翻等),触摸最近的丰收果实后跑回与同侧队友击掌接力,以此类推,率先完成的小队获胜。

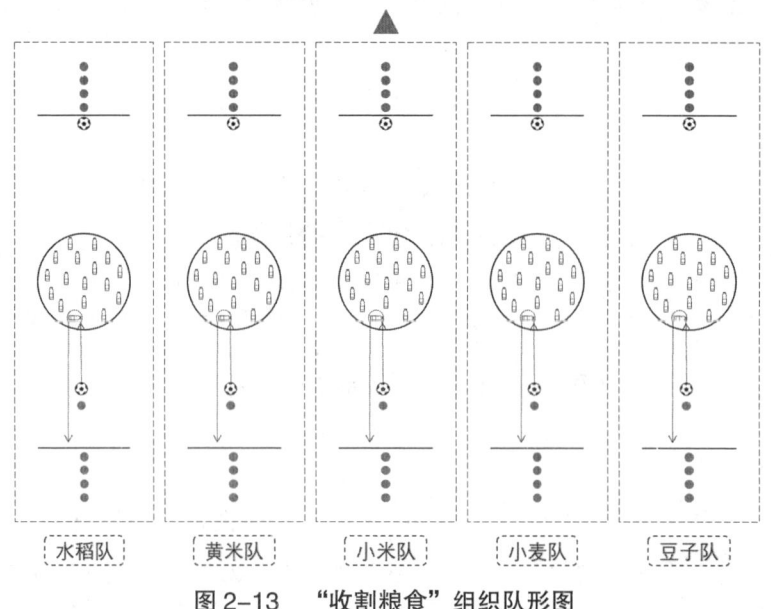

图2-13 "收割粮食"组织队形图

注:▲表示老师;●表示学生;▯表示塑料瓶;——表示起跑线;---->表示学生运球跑路线。

3.师生活动

体育教师:(1)再次强调脚背正面和脚内侧运球技术,提醒学生根据运球路线的差异,恰当选择运球方式,并完整示范"收割粮食"练习;(2)发出秋季节气口令,引导学生进行练习;(3)示范标准体能练习动作,要求学生以最快速度规范完成练习;(4)向学生阐述劳动的意义和价值,培养学生吃苦耐劳的意志品质。

学生：(1)以小组为单位，按要求进行"收割粮食"和体能储备练习；(2)听到口令后，小组大声背诵秋季古诗；(3)在学、练过程中相互鼓励、共同进步；(4)认真完成体能练习；(5)在体能练习中发展吃苦耐劳、坚持不懈的意志品质，体会劳动人民辛苦劳作的不易。

评价：学生自评、互评各小组的劳动成果，评选并表扬收获粮食最多的小组；表达收获后的感想；体育教师点评学生"收割粮食"和"体能储备"的情况。

4. 组织队形

"收割粮食"组织队形见图2-13，"体能储备"组织队形见图2-14。

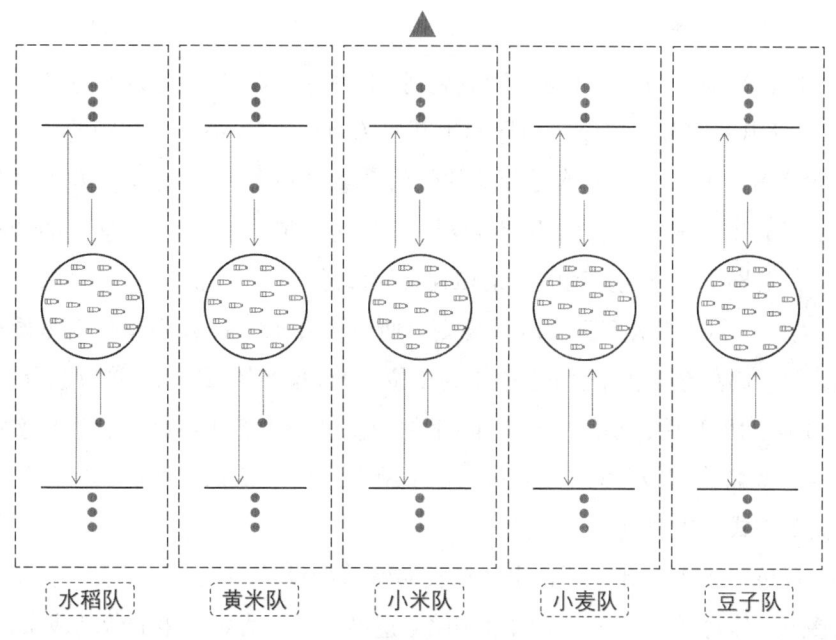

图2-14 "体能储备"组织队形图

注：▲表示老师；●表示学生；▯表示塑料瓶；──表示起跑线；---▷表示学生运球跑路线。

5. 设计意图

其一，通过小组大声背诵秋季语文古诗词的活动，增强学生的团队协作能力，提升学生文化自信。其二，通过"收割粮食"任务，帮助学生在实际情境中选择适宜的运球方式和方法，发展学生专项运动技能。其三，设计移动性体能练习，提升学生的身体协调性、灵敏性和速度，以及发展学生的心肺耐力和下肢力量，发展学生体能。

【任务五：冬藏——五谷丰登迎新春】

1. 任务说明

创设"五谷丰登"学习情境：小农民伯伯们在秋季收获了很多五谷，现在我们要将收获的果实储存起来，为什么会在冬季存储五谷呢？在此环节，同学们需要将成熟的果实藏入地窖中，摆放整齐后一同欢庆丰收。

2. 师生活动

体育教师：（1）讲解冬藏游戏规则，提醒学生在游戏过程中注意安全；（2）发出冬季节气口令，引导学生开始练习；（3）播放《劳动的意义》渲染教学氛围，让学生感受劳动的价值和意义；（4）引导学生互相评价各小组的丰收成果，让学生相互学习、共同进步；（5）肯定学生的劳动成果，引导学生感受劳动的光荣和收获的喜悦。

学生：（1）认真听讲游戏规则，听到口令后，多人协作利用体操垫搬运粮食储藏至地窖中，并以小组为单位，设计果实储藏造型，并为之命名；（2）听到口令后，小组大声背诵相关古诗；（3）各小组踊跃分享果实摆放的造型名称和设计理念；（4）各小组运用所学知识，评价其他小组粮食储藏方式的优缺点。

评价：小组互评，评选出"果实储藏造型设计小达人"，表达收获后的感想；体育教师点评学生的果实储藏造型设计，肯定学生的劳动成果。

3. 组织队形

"五谷丰登"组织队形见图 2-15。

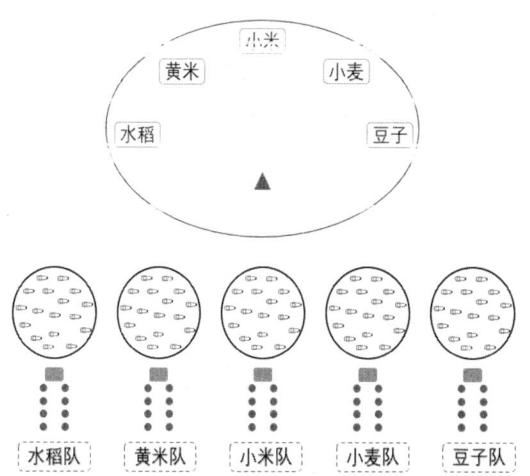

图 2-15 "五谷丰登"组织队形图

注：▲表示老师；●表示学生；▭表示塑料瓶；▬表示体操垫；☐表示各小组的地窖。

4. 设计意图

其一，通过播放《劳动的意义》歌曲，进一步渲染课堂氛围，升华课程主题，让学生感受收获的喜悦，深刻体会劳动的先苦后甜，帮助学生理解劳动的意义和价值，懂得"一分耕耘，一分收获"，引导学生学会珍惜自己及他人的劳动成果。其二，学生发挥想象力设计储粮造型，激发学生的创造力和想象力。

（三）结束部分

【任务六：欢庆——迎新年】

1. 任务说明

创设"欢庆"学习情境：在《劳动的意义》音乐中感受收获的喜悦，体育教师带领学生进行放松活动。

2. 师生活动

体育教师：（1）组织学生进行放松运动；（2）体育教师进行总结和评价，

组织学生收拾器材，布置课后作业。

学生：（1）学生有序参与放松运动，对自己在课堂中的表现进行评价；（2）认真听体育教师的课堂总结和评价，记录课后作业，收拾体育器材。

3. 组织队形

"放松活动"的组织队形见图 2-16。

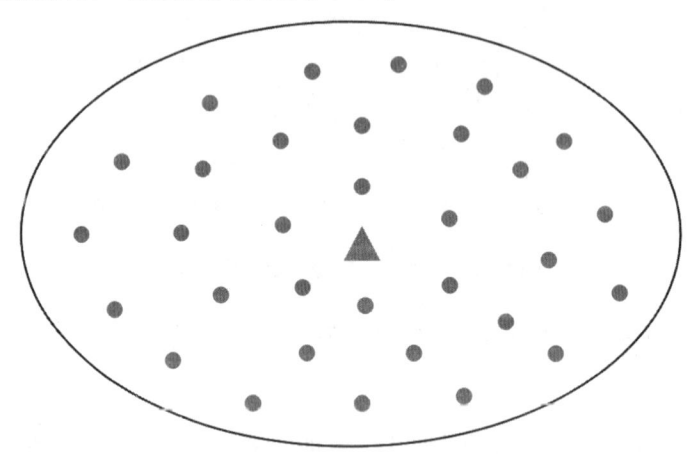

图 2-16 "放松活动"组织队形图

注：▲表示老师；●表示学生。

4. 教师总结

体育教师："同学们，今天我们模拟了农民伯伯一年四季的农耕活动，深入了解了耕种与季节之间的关联，也学会了根据实际情况选择适宜的运球方式，还学习并回顾了诸多古诗词。请问大家还有何感想和收获呢？可以与同学老师一同分享。"

学生回答。

体育教师："'锄禾日当午，汗滴禾下土。谁知盘中餐，粒粒皆辛苦。'今天我们体会了农民伯伯一年的辛劳，今后在日常生活中，我们必定能爱粮惜农，珍惜他人的劳动成果，争做新时代肯吃苦、勤劳动、有毅力的好少年！"

5. 设计意图

其一，体育教师组织学生进行放松和拉伸运动，在降低学生心率的同时充分放松身体各部位肌肉。其二，体育教师进行总结，帮助学生回顾学习内容，巩固学生对劳动教育的理解。第三，体育教师对本节课进行评价，学生反馈学习效果。

6. 学习评价

评价方式：学生自评、小组评价、师生互评。"五谷与四季"综合评价量规详见表2-2。

表2-2 "五谷与四季"综合评价量规

评价维度	评价标准	★★★	★★	★
运动能力	1. 发展学生脚背正面、脚内侧运球技术			
	2. 提高学生心肺耐力、下肢力量等体能			
健康行为	1. 知道体育锻炼的积极作用			
	2. 了解体育伤病的预防方法			
体育品德	1. 发扬不怕困难、坚持到底的体育精神			
	2. 树立尊重对手、公平竞争的体育道德			
	3. 培养正确、积极胜负观念的体育品格			
跨学科素养	1. "知"农耕知识，"立"劳动观念，"行"劳动精神			
	2. "晓"四季古诗，"懂"审美创造，"提"文化自信			

7. 课后作业

（1）学练任务：具备条件的同学，建议在社区或附近的体育活动场地进行脚背正面与脚内侧运球技术的练习，以巩固课堂所学知识。条件有限的同学则可选择在家中或社区进行体能活动锻炼，或用纸笔记录脚背正面与脚内侧运球技术的动作要领。

（2）知识串联：复习上课时所念唱的古诗词，并结合本节课所学的农耕知识和诗歌范例，自编1至2句诗词。

（3）课后观察：记录生活中除五谷以外的其他粮食名称，并通过查阅资料，了解这些粮食的营养价值以及在不同季节的生长特点等。

八、教案参考

"五谷与四季"教案

主题	争做小劳模	学段	水平二	年级	三年级	班级	×××班
学习内容	五谷与四季——"足球+劳动+语文"跨学科主题学习						
学习目标	运动能力：通过本节课的学习，学生能够说出脚背正面运球和脚内侧运球技术的动作要领，知道在足球比赛中除守门员外的队员不可用手触球的规则；基本掌握脚背正面运球和脚内侧运球技术；能够运用脚背正面运球技术直线运球5m，提升心肺耐力和协调灵敏性。 健康行为：通过本节课的学习，学生能明晰自身身体状况，学会根据身体状况合理选择运动负荷；掌握擦伤和扭伤等课上、课外常见运动损伤的简单处理和预防方法。 体育品德：通过本节课的学练，学生能发扬不怕困难、坚持到底的体育精神；树立尊重对手、公平竞争的体育道德；培养正确、积极胜负观念的体育品格。						
重点	1. 运球的稳定性和协调性。 2. 掌握劳动教育的相关知识。				难点	1. 动作协调连贯，控制运球的方向和力度。 2. 劳动教育和语文素养的渗透与融入。		
课的结构	学习内容		教法与指导			学法与表现		组织与队形
	课堂常规	次数	负荷				
准备部分	一、课堂常规 1. 整队，同好。 2. 检查服装，强调安全。 3. 宣布本课内容，安排见习生。	1	低	1. 体育教师利用手势、语言集合队伍。 2. 宣布本课目标、内容、要求，强调"安全第一"原则。			1. 体委整队（快、静、齐）。 2. 明确本节课的目标和要求，牢记安全提醒。	—
	时间 1分钟						

-134-

第二章 "劳动最光荣"跨学科主题学习的教学设计

续表

课的结构	课的内容			学习内容	教法与指导	学法与表现	组织与队形
	时间	次数	负荷				
准备部分	2分钟	1	低	二、情景导入 1.体育教师语言导入：语文古诗词。 2.展示"五谷"实物。	1.讲解古诗词。 2.讲解五谷的种类和营养价值。	1.认真听讲，积极思考。 2.学习五谷种类并观察五谷实物。	参见图2-8
	3分钟	1	中	三、热身游戏——"五谷蹲"游戏。	1.讲解游戏规则。 2.组织学生参与"五谷蹲"游戏。	1.熟悉游戏规则。 2.积极参与热身游戏。	
基本部分	2分钟	3	低	一、春耕——翻土耕种植五谷 春天来了，勤劳的小农民伯伯们早早起，带上你们的小工具（足球）开始犁地，和播种，为今年的耕耘做准备吧！	1.讲解春天的古诗词并根据古诗词。 2.教师提问有关春季相关古诗词。	1.积极发言并服从体育教师安排。 2.学生认真思考并背诵与春季相关古诗词。	参见图2-9
	3分钟	3	中	1.犁地 以小组为单位，两侧队员同时开始运球接力，到田间完成犁地活动。	1.讲解脚背正面运球技术要领，并进行动作示范。 2.讲解"犁地"游戏规则。 3.播放音乐并发布口令，引导学生练习。 4.指导学生练习并纠正错误动作。	1.认真听讲技术要领，观察体育教师的动作示范。 2.根据口令，开始练习。 3.遵守规则，相互鼓励。 4.积极纠正错误动作。	—

-135-

续表

课的结构	课的内容 时间	课的内容 次数	课的内容 负荷	学习内容	教法与指导	学法与表现	组织与队形
基本部分	3分钟	3	中	2.播种 学生听到"惊蛰"口令后，两侧将队员再同时开始将种子"种"到"土坑"里。	1.总结上一环节学生学习情况。 2.讲解"播种"游戏规则。 3.播放音乐并发布口令。 4.指导学生练习并纠正错误动作。	1.认真听讲，并积极反馈。 2.认真听讲，牢记规则。 3.认真练习，相互鼓励。 4.积极改正错误动作。	参见图2-10
基本部分	2分钟	3	低	二、夏耘——浇水施肥 夏季，农民伯伯需要充分利用充足的阳光和雨水，勤劳地劳作才能迎来秋季的大丰收。	1.以夏天的古诗词导入。 2.教师提问夏季古诗词还有哪些。	1.与老师互动并背诵夏天的诗词。 2.学生认真思考回忆并背诵夏季古诗词。	
基本部分	4分钟	3	中	1.浇水 （1）分组保持不变，当听到口令"立夏"后，两侧队员同时开始，运球绕田一圈，回到起点与队友接力，展开灌溉活动。 （2）自由选择给田里某颗种子浇水或者绕田一圈进行灌溉活动。	1.讲解并示范脚背正面运球。 2.讲解"浇水"游戏规则。 3.播放音乐并发布口令，引导练习。 4.指导学生练习并纠正错误动作。	1.认真听讲技术要领，学习动作技术。 2.根据口令，开始练习。 3.遵守规则，相互纠正错误动作。 4.积极鼓励。	参见图2-11

第二章 "劳动最光荣"跨学科主题学习的教学设计

续表

课的结构	课的内容 时间	次数	负荷	学习内容	教法与指导	学法与表现	组织与队形
	3分钟	2	高	2. 施肥 听到"芒种"后，两侧队员手持标志盘，运球至田间为种子盘施肥，将标志盘放置于种子上，再快速运球返回出发点。 三、秋收——硕果丰收艳欢笑 接下来，请小农民伯伯们先观察，哪些五谷已成熟，做好标记后才能收割。	1. 讲解"脚内侧运球"技术要点，并做完整示范。 2. 讲解"施肥"游戏规则。 3. 播放音乐并发布口令，引导练习。 4. 指导学生练习并纠正错误动作。	1. 记住动作要领，并原地模仿体育教师示范的动作。 2. 认真听讲，牢记规则。 3. 遵守规则，团队间相互。 4. 积极改正错误动作。	参见图2-12
基本部分	1分钟	3	低		1. 教师提问同学生，背诵秋季古诗词。	1. 学生认真思考回忆并背诵秋季古诗词。	
	3分钟	1	高	1. 收割粮食 学生听到"立秋"后，同学们选择正确的运球方式绕过障碍得后收割成熟的五谷粮食（打倒塑料瓶），再直线运球返回，速度取胜。	1. 强调脚背正面和脚内侧技术，提醒学生选择恰当的运球方式。 2. 鼓励学生积极参与"粮食收割"活动。 3. 告诉学生劳动的意义和价值。	1. 以小组为单位按要求进行"收割粮食"和体能储备练习。 2. 在学练过程中，互相鼓励，共同进步。 3. 体会劳动的价值和意义。	参见图2-13

—137—

续表

课的结构		课的内容		学习内容	教法与指导	学法与表现	组织与队形
	时间	次数	负荷				
	5分钟	6	高	2. 体能储备。进行体能练习，学生听到"白露"后，两侧的队员同时出发，进行移动性体能练习（折返跑、鸭子步、青蛙跳、开合跳、前滚翻等），触摸最近一侧队友实后击掌回同与此类推，用时最短的小队获胜。	1. 示范体能练习动作，督促学生以最快速度规范和完成练习。2. 引导学生理解与体会劳动的艰辛。	1. 在体能练习中做到动作规范，精神饱满，以最快的速度完成练习。2. 在体能练习中，学习吃苦耐劳、坚持不懈的意志品质。	参见图2-14
基本部分	4分钟	1	中	四、冬藏——五谷丰登迎新春冬天到了，小农民伯伯需要将秋天收割的成熟五谷储存到地窖中，设计摆放的造型，一同欢庆丰收。	1. 讲解"冬藏"游戏规则，引导学生在游戏中做到团结协作。2. 引导学生展示分享果实摆放的名称和设计理念。3. 引导学生相互评价，相互学习，共同进步。4. 肯定学生的劳动成果，带领学生感受劳动的光荣和收获的喜悦。	1. 多人协作用体操垫搬运果实至地窖中，并设计造型和命名。2. 各小组积极分享果实摆放的名称和设计理念。3. 各小组点评其他小组粮食储藏方式的优缺点。4. 为自己的丰收成果欢呼。	参见图2-15

续表

课的结构	课的内容 时间	课的内容 次数	课的内容 负荷	学习内容	教法与指导	学法与表现	组织与队形
结束部分	4分钟	1	低	一、欢庆——迎新春放松活动。二、总结、评价，小组评价，学生评价，体育教师评价。三、布置课后作业，课练任务，知识串联，师生观察。四、师生再见，收还器材	1. 播放音乐，示范动作，带领学生做放松活动。2. 总结和评价上课内容及情况。3. 布置课后作业。4. 宣布下课，提醒学生归还器材。	1. 跟随音乐节奏和体育教师示范，充分放松。2. 学生互评学习效果。3. 按时按量完成课后作业。4. 协助老师归还器材。	参见图2-16
教学用具	多媒体显示屏、课件、音响，装有沙子的废旧塑料瓶若干个、地标贴10条、"最佳春耕劳动者"徽章3枚、"最佳夏季耕耘者"徽章2枚、"收割粮食小能手"徽章2枚。						
运动器材	足球若干个、标志盘若干个、体操垫5个。						
运动密度	运动强度：中等 运动密度：65% 平均心率：120次/分钟				心率曲线			

安全保障	1. 合理布置场地器材，优化学生跑动路线。 2. 引导学生充分热身，避免造成运动损伤。 3. 合理安排练习次数，注意练习密度和运动负荷。
课后反思	

续表

附件1：

小学1～4年级四季古诗合集，体育教师可根据学生学情自选古诗。（参考人民教育出版社语文教材）

一年级上册

画

远看山有色，近听水无声。
春去花还在，人来鸟不惊。

悯农（其二）

[唐] 李绅

锄禾日当午，汗滴禾下土。
谁知盘中餐，粒粒皆辛苦。

一年级下册

春晓

[唐] 孟浩然

春眠不觉晓，处处闻啼鸟。
夜来风雨声，花落知多少。

小池

[宋] 杨万里

泉眼无声惜细流，树阴照水爱晴柔。
小荷才露尖尖角，早有蜻蜓立上头。

二年级上册

梅花

[宋]王安石

墙角数枝梅,凌寒独自开。

遥知不是雪,为有暗香来。

咏柳

[唐]贺知章

碧玉妆成一树高,万条垂下绿丝绦。

不知细叶谁裁出,二月春风似剪刀。

二年级下册

晓出净慈寺送林子方

[宋]杨万里

毕竟西湖六月中,风光不与四时同。

接天莲叶无穷碧,映日荷花别样红。

悯农(其二)

[唐]李绅

春种一粒粟,秋收万颗子。

四海无闲田,农夫犹饿死。

三年级上册

山行

[唐]杜牧

远上寒山石径斜,白云生处有人家。

停车坐爱枫林晚,霜叶红于二月花。

赠刘景文

[宋]苏轼

荷尽已无擎雨盖，菊残犹有傲霜枝。

一年好景君须记，最是橙黄橘绿时。

三年级下册

绝句

[唐]杜甫

迟日江山丽，春风花草香。

泥融飞燕子，沙暖睡鸳鸯。

忆江南

[唐]白居易

江南好，风景旧曾谙。

日出江花红胜火，春来江水绿如蓝。

能不忆江南？

四年级上册

雪梅（其一）

[宋]卢钺（卢梅坡）

梅雪争春未肯降，骚人搁笔费评章。

梅须逊雪三分白，雪却输梅一段香。

别董大

[唐]高适

千里黄云白日曛，北风吹雁雪纷纷。

莫愁前路无知己，天下谁人不识君？

四年级下册

卜算子·咏梅

毛泽东

风雨送春归,飞雪迎春到。

已是悬崖百丈冰,犹有花枝俏。

俏也不争春,只把春来报。

待到山花烂漫时,她在丛中笑。

江畔独步寻花(其五)

[唐]杜甫

黄师塔前江水东,春光懒困倚微风。

桃花一簇开无主,可爱深红爱浅红?

案例设计七：

麦田小能手
——"极限飞盘+劳动教育"跨学科主题学习

> 年级：五年级
> 课时：1课时
> 主题：巧手小工匠
> 内容：极限飞盘
> 学科：体育与健康、劳动教育

一、案例概要

"麦田小能手"跨学科主题学习以落实立德树人根本任务和"健康第一"教育理念为指导思想，依据《义务教育体育与健康课程标准（2022年版）》的课程理念，围绕跨学科主题"劳动最光荣"中水平三"巧手小工匠"学习主题，秉承体育与健康跨学科主题学习的设计理念和实践要求，以专项运动技能新兴体育类的"极限飞盘"运动为主体，结合农业生产劳动中的"麦田耕种"，创设性地将水平三体育与健康、劳动教育中涉及"麦田耕种"的知识和技能相互融合。本案例聚焦水平三阶段学生的学情进行教学设计，通过运用视频、图片、音乐和体育器材等教学资源，结合课本教材、学生生活和自然环境，从任务群、问题链和素养线三个方面进行设计，尝试将极限飞盘出盘动作、飞行形态与麦田耕种的劳动方式相结合，引导学生在教学情境中能够自发地去探究、去发现、去实践、去创造。同时，本案例通过"麦田犁地—麦田播种—麦田植保—麦田收获—庆贺丰收"系列任务的设计，发展学生身体素质的同时培养健康的锻炼习惯，帮助学生形成认真负责、吃苦耐劳的体育品德，引导学生在教学过程中感悟平凡劳动者的辛勤付出和伟大贡献，体会现代农业与传统农业的区别，理解日常生活与农业种植之间的关系。

二、主题解读

《义务教育体育与健康课程标准（2022年版）》对"劳动最光荣"水平三的"巧手小工匠"学习主题给出了明确说明："结合各种劳动知识，在田径、球类等运动技能学练中创设由简单到复杂的劳动场景，通过多样的运动技能学练活动提高学生的运动技能水平，引导学生体会平凡劳动者的伟大，增强对劳动的认识，形成良好的劳动习惯和品质。"本案例以"巧手小工匠"学习主题为切入点，以《义务教育劳动课程标准（2022年版）》中第三学段任务群中的农业生产劳动为融合点，设计了蕴含"体育与健康+劳动教育"知识和技能的"麦田小能手"跨学科主题学习案例。"麦田小能手"跨学科主题学习在遵循"准备部分—基本部分—结束部分"教学思路的基础之上，以足球场为耕种小麦的土地，结合小麦生长的场景，设计了"麦田犁地—麦田播种—麦田植保—麦田收获—庆贺丰收"的任务群，引导学生体验完整的农业生产劳动，组织学生进行绕障碍跑，原地反手传接盘、跑动反手传接盘、团队配合反手传接盘等身体练习，发展学生肌肉力量、灵敏协调、速度素养等运动能力，培养学生持之以恒、百折不挠、团队合作的精神和行为。

三、学情分析

本案例的授课对象为水平三阶段的五年级学生。五年级的学生正处于童年期向青春期过渡的阶段：在身心发展上，神经系统的兴奋与抑制过程逐渐趋于完善，注意力的集中时间有显著提升，但由于自我调节能力和内在驱动力尚未成熟，导致在面对困难和挫折时缺乏毅力和应对能力；在运动能力上表现为身体协调性和灵敏性逐渐提高，但缺乏较强的力量和耐力；在飞盘出盘和接盘方面上已具备一定的基础，但对飞盘出盘的投掷力度与角度仍掌握不足。因此，本案例在教学设计上结合学生身心发展的一般规律，通过分组练习、小组比赛和情境教学等方法，引导学生形成积极专注的学习习惯，培养学生自主探究、独立思考和协作配合的能力，形成不放弃、不气馁、敢担当的体育品德。在教学过程中应采用多样化的情境设置和具有挑战性的任务，结合游戏和竞赛等方式，引导学生在情境和任务中探索并掌握专项运动技能的动作要领，增强学生的身体素质与学习的积极性，提升团队协作能力。

四、整体设计

"麦田小能手"在整体设计上以"麦田耕种"为主线，由准备部分、基本部分和结束部分三个环节构成。具体教学实施以任务群为导向，以问题链为索引，以素养线为主旨，通过五个不同层级任务的设置，结合不同水平问题，在涵盖"学、练、赛、评"一体化教学结构的基础上，从任务群、问题链及素养线三个方面进行了具体的设计。

第一，任务群设计。任务一"麦田犁地"为准备部分的热身活动，此任务主要通过规定路线的热身跑来帮助学生完成课前热身活动，将学生引入学习情境中。任务二"麦田播种"为案例的基本部分，主要通过教师示范、观看视频来引导学生模仿农民播种小麦时的身体形态和手势，学习正确的原地反手传接盘的动作。任务三"麦田植保"主要是在上一个任务的基础上，两人一组相距6～8 m对向站立，在情境任务中练习跑动反手传接盘动作技术。任务四"麦田收获"主要是在学生学练的基础上，以小组的形式组织学生参与团队传切配合麦田收获比赛，巩固学生学练的知识和技能。任务五"庆贺丰收"为本案例的结束部分，主要是组织学生进行拍打放松操，开展师生互评、教师总结、课后作业布置等教学活动。

第二，问题链设计。问题1以"同学们知道种植小麦需要哪些步骤吗？"为前置问题导入，引导学生快速融入学习情境当中，调动学生的兴趣和注意力。问题2在学习过程中提出问题"播种小麦的动作与我们的出盘动作之间有什么关联吗？"引导学生将体育动作与日常生活动作相联系。问题

3在比赛过程中提出问题"如何控制农业无人机的飞行高度、稳度和准度?"引导学生领悟并熟知反手出盘的动作要领。问题4当学、练、赛的任务完成后,提问"农民耕种小麦需要具备哪些技能和品质?"紧密关联教学内容,发散学生思维和想象力。问题5在总结评价时以"谈谈传统农业与现代农业结合种植小麦的感想和收获"的提问升华课程主题,引导学生感悟体会劳动精神。

第三,素养线设计。本案例的素养线紧扣《义务教育体育与健康课程标准(2022年版)》提出的核心素养,同时注重培养学生的跨学科素养。在运动方面,学生体验并掌握原地反手传接盘的动作要领,能在跑动中完成反手传接盘动作。在健康行为方面,帮助学生形成良好的运动习惯,知道锻炼后如何放松身体。在体育品德方面,学生懂得遵守比赛规则,当比赛中出现失误时不放弃、不抱怨,积极完成比赛,养成正确的胜负观。在跨学科素养方面,知晓农业生产中的相关知识,体会平凡劳动者的艰辛。整体设计框架见图2-17。

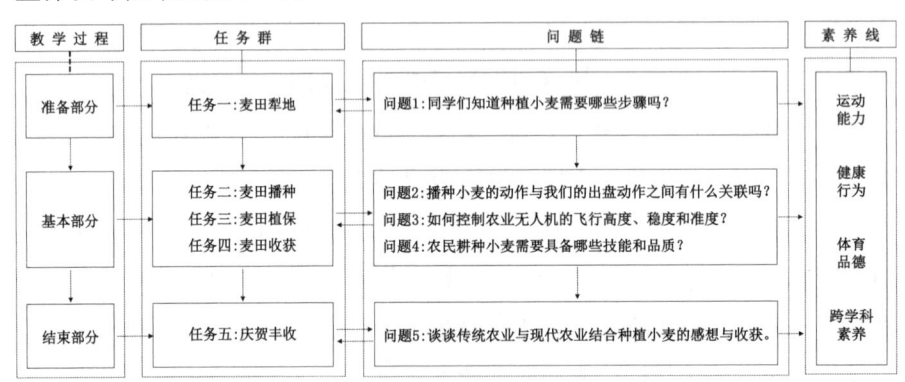

图2-17 "麦田小能手"整体设计框架图

五、学习目标和教学方法

(一)学习目标

运动能力:掌握反手传接盘的动作要领,能在跑动中完成反手传接盘动作，提升灵敏度、速度、力量等身体素质，提高上下肢的协调性。

健康行为：形成良好的运动习惯，知道锻炼后如何放松身体，在比赛中能够调整自我情绪。

体育品德：遵守比赛规则，当比赛中出现失误时不放弃、不抱怨，积极完成比赛，养成正确的胜负观。

（二）教学方法

教法：示范法、讲解法、比赛法、分组练习法、情境教学法。

学法：自主学习法、合作学习法、探究学习法等。

六、教学准备

（一）教学用具

多媒体显示屏、课件、音乐、音响、麦田积分卡若干个。体育教师可根据学生人数确定教学用具的具体数量。

（二）运动器材

雪糕筒若干个、极限飞盘若干个。体育教师可根据学生人数确定运动器材的具体数量。

（三）课前任务

课前任务一：观看视频，了解种植农作物的基本步骤，如育种、耕地、播种、除草、施肥和浇水等相关步骤。

课前任务二：请同学们在课前运用常见的生活物品和体育器材，制作并设计自己心目中的飞盘。

（四）安全预案

第一，体育教师在教学过程中必须反复强调"安全第一"原则，注意保障学生安全，避免发生危害学生人身安全的事故。

第二，在教学过程中，若有学生受伤，体育教师应立即上前查看伤势，情况严重时应立即将学生送往校医务室，并向班主任说明情况。

七、教学过程

（一）准备部分

以金黄色的麦田为话题导入，创设种植小麦的劳动情境，将操场刻画为一片土地，结合极限飞盘项目的运动特点，飞盘作为农业无人机，学生化身为农民和农机操纵员进行麦田耕种。

首先播放一段农业无人机耕种麦田的视频。

教师："同学们，农业无人机作为最接地气的科技产品，是应用遥感技术和自动化控制系统的空中平台，能够实现高效精准的麦田管理。老师想问一下，同学们知道种植小麦需要哪些步骤吗？"

学生回答。

教师补充总结："小麦的种植需要犁地、播种、施肥、灌溉、中耕等环节。今天，我们要化身农民，在实践中体验种植小麦的全过程。大家想不想收获金黄色的小麦？"

学生回答。

教师："麦田耕种之旅即将开始。"

【任务一：麦田犁地】

1. 任务说明

（1）情境创设：播种小麦前，农民使用犁、耙等农具犁耕土地，使土壤变得疏松透气，提升土壤水分和养分的保持能力，从而增强小麦的耐旱和抗寒能力。（2）问题引导：体育教师以问题1"同学们知道种植小麦需要哪些步骤吗？"为引导，启发学生在学习情境中思考问题。

此任务主要是组织学生体验农民犁地的艰辛，即按照规定路线进行热身跑活动，完成规定路线后即视为完成热身活动任务。体育教师可借助雪糕筒和图片来创设学习情境。

2. 师生活动

体育教师：（1）组织学生进行"麦田犁地"热身跑活动；（2）讲解"麦

田犁地"的要求和规则,引导学生听从口令完成热身跑活动。

学生:(1)在学习情境中思考体育教师提出的问题,并积极与体育教师互动;(2)想象自己是使用传统农具犁地的农民,听从教师的口令和要求完成规定路线的热身跑活动。

评价:学生在结束热身跑活动时,体育教师应引导学生评价自己在规定路线热身跑活动中的感悟;体育教师对学生活动进行评价,颁发麦田积分卡,鼓励学生积极参与下一环节的任务中。

3. 组织队形

"麦田犁地"组织队形见图2-18。

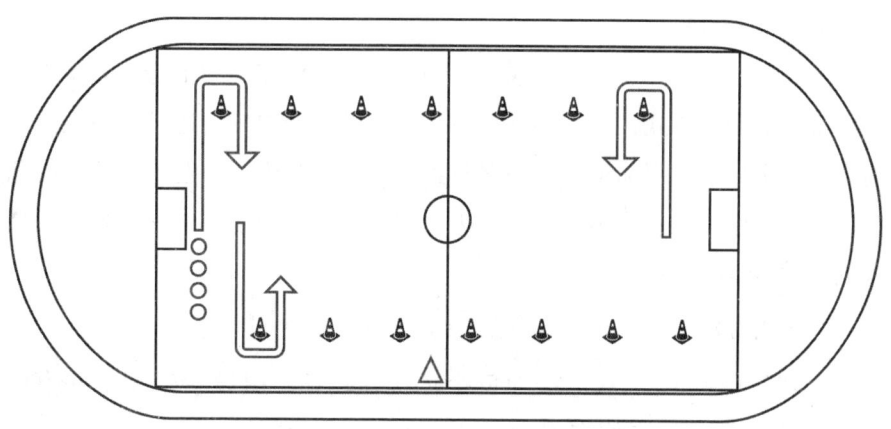

图2-18 "麦田犁地"组织队形图

注:△表示老师;○表示学生;▲表示雪糕筒;⟹表示跑动路线。

4. 设计意图

其一,通过规定路线的热身跑,完成热身活动,调动学生学习积极性,使学生快速进入学练准备状态。其二,充分营造课堂情境氛围,引导学生快速融入劳动者的角色,为即将进行的反手出盘动作学习做好准备。

（二）基本部分

【任务二：麦田播种】

1. 任务说明

（1）情境创设：将土地翻耕后需要将麦种均匀地播撒在土地里，农民通常会用手来完成小规模的播种任务，而大规模的农业却需要机械化的设备和农业无人机进行播种。体育教师播放小麦的不同播种方式的视频，帮助学生认知小麦播种的方法、模式和类型。（2）问题引导：体育教师以问题2"播撒小麦的动作与我们的出盘动作之间有什么关联吗？"为引导，启发学生思考问题。

此任务主要组织学生模仿农民播撒小麦的身体姿态和手势，体验小麦种植常见的劳动方式，学习原地反手传接盘的动作要领。通过实践性的课前任务，引导学生提前熟悉极限飞盘器材，加强学生对农业生产劳动的理解，提高学生的动手能力和创新能力。教师可利用视频和图片等教学用具来创设学习情境。

2. 师生活动

体育教师：（1）示范原地反手传接盘动作，引导学生观察并模仿原地反手传接盘的身体姿态和手势；（2）组织学生观看视频，讲解反手出盘的动作要领；（3）组织学生听从口令进行原地反手传接盘练习；（4）巡回指导并纠正学生的错误动作；（5）组织学生介绍自己制作的飞盘，引导学生思考它与极限飞盘体育器材之间的区别与关联性。

学生：（1）根据体育教师的提示和练习要求，想象自己是播种小麦的农民，快速融入学习情境中，思考体育教师提出的问题，积极与体育教师互动；（2）尝试模仿农民播种小麦的手势，领悟反手出盘手腕发力的动作要领；（3）展示自己制作的飞盘并介绍飞盘制作的想法。

评价：（1）学生进行自我评价，说出播种小麦动作与反手出盘之间的联系；（2）体育教师及时点评并纠错，给学生颁发麦田积分卡，鼓励学生进一步练习

知识窗

反手传接盘

动作要领：反手握盘时大拇指需紧握飞盘防滑带，食指贴合飞盘外沿，其余三指将飞盘持平。出盘时两脚前后站立，与肩同宽，膝关节微屈，前腿为轴心，眼睛平视飞行方向，持盘手向后引盘，身体扭转发力，挥臂抖腕将其快速掷出。接盘时需要快速读盘并靠近盘，采用上下式双手拍击接盘。

动作重点：握盘、读盘和出盘的身体姿势。

动作难点：转肩、挥臂、抖腕。

易犯错误：出盘路线错误；眼睛未看接盘者和出盘目标；上下肢不协调。

3. 组织队形

"麦田播种"组织队形见图 2-19。

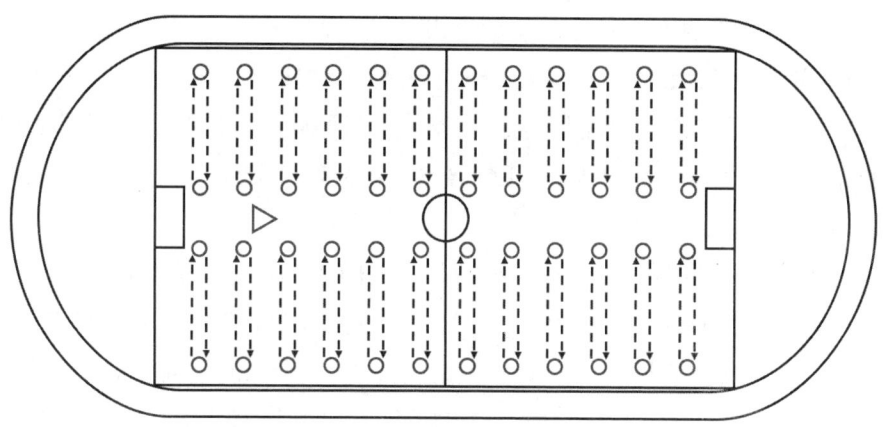

图 2-19 "麦田播种"组织队形图

注：△表示老师；○表示学生；----▶表示飞盘路线。

4. 设计意图

其一，帮助学生体验并领悟反手出盘的身体姿势和发力感，掌握反手出盘的动作要领。其二，以播种小麦的手势动作与反手出盘的手势动作为例，启发学生观察并思考日常生活动作与体育动作之间的关联性。其三，为后续的小组比赛做好准备。

【任务三：麦田植保】

1. 任务说明

（1）情境创设：在小麦生长过程中需要除草、浇水、防治病虫害和施肥等相关措施，以防止病虫害等问题影响小麦的正常生长，农民需要驾驶农业无人机对小麦进行植保作业。（2）问题引导：体育教师以问题3"如何控制农业无人机的飞行高度、稳度和准度？"为引导，调动学生思维，促进学生掌握反手传接盘的动作要领。

此任务主要是组织学生进行跑动反手传接盘动作练习，并以小组对决的形式提高教学效率和学生练习的积极性。

2. 师生活动

体育教师：组织学生以小组的形式参与跑动反手传接盘小组对决游戏。（1）游戏要求：组织学生两人一组对向站立，相距6～8 m，分为两纵队进行跑动反手传接盘，到达终点后从场地旁边回到起点；（2）游戏规则：两小组之间进行对决，跑动反手传接盘过程中确保飞盘不掉落地面，每组必须交替传接盘八次以上，最终以完成度来分胜负。

学生：（1）认真思考体育教师提出的问题、游戏要求及规则，想象自己是植保作业的农民，融入学习情境；（2）根据体育教师的引导进行游戏，在游戏过程中遵守规则，做到动作规范，领悟动作要领。

评价：学生进行自我评价和小组评价，并进行分享与展示；体育教师对学生的活动进行点评和纠错，对完成度较好的小组颁发麦田积分卡，鼓励学生进一步地练习。

3. 组织队形

"麦田植保"组织队形见图2-20。

4.设计意图

其一，将学生在上一任务中学习的动作要领融入到小组对决中，让学生在对决中重现动作要领，巩固上一环节所学的知识和技能。其二，结合农业无人机麦田植保作业的情境，引导学生感受平凡劳动者的伟大，体会科技助农的便捷，点燃学生头脑中的科技火花。

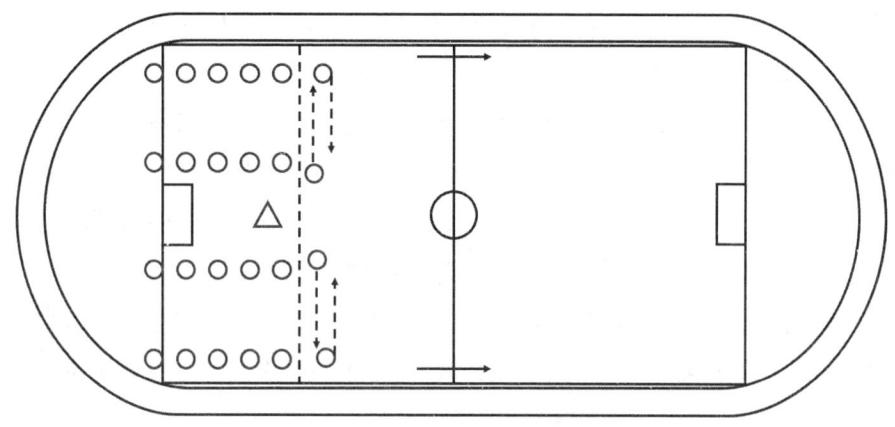

图 2-20 "麦田植保"组织队形图

注：△表示老师；○表示学生；- - - -▶表示飞盘路线；——▶表示跑动方向。

【任务四：麦田收获】

1.任务说明

（1）情境创设：麦田经过播种、除草、施肥、浇水等步骤，终于成熟变成金黄色的麦田了！接下来，请同学们操纵无人收割机，收割金黄色的小麦并将其储存运送，为种植下一批农作物做好准备。（2）问题引导：体育教师以问题4"农民耕种小麦需要具备哪些技能和品质？"为引导，基于《义务教育劳动课程标准（2022年版）》，了解传统农业与现代农业之间的关系，弘扬劳动最光荣、劳动最美丽的劳动精神。

此任务主要是组织学生进行团队传切配合麦田收获比赛，进一步发展学生团队协作反手传切配合的动作技术，通过亲身体验农民劳作的艰辛，体会平凡劳动者的付出。

2. 师生活动

体育教师：组织学生进行团队传切配合麦田收获比赛。（1）比赛要求：将各小组合并分为两大队，每队选出5名收割小麦的劳动者，其余11名作为麦田储存和运送者分布在麦田的四周，当收割小麦的劳动者到第三位运送者时，第二名收割者才能开始出发。（2）比赛规则：两队分别进行比赛，飞盘落地一次减10秒，在确保飞盘不落地的情况下，完成时间最短的一队即为获胜者。

学生：（1）根据体育教师的引导，积极思考并认真回答问题，熟悉比赛要求和规则，将学练过程中所学的知识和技能运用在比赛之中，团队相互协作完成比赛；（2）自觉遵守比赛规则，学会正确看待比赛结果，团队成员出现错误时不埋怨，积极鼓励并激励其完成比赛。

评价：学生进行自我评价和小队内部评价，探讨比赛中哪个环节存在问题和不足；教师进行点评和纠错并给出相应的解决方法，获胜小队颁发麦田积分卡。

3. 组织队形

"麦田收获"组织队形见图2-21。

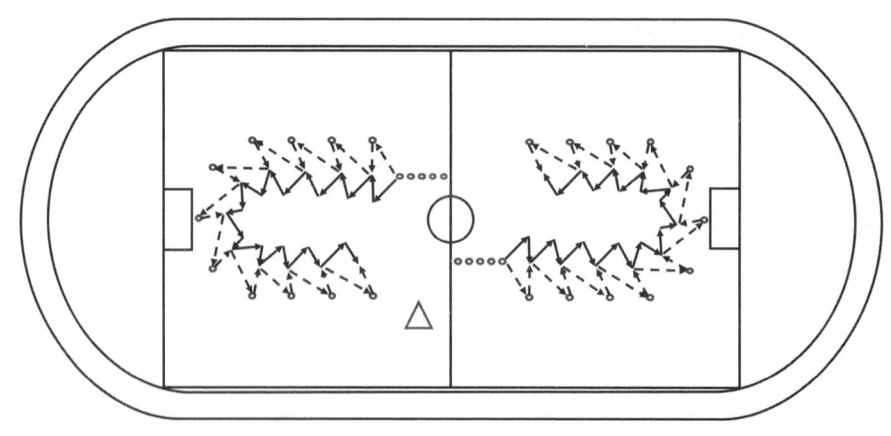

图2-21 "麦田收获"组织队形图

注：△表示老师；〇表示学生；- - - ▶表示飞盘路线；——▶表示跑动路线。

4. 设计意图

其一，通过"麦田收割"情境的创设，发展学生专项运动技术的同时培养团队协作意识和正确的胜负观。其二，通过设置麦田收割、储存和转运任务，帮助学生了解农业生产中的步骤，感受农民辛勤劳作的不易。

（三）结束部分

【任务五：庆贺丰收】

1. 任务说明

（1）情境创设：农民在辛勤劳作一年后，为庆贺麦田的丰收会在秋收后举办丰收晚会，大家会围绕在篝火旁进行跳舞欢呼，播放庆贺丰收的音乐，以体育教师为篝火中心围成一个圈进行拍打放松操。（2）问题引导：体育教师以问题5"谈谈传统农业与现代农业结合种植小麦的感想和收获"为引导，升华课程主题，帮助学生树立劳动最光荣、劳动最伟大的劳动观念。

2. 师生活动

体育教师：（1）组织学生围成一个圈，跟随音乐在教师的带领下做拍打放松操；（2）进行总结与评价，引导学生收拾运动器材并布置课后作业。

学生：（1）面向体育教师，跟随音乐在教师的带领下做拍打放松操；（2）认真听体育教师的课堂总结与评价，思考本节课的收获与感悟，记录课后作业，收拾运动器材。

3. 组织队形

"庆贺丰收"组织队形见图2-22。

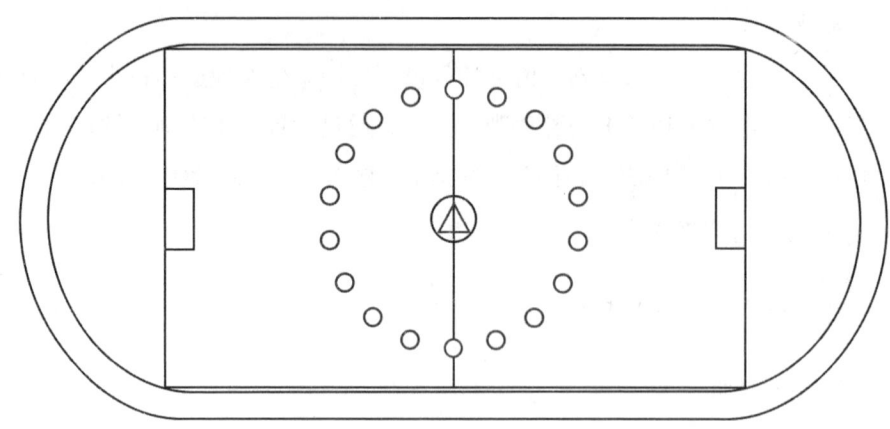

图 2-22 "庆贺丰收"组织队形图

注：△表示老师；○表示学生。

4. 设计意图

其一，通过庆贺丰收音乐的播放，进一步营造课堂情境氛围，升华课程主题。其二，通过积极充分的放松活动，使人体的各项机能逐渐调节到正常水平，从而达到机体超量恢复的能力，使学生形成运动后放松的习惯。

5. 教师总结

教师："同学们，今天我们进行了完整的麦田种植体验活动，大家都化身为勤劳的农民和无人农机操作员，亲自参与了一次麦田耕作。老师想问大家，你们有什么感想吗？有什么想说的吗？"

学生回答。

教师："今天我们体验了传统农业的辛劳和智慧，感受了新时代科技赋能农业所带来的显著提升。虽然我们现今生活已不再受温饱问题的影响，但也不能忘记农业从业者和普通劳动者的辛勤付出和伟大贡献。我们要牢记平凡劳动者的伟大，做新时代有梦想、有担当、有责任的好少年。"

6. 学习评价

评价方式：学生自评、小组互评、教师点评。"麦田小能手"综合评价量规详见表2-3。

表2-3 "麦田小能手"综合评价量规

评价维度	评价标准	★★★	★★	★
运动能力	1. 知道原地反手传接盘的动作要领			
	2. 掌握原地反手传接盘的动作要领			
健康行为	1. 帮助学生形成良好的运动习惯			
	2. 知道锻炼后如何放松身体			
体育品德	1. 培养正确的胜负观			
	2. 懂得遵守比赛规则			
跨学科素养	1. 体会平凡劳动者的艰辛			
	2. 知道农业生产的相关知识			

7. 课后作业

（1）请在课后练习出盘和接盘，记录你最远的飞行距离和飞行准度，每天至少练习3组，每组5次。

（2）询问长辈关于农业生产的故事，记录一个你印象最深刻的人物事迹，在主题班会上和大家分享。

八、教案参考

"麦田小能手"教案

主题	巧手小工匠	学段	水平三	年级	五年级	班级	××× 班
学习内容	麦田小能手——"极限飞盘+劳动教育"跨学科主题学习							
学习目标	运动能力：掌握反手传接盘的动作要领，能在跑动中完成反手传接盘动作，提升灵敏度、速度、力量等身体素质，提高上下肢的协调性。 健康行为：形成良好的运动习惯，知道锻炼后如何放松身体，在比赛中能够调整自我情绪。 体育品德：遵守比赛规则，当比赛中出现失误时不放弃、不抱怨，积极完成比赛，形成正确的胜负观。							
重点	反手握盘、读盘和出盘姿势。			难点	转肩、挥臂、抖腕、向后引肩伸臂。			

课的结构	课的内容	次数	时间	负荷	学习内容	教法与指导	学法与表现	组织与队形
		1	2分钟	低	一、课堂常规 1.体委整队，报告人数。 2.师生问好，检查服装，强调安全。 3.宣布本课学习内容及要求，安排见习生。	1.准备场地器材，排除安全隐患及干扰因素。 2.宣布本节课的教学内容、任务及相关要求。 3.了解见习生情况并做见习生的活动安排。	1.体育委员集合整队（快、静、齐）。 2.了解本节课的学习内容、任务及目标。 3.见习生按照教师要求进行学练。 4.牢记安全提醒。	—
准备部分		1	3分钟	低	二、情景导入 1.播放农夫无人机耕种麦田视频。 2.教师语言导入并提出问题。	1.体育教师播放视频。 2.体育教师语言导入并提出问题。	1.学生认真观看视频，融入学习情境。 2.学生认真听讲与思考问题。	—

-160-

第二章 "劳动最光荣"跨学科主题学习的教学设计

续表

课的结构	课的内容 时间	课的内容 次数	课的内容 负荷	学习内容	教法与指导	学法与表现	组织与队形
准备部分	5分钟	1	中	三、麦田犁地 任务要求：1列纵队，按照规定路线完成麦田犁地的任务。学生身为农民犁跑，需化身为农民绕障碍热身跑。	1.体育教师创设麦田犁地情境。 2.体育教师讲解任务要求和规则，引导学生听从口令完成热身活动。 3.体育教师评价。	1.学生融入学习情境中。 2.学生听从教师的要求和指令完成规定路线的热身跑活动。 3.学生自我评价。	参见图2-18
基本部分	8分钟	5	低	一、麦田播种 学习要求：4列横队，两人一组相对站立，相距6~8 m相互练反手传接盘动作。	1.体育教师创设麦田播种情境并提出问题，引导学生思考。 2.体育教师讲解并示范反手传接盘动作。 3.体育教师对学生的动作进行评价并纠错。	1.学生融入学习情境中。 2.学生思考模仿学习体育教师示范的动作。 3.学生思考体育教师提出的问题，并积极与体育教师互动。	参见图2-19
基本部分	8分钟	3	中	二、麦田植保 游戏要求：4列纵队，两人相互跑动反手传接盘，到达终点后从场地旁回到起点。 游戏规则：两小组之间进行对决，传接盘过程中确保飞盘不掉落地面，每组必须交替传接盘八次以上。	1.体育教师创设麦田植保情境并提出问题，引导学生思考。 2.体育教师组织学生参与跑动接盘小组对决游戏，讲解游戏要求和规则。 3.体育教师点评，并颁发麦田积分卡。	1.学生融入学习情境中。 2.学生思考体育教师提出的问题，并积极与体育教师互动。 3.学生根据体育教师的要求和引导参与游戏，在游戏过程中遵守游戏规则。 4.学生进行自我评价和小组评价。	参见图2-20

—161—

续表

课的结构	课的内容 时间	课的内容 次数	课的内容 负荷	学习内容	教法与指导	学法与表现	组织与队形
基本部分	9分钟	4	中	三、麦田收获 比赛要求：将各小组合并分为两大队，每队选出5名收割小麦的劳动者，其余11名作为分布在麦田储存和运送者分布在麦田的四周。当收割第小麦的劳动者到第三位运送者到第二名收割者才能开始出发。比赛规则：两队分别进行比赛，飞盘落地一次减10秒，在确保飞盘不落地的情况下，完成时间最短的一队为获胜者。	1.体育教师创设麦田收获情境并提出问题，启发学生思考。 2.体育教师组织学生参与团队传切配合麦田收获比赛，讲解比赛要求和规则。 3.体育教师评价，对时间最短的队伍颁发麦田积分卡。	1.学生融入学习情境中。 2.学生思考体育教师提出的问题，并积极与体育教师互动。 3.学生熟悉比赛过程中所学的知识和技能运用在比赛中，团队相互协作完成比赛。 4.队伍内部进行评价，探讨比赛中哪些环节存在不足。	参见图2-21
结束部分	5分钟	1	低	一、庆贺丰收 任务要求：播放庆贺丰收的音乐，以体育教师为篝火中心围成一个圈做拍打放松操。 二、教师总结 三、学习评价 四、课后作业	1.体育教师创设庆贺丰收情境并提出问题，启发学生思考。 2.体育教师总结与评价本节课的学习内容及情况。 3.体育教师组织学生归还运动器材。 4.体育教师布置课后作业。	1.学生融入学习情境中。 2.学生回顾本节课所学知识和技能，总结自己在本节课的收获与感悟。 3.学生认真听体育教师对课堂的总结与评价。 4.学生协助体育教师归还课堂的运动器材。 5.学生记录课后作业并积极完成。	参见图2-22

续表

教学用具	音响、多媒体显示屏、麦田积分卡。		
运动器材	雪糕筒若干个、极限飞盘若干个。		
运动密度	运动强度：中等 运动密度：65% 平均心率：130次/分钟	心率曲线	(预计心率曲线图，纵轴心率（次/分），数值50、60、70、80、90、100、110、120、130、140、150；横轴时间（分钟），数值0、5、10、15、20、25、30、35、40)
安全保障	1. 确保学生练习间距，避免相互碰撞。 2. 充分做好热身活动，避免运动损伤。 3. 合理安排练习次数，注意运动负荷。		
课后反思			

案例设计八：

修渠先锋员
——"武术+劳动教育"跨学科主题学习

年级：八年级
课时：1课时
主题：光荣劳动者
内容：南拳
学科：体育与健康、劳动教育

一、案例概要

"修渠先锋员"跨学科主题学习以落实立德树人根本任务和"健康第一"教育理念为指导思想，依据《义务教育体育与健康课程标准(2022年版)》的新理念、新目标、新要求，围绕跨学科主题"劳动最光荣"中水平四"光荣劳动者"学习主题，秉承体育与健康跨学科主题学习的设计理念和实践要求，以中华传统体育类项目南拳中的"架桥双砸拳、缠桥切掌、麒麟步双碟掌、弓步挂盖拳"动作为主体，结合农业生产劳动中的"开凿灌溉水渠"，创造性地将水平四体育与健康、劳动教育中涉及"开凿灌溉水渠"的知识和技能相互融合。本案例聚焦水平四阶段学生的学情进行教学设计，通过运用视频、图片、音乐、体育器材等教学资源，结合课本教材、学生生活及自然环境，从任务群、问题链和素养线三个方面进行设计，将开凿灌溉水渠的动作与南拳动作相互融合，引导学生在教学情境中体验劳动实践活动。同时，本案例通过"寻找引水点—开山凿石—运送石料—修建渡槽—通水庆典"系列任务的设计，提升学生速度、灵敏度、协调等身体素质，激发学生练习南拳的兴趣和积极性。旨在发展学生勤奋不息、勇于挑战、灵巧应对的能力，培养学生不畏艰辛、精益求精的工匠精神，提升学生团队协作意识和探究学习的素养。

二、主题解读

《义务教育体育与健康课程标准（2022年版）》对"劳动最光荣"水平四阶段的"光荣劳动者"学习主题给出了明确说明："结合劳动模范典型事迹，在体操、武术等运动项目学练中创设由简单向复杂再向创造性发展的劳动情境，促进学生勤练、苦练、巧练，培养学生不怕苦、不怕累、干一行、爱一行、钻一行的工匠精神，不断提升学生的实践能力和创新能力。"本案例以"光荣劳动者"学习主题为切入点，以《义务教育劳动课程标准（2022年版）》中第四学段任务群的农业生产劳动为串联点，设计了蕴含"体育与健康＋劳动教育"知识和技能的"修渠先锋员"跨学科主题学习案例。"修渠先锋员"跨学科主题学习在遵循"准备部分—基本部分—结束部分"教学思路的基础之上，融入了"任务群、问题链、素养线"的跨学科主题学习设计理念，通过创设丰富真实的学习情境和设置具有启发性、探究性的问题，引导学生在情境和任务中感悟红旗渠精神中"最小修渠人"张买江的劳模事迹，体验并掌握农业生产劳动中开凿灌溉水渠的知识和技能。同时，通过自主探究、小组合作与团队协作等多元的学习方式，帮助学生掌握南拳动作的要领，锤炼学生坚持不懈、勇于探索、精益求精的工匠精神，培养学生在练习过程中追求卓越、刻苦钻研、灵活创新的意志品质。

三、学情分析

本案例的授课对象为水平四阶段的八年级学生。八年级的学生正处于青春期生理和心理发展阶段。尽管青春期具有强烈的好奇心和探究欲，但由于部分学生缺乏主动参与体育活动的意愿，导致部分学生仍存在懒惰、消极的态度。因此，教师在教学过程中应该采用分组练习、小组比赛和情境教学等方法，调动学生参与的兴趣与积极性，帮助学生树立正确的健康行为和体育观念。其次，该水平阶段学生已经初步掌握了南拳，对南拳动作的基本形式有了初步的理解与认知。因此，本案例在教学设计上依据学生的身心发展规律，以小组探究和团队协作的形式，引导学生在小组探究中掌握南拳动作的要领，培养学生团队协作能力，在提高身体素质的同时形成正确的胜负观，锤炼学生吃苦耐劳、团结协作、艰苦奋斗的优良品质。

四、整体设计

"修渠先锋员"在整体设计上以"开凿灌溉水渠"为主线，由准备部分、基本部分和结束部分三个环节构成课堂教学。具体教学实施以任务群为导向，以问题链为索引，以素养线为主旨，通过五个不同层级任务的设置，结合不同水平问题，在涵盖"学、练、赛、评"一体化教学结构的基础上，从任务群、问题链及素养线三个方面进行了具体的设计。

第一，任务群设计。任务一"寻找引水点"为准备部分的热身活动，此任务主要是引导学生分组按照地图要求完成课前热身活动，将学生引入学习情境中。任务二"开山凿石"为本案例的基本部分，主要通过教师示范、观看视频来引导学生模仿劳动人民使用铁锤凿石时的身体姿势和动作，学习正确的弓步挂盖拳动作。任务三"运送石料"主要是在上一任务的基础上，以小组的形式完成麒麟步双碟掌等动作的练习。任务四"修建渡槽"主要是在学生学练的基础上，以小组的形式组织学生参与修建渡槽的比赛，巩固学生学练的知识和技能。任务五"通水庆典"为本案例的结束部分，主要是组织学生跟随音乐在教师的带领下进行放松操练习，开展师生互评、教师总结、课后作业布置等教学活动。

第二，问题链设计。问题1以"同学们知道开凿灌溉水渠需要哪些步骤吗？"为前置问题导入，引导学生快速融入学习情境当中，调动学生的兴趣和注意力。问题2在学习过程中提出问题"铁锤凿石动作与弓步挂盖拳动作之间的关系？"引导学生将体育动作与开凿灌溉水渠相联系。问题3在比赛过程中提出问题"麒麟步双碟掌与运送石料动作之间的关系？"

引导学生掌握麒麟步双碟掌的动作要领。问题4当学、练、赛的任务完成后,提问"开凿灌溉水渠需要具备哪些技能和品质?"紧密关联教学内容,发散学生思维和想象力。问题5在总结评价时以"谈谈在修建灌溉水渠中有什么感想和收获"的提问升华课程主题,传承和弘扬劳动精神,引发学生思考和继续探究。

第三,素养线设计。本案例的素养线紧扣《义务教育体育与健康课程标准(2022年版)》提出的核心素养,同时还注重培养学生的跨学科素养。在运动方面,能够帮助学生掌握南拳动作的要领,连贯地完成南拳动作,提高上下肢力量和身体协调性。在健康行为方面,养成良好的运动习惯,知道锻炼后如何放松身体,比赛中能够调整好自我的情绪。在体育品德方面,懂得互帮互助,团结协作,建立良好的团队精神。在跨学科素养方面,锤炼学生坚持不懈、精益求精的工匠精神,培养学生追求卓越、刻苦钻研的意志品质。整体设计框架见图2-23。

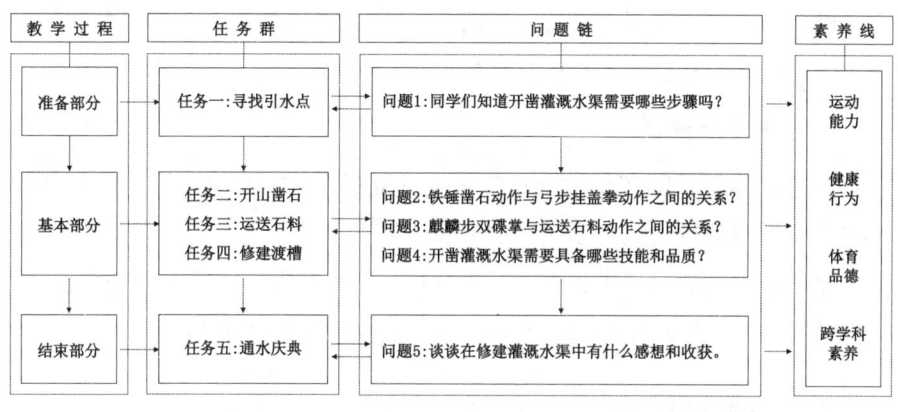

图2-23 "修渠先锋员"整体设计框架图

五、学习目标和教学方法

(一)学习目标

运动能力:帮助学生掌握南拳动作的要领,能够连贯地完成南拳动作,提高上下肢力量和身体协调性。

健康行为：养成良好的运动习惯，知道锻炼后如何放松身体，在比赛中能够调整自我情绪。

体育品德：懂得互帮互助、团结协作，形成良好的团队精神。

（二）教学方法

教法：示范法、讲解法、比赛法、分组练习法、情境教学法。

学法：自主学习法、合作学习法、探究学习法等。

六、教学准备

（一）教学用具

多媒体显示屏、课件、音乐、音响、口哨、劳动奖章若干个。体育教师可根据学生人数确定教学用具的具体数量。

（二）运动器材

跳箱若干个、手靶若干个、脚靶若干个、雪糕筒若干个。体育教师可根据学生人数确定运动器材的具体数量。

（三）安全预案

第一，体育教师在教学过程中必须反复强调"安全第一"，注意保障学生安全，避免发生危害学生人身安全的安全事故。

第二，在教学过程中，若有学生受伤，体育教师应立即上前查看伤势，情况严重时应立即将学生送往校医务室，并向班主任说明情况。

七、教学过程

（一）准备部分

以人工天河——红旗渠为话题导入，创设"开凿灌溉水渠"的劳动情境，结合武术套路南拳的运动特点，将操场刻画为开凿水渠的场地，学生化身为劳动人民，重走劳动人民开凿灌溉水渠的足迹。

播放一段林县人民开凿红旗渠的视频。

教师："同学们，红旗渠作为大型水利灌溉工程，盘踞在太行山的悬崖峭壁之上，是林县 30 万人民历经 10 年在太行山腰修建的挂壁水渠，谱写出自力更生、艰苦创业、团结协作、无私奉献的红旗渠精神。老师想问一下，同学们知道开凿灌溉水渠需要哪些步骤吗？"

学生回答。

教师补充总结："开凿水渠需要寻找引水点、开山凿石、运送石料、修筑水渠等步骤。今天我们要化身为劳动人民，在实践中领悟前辈修建红旗渠的奋斗史，感悟最小修渠人张买江的劳模事迹。大家想不想感受林县人民劈开太行改山河的伟大工程壮举？"

学生回答。

教师："开凿灌溉水渠之旅即将开始。"

【任务一：寻找引水点】

1. 任务说明

（1）情境创设：开凿灌溉水渠的首要任务是寻找引水点，需要找到水位高且供水量大的引水点，从而确保灌溉水渠的水源充足且稳定。（2）问题引导：体育教师以问题 1 "同学们知道开凿灌溉水渠需要哪些步骤吗？"为引导，促进学生快速融入学习情境之中。

此任务主要是组织学生思考引水点的位置资源条件，认识地图所涵盖的基础信息，并按照各小组地图的要求（如单脚跳、绕障碍跑等动作）前往这些地点，最后选择一个最佳的引水点进行汇报。体育教师可借助雪糕筒和跳箱等运动器材来创设学习情境。

2. 师生活动

体育教师：（1）组织学生分为四组完成热身活动任务；（2）讲解"寻找引水点"任务的要求，引导学生按照地图要求完成热身活动任务。

学生：（1）以小组为单位团队配合完成热身活动任务；（2）根据地图的要求和体育教师的引导完成热身活动任务。

评价：学生在结束热身活动任务时，教师应引导学生自评和小组评价；教师对学生的评价进行点评，对优先完成并寻找正确的小组颁发劳动奖章，鼓励学生积极参与下一环节的任务中。

3. 组织队形

"寻找引水点"组织队形见图2-24。

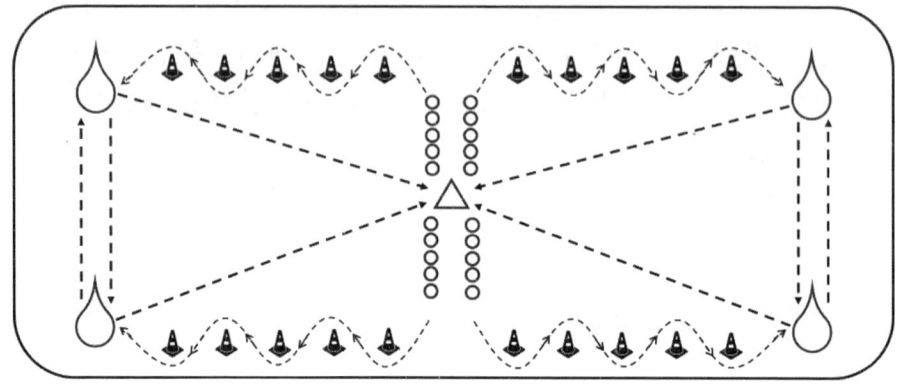

图2-24 "寻找引水点"组织队形图

注：△表示老师；○表示学生；▲表示雪糕筒；💧表示引水点；----▶表示任务路线。

4. 设计意图

其一，通过"寻找引水点"情境的设置，引导学生融入"劳动人民"的身份角色，快速进入学习状态。其二，通过完成地图要求的动作练习，完成热身活动，充分调动学生学习的积极性和兴趣。

（二）基本部分

【任务二：开山凿石】

1. 任务说明

（1）情境创设：确认好最佳引水点后，劳动人民需要使用铁锤敲碎石块，遇到难以挖掘的地方需使用炸药将其炸开。教师在爆破阶段发出口令，学生需停止手中动作携带工具有序离开，避免在修建水渠过程中出现安全问题。体育教师播放劳动人民铁锤凿石的视频，帮助学生理解开山凿石的劳动方式。（2）问题引导：体育教师以问题2"劳动人民使用铁锤凿石的动作与弓步挂盖拳动作之间有什么关联吗？"为引导，启发学生思考动作之间的关联性，领悟弓步挂盖拳的动作要领。

此任务主要组织学生模仿铁锤凿石的动作姿势，学习弓步挂盖拳的动作要领。教师通过发出爆破阶段的撤离口哨，组织学生进行轮换练习。体育教师可利用跳箱和雪糕筒等教学道具来创设学习情境。

2. 师生活动

体育教师：（1）组织学生观看视频并示范弓步挂盖拳动作，讲解正确的动作要领，引导学生学习弓步挂盖拳动作；（2）组织学生分为两人一组，听从口令进行原地弓步挂盖拳动作的练习；（3）巡回指导并纠正学生的错误动作。

学生：（1）观察并模仿铁锤凿石的动作姿势，学习弓步挂盖拳的动作要领；（2）根据体育教师的引导和提示，想象自己是铁锤凿石的劳动人民，快速融入学习情境中，思考体育教师提出的问题，积极与体育教师互动；（3）在教师发出撤离口哨时，学生须停止练习携带脚靶有序离开，到场地旁进行小组轮换，等待下一组练习口令的发出。

评价：（1）学生进行自我评价，说出铁锤凿石动作与弓步挂盖拳动作之间的联系；（2）体育教师对学生的活动进行点评和纠错，颁发劳动奖章，鼓励学生进一步练习。

3. 组织队形

"开山凿石"组织队形见图2-25。

体育与健康跨学科主题学习的教学设计

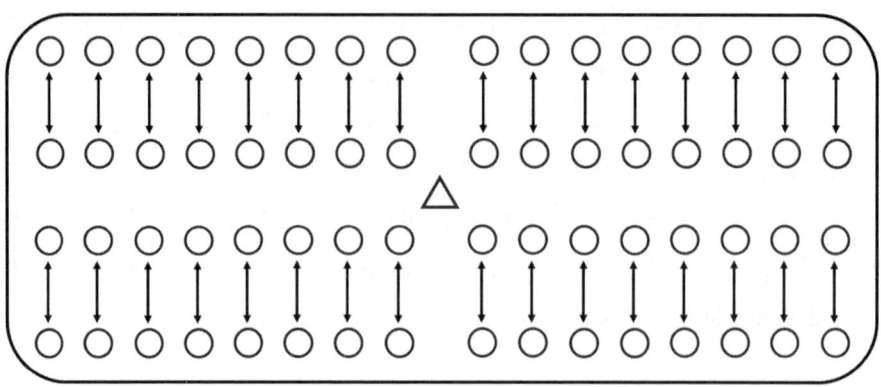

图 2-25 "开山凿石"组织队形图

注：△表示老师；〇表示学生；——→表示练习路线。

4. 设计意图

其一，通过情境的创设，充分调动学生的学练兴趣和积极性，避免练习时产生枯燥感；其二，通过练习弓步挂盖拳，使学生熟练掌握弓步挂盖拳的动作要领，为后续教学环节奠定基础。

知识窗

弓步挂盖拳

动作要领：反手左腿向前上步，左臂内收，左拳由左向下经右向上、向左环转抡挂。身体左转成左弓步，右拳经上向前压盖，左拳后伸摆向身后。

动作重点：上下肢协调发力。

动作难点：贴身、发力连贯。

易犯错误：挂盖拳无力点；弓步易弯腰；挂盖拳脱节；上下肢发力不协调。

【任务三：运送石料】

1. 任务说明

（1）情境创设：在开山凿石的过程中会产生大量的石料，需要将这些石料运送到凿石场，将不规则的石头修成方块状，以适应水渠的修筑。（2）问题引导：体育教师以问题3"麒麟步双碟掌与运送石料动作之间的关系？"为引导，启发学生思考动作之间的联系，促进学生掌握麒麟步双碟掌的动作要领。

此任务主要是通过创设"运送石料"的情境和任务，组织学生分小组练习架桥双砸拳、缠桥切掌和麒麟步双碟掌动作。将学生划分为四小组，各小组选出一名组长，带领小组成员按照规定路线将石料运送到各小组的凿石场。体育教师可利用脚靶、雪糕筒和跳箱等道具来创设学习情境。

2. 师生活动

体育教师：组织学生以小组的形式参与运送石料的任务。（1）任务要求：各小组成员须将石料放置在双碟掌之间，在搬运过程中石料不得掉落，各小组成员只有在到达休息区时才可将石料放下进行休息，由脚靶代替石料；（2）任务规则：每个休息区只有30秒的休息时间，每掉落一次石料扣1分，最终以小组动作的完成质量来分胜负。

学生：（1）认真思考体育教师提出的问题、任务要求和规则，想象自己是一位运送石料的劳动者，融入体育教师所创设的学习情境；（2）根据教师的要求完成任务，在任务过程中遵守任务规则和要求。

评价：学生进行自我评价和小组评价，并进行分享与展示；体育教师对学生的活动进行点评和纠错，对完成度较好的小组颁发劳动奖章，鼓励学生进一步地练习。

3. 组织队形

由四个跳箱围成的区域表示凿石区，四个雪糕筒围成的区域表示休息区。"运送石料"组织队形见图2-26。

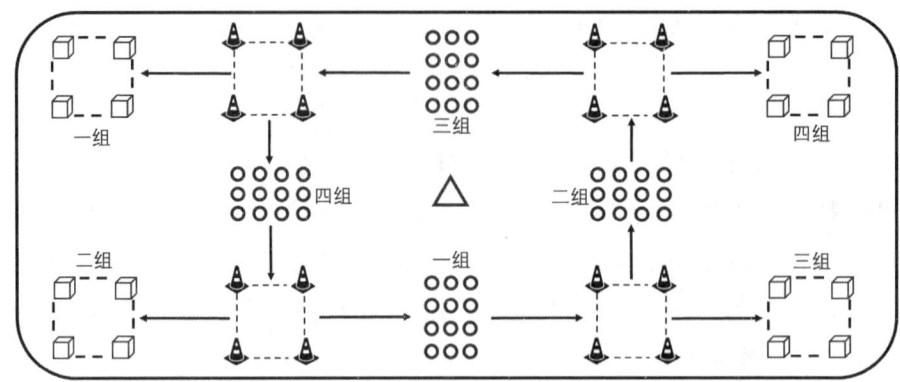

图 2-26 "运送石料"组织队形图

注：△表示老师；○表示学生；▢表示跳箱；▲表示雪糕筒；——→表示任务路线。

4.设计意图

其一，通过完成搬运石料任务，引导学生感悟劳动人民勇于探索、不怕苦、不怕累的劳动精神。其二，通过情境的创设和任务的设置，提升学生的协调组织能力和团队协作意识，加强小组成员之间的凝聚力，为后续任务打下良好的基础。

【任务四：修建渡槽】

1.任务说明

（1）情境创设：渡槽作为跨越溪谷连接渠道两端的输水桥，是修建水渠的咽喉工程，在修建过程中应避免水位差低于输水端，确保渠水输送流畅。（2）问题引导：体育教师以问题4"开凿灌溉水渠需要具备哪些技能和品质？"为引导，弘扬最小修渠人张买江的劳模事迹，带领学生走近红旗渠精神。

此任务主要是通过创设"修建渡槽"的情境，组织学生以小组的形式将弓步挂盖拳、架桥双砸拳、缠桥切掌和麒麟步双碟掌等动作组合练习。将学生划分为四个小组，由组长带领小组成员按照任务要求完成修建渡槽的比赛。

2. 师生活动

体育教师：组织学生以小组的形式参与修建渡槽比赛。（1）比赛要求：每个小组内部须划分为两个小分队，并相互沟通选出两名队长，共同协助完成铁锤凿石和修建渡槽的工作，两小分队需按照路线要求依次交替完成铁锤凿石和渡槽修建任务，铁锤凿石任务是每人练习弓步挂盖拳动作五次，由小队长组织人员的转换，渡槽修建任务是集体练习架桥双砸拳、缠桥切掌动作两次和麒麟步双碟掌动作四次。（2）比赛规则：当教师发出开始口令后，各小组分队开始行动，各小组内部需要保持一致的速度完成比赛。

学生：（1）听从队长的指挥，以小队为单位自行领取任务、分配任务并按照要求完成任务；（2）学会团结协作，当小组成员出现错误时不埋怨，积极鼓励并寻找最优方式完成任务；（3）在比赛后，能够找出队伍所存在问题，并给出相应的解决办法。

评价：学生进行自我评价和小组内部评价，探讨比赛中哪个环节存在问题和不足；教师进行点评和纠错并给出解决方案，并给获胜小队颁发劳动奖章。

3. 组织队形

由四个跳箱围成的区域表示凿石区。"修建渡槽"组织队形见图2-27。

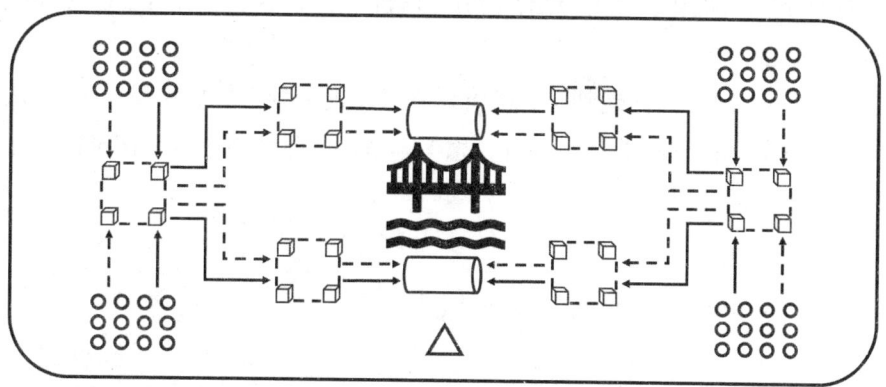

图2-27 "修建渡槽"组织队形图

注：△表示老师；○表示学生；▭表示跳箱；──▶表示一队路线；--▶表示二队路线。

4. 设计意图

其一，通过设置"修建渡槽"任务，发展学生武术专项运动技能的同时培养团队协作意识和分工合作的能力。其二，通过"修建渡槽"情境的创设，帮助学生感悟团结协作、无私奉献的劳动精神，培养更加完善的人格和精神品质。

（三）结束部分

【任务五：通水庆典】

1. 任务说明

（1）情境创设：开凿灌溉水渠经历了寻找引水点、开山凿石、运送石料、修筑渡槽等任务之后，终于竣工了。体育教师播放《歌唱祖国》音乐，营造通水庆典的氛围，并组织学生进行放松操练习，以此来庆贺水渠通水成功。（2）问题引导：体育教师以问题5"谈谈在修建灌溉水渠中有什么感想和收获？"为引导，激发学生勇于探索、不断创新的工匠精神。

2. 师生活动

体育教师：（1）播放音乐，组织学生围成一个圈，跟随音乐在教师的带领下做放松操；（2）进行总结与评价，引导学生收拾运动器材并布置课后作业。

学生：（1）面向老师，跟随音乐在教师的带领下做放松操；（2）认真听体育教师的课堂总结与评价，思考本节课的收获与感悟，记录课后作业，收拾运动器材。

3. 组织队形

"通水庆典"组织队形见图2-28。

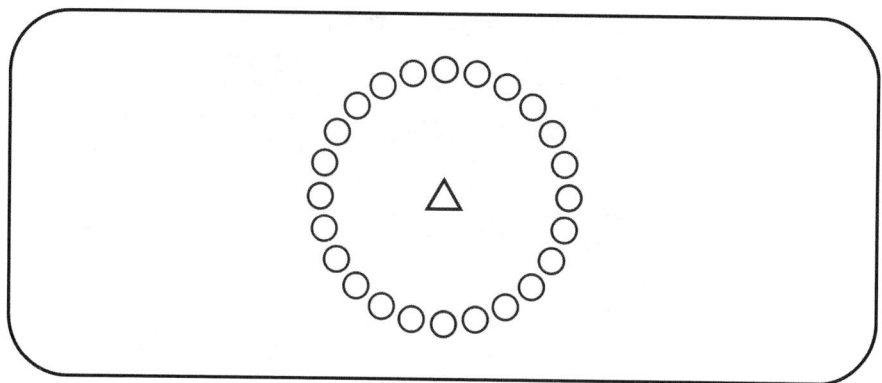

图 2-28 "通水庆典"组织队形图

注：△表示老师；○表示学生。

4. 设计意图

其一，通过《歌唱祖国》音乐的播放，进一步烘托情境氛围，升华课程主题。其二，通过积极充分的放松操，使人体的各项机能逐渐调节到正常水平，使学生养成运动后放松的习惯。

5. 教师总结

教师："同学们，今天我们感受了劳动人民修筑水渠的经历，大家都化身为劳动人民体验了开凿水渠的艰险和不易。老师想问大家，你们有什么感想吗？有什么想说的吗？"

学生回答。

教师："今天我们知道了林县人民开凿红旗渠的奋斗史，体验了修建水渠工程的艰辛。虽然当今我国已经迈入基础设施建设大国的行列，但农业生产劳动所蕴含的精神财富却不可被遗忘。我们要传承劳动精神，做不怕苦、不怕累、勇于担当的时代青年。"

6. 学习评价

评价方式：学生自评、同伴互评、教师点评。"修渠先锋员"综合评价量规详见表 2-4。

表 2-4 "修渠先锋员"综合评价量规

评价维度	评价标准	★★★	★★	★
运动能力	1. 掌握弓步挂盖拳的动作要领 2. 提高上下肢力量和身体协调性			
健康行为	1. 养成良好的运动习惯 2. 知道锻炼后如何放松身体			
体育品德	1. 懂得互帮互助、团结协作 2. 形成良好的团队精神			
跨学科素养	1. 锤炼学生精益求精的工匠精神 2. 培养学生刻苦钻研的意志品质			

7. 课后作业

请在课后查询有关劳动模范的故事，记录一个你印象最深刻的人物事迹，在主题班会上与大家分享。

八、教案参考

"修渠先锋员"教案

主题	光荣劳动者	学段	水平四	年级	八年级	班级	×××班
学习内容	修渠先锋员——"武术+劳动教育"跨学科主题学习							
学习目标	运动能力：能够帮助学生掌握南拳动作的要领，连贯地完成南拳动作，提高上下肢力量和身体协调性。 健康行为：养成良好的运动习惯，知道锻炼后如何放松身体，在比赛中能够调整自我情绪。 体育品德：懂得互帮互助，团结协作，建立良好的合作精神。							
重点	上下肢协调发力。			难点	弓步排盖发力连贯、贴身。			
课的结构	学习内容		学法与表现			教法与指导		组织与队形
^	时间	次数	负荷					

| 准备部分 | 2分钟 | 1 | 低 | 一、课堂常规
1. 体委整队、报告人数。
2. 师生问好，检查服装，强调安全。
3. 宣布本课学习内容及要求，安排见习生。 | 1. 准备场地器材，排除安全隐患及干扰因素，进行常规教育管理。
2. 宣布本课的教学内容、任务及相关要求。
3. 了解见习生情况并做见习生的活动安排。 | 1. 体育委员集合整队（快、静、齐）。
2. 了解本节课的学习内容、任务及目标。
3. 见习生按照教师要求进行学练。
4. 牢记安全提醒。 | — |
| 4分钟 | 1 | 低 | 二、情景导入
1. 播放一段劳动人民修建水渠的视频。
2. 教师语言引导学人并提出问题。 | 1. 体育教师播放视频。
2. 体育教师语言引导学人并提出问题。 | 1. 学生认真观看视频，融入学习情境。
2. 学生认真听讲与思考问题。 | — |

—179—

续表

课的结构	课的内容			学习内容	教法与指导	学法与表现	组织与队形
	时间	次数	负荷				
准备部分	5分钟	1	中	三、寻找引水点 任务要求：四个小队按照规定路线完成寻找引水点任务。学生化身为劳动者，选择最佳的引水点。	1.体育教师创设寻找引水点情境。 2.体育教师讲解任务要求和规则，引导学生听从口令完成热身活动。 3.体育教师评价。	1.学生融入学习情境中。 2.学生听从教师的要求和指令完成规定路线的热身跑活动。 3.学生自我评价。	参见图2-24
	5分钟	1	中	四、开山凿石 学习要求：四列横队，两人一组相对向站立，相互学练弓步挂盖拳动作。	1.体育教师创设开山凿石情境并提出问题，引导学生思考。 2.体育教师讲解并示范弓步挂盖拳动作。 3.体育教师对学生的动作进行评价并纠错。	1.学生融入学习情境中。 2.学生模仿学习体育教师示范的动作。 3.学生思考体育教师提出的问题，并积极与体育教师互动。	参见图2-25
基本部分	8分钟	2	中	五、运送石料 任务要求：四小队三列纵队，每列三位学生，同时完成麒麟步双碟掌运送石料的任务。	1.体育教师创设运送石料情境并组织学生分为四队参与运送石料，讲解任务要求。 2.体育教师组织学生分为四队参与运送石料任务。 3.体育教师点评，并颁发劳动奖章。	1.学生融入学习情境中。 2.学生思考体育教师提出的问题，并积极与体育教师互动。 3.学生根据体育教师的要求和引导参与任务。 4.学生进行自我评价和小组评价。	参见图2-26

续表

课的结构	课的内容 时间	课的内容 次数	课的内容 负荷	学习内容	教法与指导	学法与表现	组织与队形
基本部分	8分钟	4	中	六、修建渡槽 任务要求：四小组领取任务协商如何修建渡槽，自行分配队员任务，各小队按照比赛要求互协作，配合完成修建渡槽的任务。	1.体育教师创设修建渡槽情境并提出问题，启发学生思考。 2.体育教师组织学生参与修建渡槽比赛，讲解比赛要求和规则。 3.体育教师评价，给时间最快且完成度最高的队伍颁发劳动奖章。	1.学生融入学习情境中。 2.学生思考教师提出的问题，与体育教师互动。 3.学生熟悉比赛要求和规则，把学练过程中所学的知识和技能运用到任务中，团队相互协作完成任务。	参见图2-27
结束部分	5分钟	1	低	一、通水庆典 任务要求：播放《歌唱祖国》音乐，以教师为中心围成一个圈进行放松操。 二、教师总结 三、学习评价 四、课后作业	1.体育教师创设通水庆典情境并提出问题，启发学生思考。 2.体育教师总结与评价本节课的学习内容及情况。 3.体育教师组织学生归还运动器材。 4.体育教师布置课后作业。	1.学生融入学习情境中。 2.学生回顾本节所学知识和技能，总结自己在本节课中的收获与感悟。 3.学生认真听教师对课堂的总结与评价。 4.学生协助体育教师归还器材。 5.学生记录课后作业并积极完成。	参见图2-28

续表

教学用具	音响、多媒体显示屏、劳动奖章若干个、口哨。
运动器材	跳箱若干个、雪糕筒若干个、脚靶若干个、手靶若干个。
运动密度	运动强度：中等 运动密度：65% 平均心率：130次/分钟	心率曲线 （此处为预计心率曲线图，纵轴为心率（格子/秒），数值50—150；横轴为时间（分钟），数值0—40）
安全保障	1. 场地器材放置合理，确保学生练习间距，避免相互碰撞，造成学生受伤。 2. 充分做好热身活动，避免运动损伤。 3. 合理安排练习次数，注意运动负荷。
课后反思	

第三章

"身心共成长"跨学科主题学习的教学设计

案例设计九：

三姿规范
——"坐立行+道德与法治"跨学科主题学习

> 年级：一年级
> 课时：1课时
> 主题：会说话的身体
> 内容：坐、立、行
> 学科：体育与健康、道德与法治

一、案例概要

"三姿规范"跨学科主题学习坚持立德树人的根本任务，以《义务教育体育与健康课程标准（2022年版）》课程理念为依据，围绕跨学科主题"身心共成长"中水平一"会说话的身体"学习主题，将正确的坐、立、行作为主要的学习内容，并融合教科书《道德与法治》（人民教育出版社，2016年，一年级下册）中"我们有精神"的相关知识，以彰显以体树德、以体育人的融合育人效应。本案例注重基于水平一阶段学生的学情来开展教学设计，遵循"聚焦问题—确定主题—关联学科—整合设计"的思路，立足体育与健康课程中坐、立、行的实践行为，强调融入道德与法治在思想层面对学生思想品德发展所具有的积极作用，创设有助于健全学生人格的学习情境，并以"上课知问候""听讲坐得端""升旗立得直""走路行得正""下课作告别"等系列任务为驱动，使学生浸润在这些学习情境中，了解和关注自己的身体形态、生理机能，树立正确的生理意识和自我意识，并采用游戏化教学来培养学生的团结协作能力，以及帮助学生形成遵守规则的意识，进而达到享受乐趣、增强体质、健全人格、锤炼意志的目的。

二、主题解读

《义务教育体育与健康课程标准（2022年版）》对"身心共成长"水平一阶段的"会说话的身体"学习主题给出了说明："通过课外资料阅读、主题班会、海报制作等方式，引导学生关注和了解自己的身体形态和生理机能，树立正确的身体意识和自我意识。""三姿规范"跨学科主题学习案例的教学内容选自义务教育教科书《体育与健康》（人民教育出版社，2024年，一年级全一册）中"坐立行我最美"的相关知识，是《义务教育体育与健康课程标准（2022年版）》中水平一阶段学生基本运动技能部分的重要内容，旨在通过播放视频与展示教学幻灯片等形式为学生深度讲解正确的坐、立、行要求，以帮助学生在技能学练过程中熟练掌握正确的坐、立、行，并在此基础上适当融入义务教育教科书一年级下册《道德与法治》中"我们有精神"的相关内容，以引导学生养成健康的身体姿势、形成健康体态，从而促进学生良好行为习惯的养成。

三、学情分析

本课的授课对象为水平一阶段的一年级学生。一年级的学生处于身心发育的初期，肌肉发育尚不完全，骨骼也还比较柔软，不宜进行时间过长、强度过大的体育运动。其心理发展特点表现为活泼好动、好奇心和模仿能力强，但自制力较差、注意力也不够集中，容易疲倦。其学习基础体现为，一年级学生对坐、立、行并不陌生，但对正确的坐、立、行要求并不完全了解。所以在课程教学中不能设计运动量过大的体育项目，而且还需特别注意培养学生养成良好的行为习惯。因此，本案例的设计遵循一年级学生的身心发展规律，以学练正确的坐、立、行为主线，通过对视频、课件等教学资源的使用，让学生在课程学习过程中能够熟练掌握正确的坐、立、行，从而促进一年级学生的健康发育。

四、整体设计

"三姿规范"跨学科主题学习案例主要以学练正确的坐、立、行为主线，整体的课程教学主要包括准备部分、基本部分和结束部分三个环节。为进一步增强课程教学的科学性与可行性，本案例通过与一年级下册《道德与法治》中第一单元"我们有精神"的相关知识紧密结合，旨在引导学生通过交流合作的学习方式学练正确的坐、立、行，从而帮助学生在课程学习中养成良好的行为习惯与展现出饱满的精神面貌。具体设计如下。

第一，任务群设计。任务一"上课知问候"为准备部分的情境导入，主要通过播放视频的方式让学生在轻松愉悦的氛围中快速进入学习状态。任务二"听讲坐得端"为基本部分的第一个环节，主要通过图片展示的形式让学生自主观察与发现正确坐姿与错误坐姿的区别，以充分激发学生的学习兴趣。任务三"升旗立得直"主要通过播放天安门广场的升旗视频，让学生能够身临其境并直观地感受标准站姿。任务四"走路行得正"主要是在学生学练的基础上，以小组为单位组织学生学习正确的走姿。任务五"下课作告别"为本案例的结束部分，主要是指体育教师播放音乐带领学生一同做室内座位放松操，放松身心。

第二，问题链设计。问题1"视频中提到了哪些关键词？"与任务一相联系，旨在引导学生快速融入正确坐、立、行的学习情境。问题2"你们上课的时候会趴在桌子上听讲吗？"与任务二相联系，主要是引导学生从日常生活出发对自己在课堂上的坐姿是否准确进行思考。问题3"升旗的时候我们可不可以乱动呀？"与任务三相联系，主要是让学生在认真观看视频的同时初步了解什么是正确的站姿。问题4"走路的时候可不可以弯腰驼背呀？"与任务四相联系，主要是引导学生主动思考自己的走姿是否标准。问题5"通过今天的学习你们有哪些收获呢？"旨在帮助学生将所学的知识和技能内化、迁移至现实的生活情境中。

第三，素养线设计。本案例始终坚持《义务教育体育与健康课程标准（2022年版）》所提出的核心素养为导向，通过本次课的学习，学生能熟练掌握正确的坐、立、行，从而提升学生的身体认知能力，促进学生身心健康全面发展。整体的设计框架见图3-1。

体育与健康跨学科主题学习的教学设计

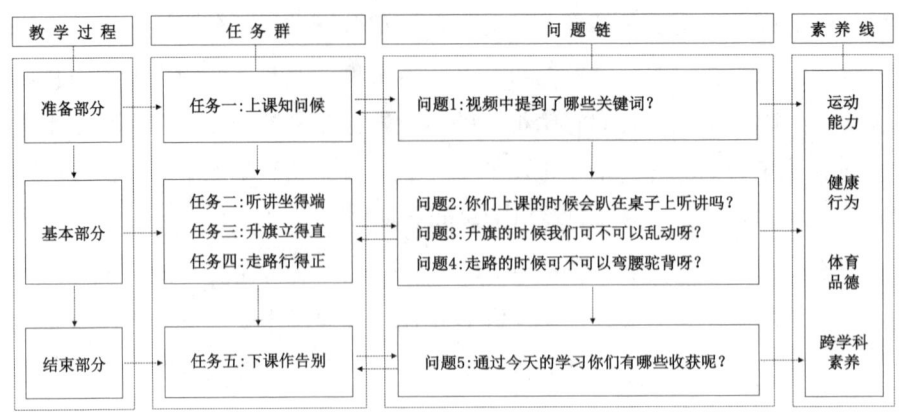

图 3-1 "三姿规范"整体设计框架图

五、学习目标和教学方法

（一）学习目标

运动能力：熟练掌握正确的坐、立、行动作，学习预防不良身体姿势的方式和方法。

健康行为：在"三姿规范"的跨学科主题学习过程中，明确正确的坐、立、行要求，表现出良好的精神面貌，养成良好的行为习惯和健康体态，树立健康意识。

体育品德：在正确的坐、立、行学习过程中，能够主动与同伴交流合作，提升团队意识，树立正确的身体意识，对自己的身体负责。

（二）教学方法

教法：情境教学法、讲解示范法、分组练习法、游戏比赛法。

学法：自主学习法、合作学习法、模仿练习法、探究学习法等。

六、教学准备

（一）教学用具

多媒体显示屏、教学幻灯片、音乐、音响、挂图。

（二）安全预案

体育教师需在课前准备阶段多次提醒学生将口袋里的尖锐物品上交并集中存放，以免在坐、立、行学练过程中误伤自己，下课后及时提醒学生取回。

知识窗

坐、立、行动作要领

正确的坐：头摆正，肩放平，脊柱直，胸前挺，两脚并排，脚放平，手离笔尖一寸远，胸离桌子一拳远，眼离书本一尺远，看谁坐得最端正。

正确的立：两手臂垂直放，收小腹挺胸膛，眼平视看前方，脚并拢站姿棒。

正确的行：面带微笑真可爱，头正肩平走过来，双手自然两侧摆，步幅适当脚下踩。

七、教学过程

（一）准备部分

播放国庆阅兵视频，让学生在感受中国军人风采的同时深刻体会拥有健康体态与良好精神风貌的重要性，从而养成良好的行为习惯。

体育教师："同学们，看看他们多精神，多整齐，身姿多挺拔呀！你们知道他们是谁吗？"

学生回答。

体育教师补充总结："他们是军人叔叔，那同学们是否也想像军人叔叔一样拥有健康的体魄和良好的身体素质呢？"

学生回答。

体育教师："那今天同学们就跟随老师一起学练正确的坐、立、行！"

【任务一：上课知问候】

1. 任务说明

（1）播放《嘿嘿哈哈武术操》视频，让学生在观看完视频后完成坐如__，立如__，行如__的填字游戏。（2）问题引导：视频中提到了哪些关键词？让学生在观看视频的过程中集中注意力，继而引发学生深度思考。

体育教师语言导入："同学们，你们都答对啦，非常棒！老师今天给同学们请来了几位'好朋友'，大家猜猜它们是谁？"体育教师展示挂图。

学生回答："眼睛小精灵、脊柱小精灵与腿部小精灵。"

体育教师补充总结："那接下来就让我们跟随这三位'好朋友'的步伐一起开始今天的学习吧！"

2. 师生活动

体育教师：（1）师生问好行课前礼；（2）介绍本节课教学内容；（3）播放视频，引导学生完成填字游戏。

学生：（1）向体育教师问好行课前礼；（2）简要熟悉本次课学习内容；（3）认真观看视频，回答体育教师提问。

3. 组织队形

"上课知问候"组织队形图见图 3-2。

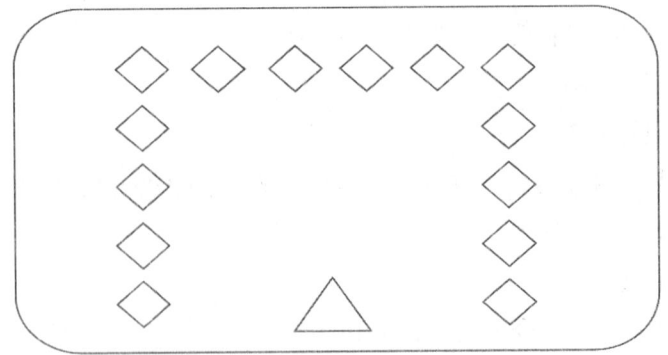

图 3-2 "上课知问候"组织队形图

注：△表示老师；◇表示学生。

4. 设计意图

其一，通过播放《嘿嘿哈哈武术操》视频让学生在轻松愉悦的氛围中快速进入学习状态，以此引导学生融入坐、立、行的学练过程中，从而提高学生的学习兴趣与积极性。其二，拓展学生在《道德与法治》中所学习的知识，为即将开展的坐、立、行学练做准备。

（二）基本部分

【任务二：听讲坐得端】

1. 任务说明

（1）情境创设：播放教学幻灯片展示歪歪扭扭的坐姿图片，让学生找找班上有哪些同学是和图片上小朋友一样坐得歪歪扭扭。（2）问题引导：你们上课的时候会趴在桌子上听讲吗？

2. 师生活动

导入脊柱小精灵、眼睛小精灵的诉说。脊柱小精灵："小朋友们，快坐端正，你们压得我受不了啦！"眼睛小精灵："小朋友，你们不要趴在桌子上看书，我快要看不清啦！"

体育教师：（1）播放教学幻灯片，引导学生找出在班上呈现错误坐姿的小朋友；（2）示范正确的坐姿动作；（3）带领学生朗读《坐姿儿歌》的歌词；（4）播放《坐姿儿歌》，带领学生一起学练正确的坐姿动作；（5）组织学生完成一分钟坐姿挑战，并挑选出坐得最端正、最有精气神的学生在"展示小擂台"中央进行展示；（6）为学生简要描述错误坐姿会给我们的身体带来哪些变化，如近视、驼背、脊柱侧弯等。

学生：（1）观看教学幻灯片，完成体育教师布置的任务；（2）认真观看体育教师示范，记住动作要领；（3）跟随体育教师一起朗读《坐姿儿歌》的歌词；（4）跟随体育教师一起学练正确的坐姿；（5）完成一分钟坐姿挑战；（6）认真听体育教师讲解并思考。

评价：学生对自己在"听讲坐得端"学习情境中的表现进行评价，体育教师对学生的整体表现进行评价。

3. 组织队形

"听讲坐得端"组织队形图见图 3-3。

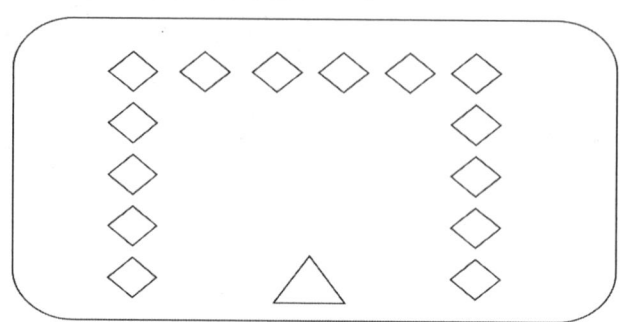

图 3-3　"听讲坐得端"组织队形图

注：△表示老师；◇表示学生。

4. 设计意图

其一，通过图片展示与语言导入让学生了解什么是错误坐姿以及错误坐姿会给我们带来哪些危害。其二，采用播放儿歌的形式带领学生在轻松愉悦的氛围中学练正确的坐姿。

【任务三：升旗立得直】

1. 任务说明

（1）情境创设：播放天安门广场升旗仪式的相关视频，让学生集体起立面向国旗，奏唱国歌完成升旗仪式。（2）问题引导：参加升旗仪式的时候我们可不可以乱动呀？

2. 师生活动

导入脊柱小精灵的诉说。脊柱小精灵："小朋友们，你们要站直哦，不然我会变弯曲，你们就会变丑，看起来就没有精神喽！"

体育教师：（1）播放视频，营造天安门广场的升旗氛围；（2）示范正确的站姿动作；（3）带领学生朗读《站姿儿歌》的歌词；（4）播放《站姿儿歌》，带领学生一起学练正确的站姿动作；（5）组织学生完成一分钟站姿挑战，并挑选出站得最笔直的学生在"展示小擂台"中央进行展示。

学生：（1）认真观看视频；（2）仔细观看体育教师的动作示范，并牢记动作要领；（3）跟随体育教师一起朗读《站姿儿歌》的歌词；（4）跟随体育教师一起学练正确的站姿；（5）完成一分钟站姿挑战。

评价：学生对自己在"升旗立得直"情境中的表现进行评价，体育教师对学生的整体表现进行评价。

3. 组织队形

"升旗立得直"组织队形图见图3-4。

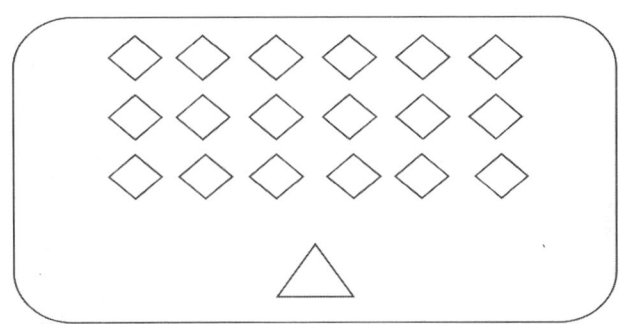

图3-4 "升旗立得直"组织队形图

注：△表示老师；◇表示学生。

4. 设计意图

其一，通过"升旗立得直"任务的设置，教会学生正确的站姿，促使学生养成健康的行为习惯，拥有良好的精神面貌。其二，帮助学生巩固《道德与法治》中"我们有精神"的相关内容，培养爱国主义情怀。

【任务四：走路行得正】

1. 任务说明

（1）情境创设：体育教师在"展示小擂台"行走，展示正确走姿与几种错误走姿，让学生通过观察指出正确走姿与错误走姿。（2）问题引导：走路时可不可以弯腰驼背呀？

2. 师生活动

导入脊柱小精灵与腿部小精灵的诉说。脊柱小精灵："小朋友们走路不要弯腰驼背哦，不然我会弯曲变形，你们长大后的身体姿态就会特别丑陋哦！"腿部小精灵："小朋友们，你们走路不要外八或内八哦，不然我变成畸形，你们就会看起来特别奇怪哦！"

体育教师：（1）到"展示小擂台"行走；（2）示范正确的走姿动作；（3）带领学生朗读《走姿儿歌》的歌词；（4）播放《走姿儿歌》，带领学生一起学练正确的走姿动作；（5）分组练习并分别到"展示小擂台"进行展示。

学生：（1）认真观看体育教师的展示，并指出错误动作与正确动作；（2）仔细观看体育教师的动作示范，牢记动作要领；（3）跟随体育教师一起朗读《走姿儿歌》的歌词；（4）跟随体育教师一起学练正确的走姿动作；（5）分小组进行练习。

评价：学生对自己在"走路行得正"情境中的表现进行评价，体育教师对学生的整体表现进行评价。

3. 组织队形

"走路行得正"组织队形图见图3-5。

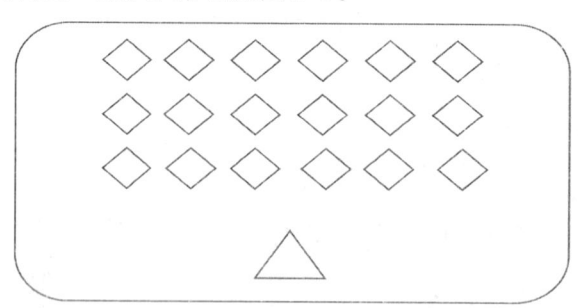

图3-5 "走路行得正"组织队形图

注：△表示老师；◇表示学生。

4. 设计意图

其一，通过"走路行得正"的任务设置，提高学生的观察力和团结协作能力，进一步帮助学生巩固正确的走姿。其二，引导学生关注健康体态的重要性。

（三）结束部分

【任务五：下课作告别】

1. 任务说明

（1）情境导入。体育教师语言导入："同学们，我们刚刚学习了正确的坐、立、行，接下来请回到自己的座位上，跟随老师一起做室内座位放松操吧！"（2）问题引导：通过今天的学习，你们有哪些收获呢？

2. 师生活动

导入眼睛小精灵、脊柱小精灵与腿部小精灵的诉说。小精灵们："小朋友们，你们要牢记正确的坐、立、行要求，这样才能更好地保护我们哦！"
体育教师：（1）播放音乐，带领学生一同做室内座位放松操，放松身心；（2）总结与评价学生的整体表现，布置课后作业。
学生：（1）跟随体育教师的提示和音乐节奏做室内座位放松操；（2）回答体育教师的提问。

3. 组织队形

"下课作告别"组织队形图见图3-6。

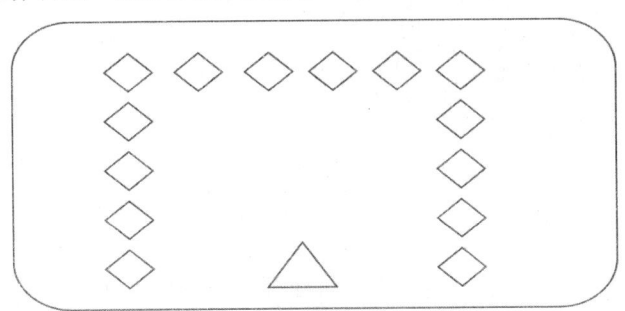

图3-6 "下课作告别"组织队形图

注：△表示老师；◇表示学生。

4. 设计意图

其一，组织学生进行放松运动，放松身心。其二，引导学生将正确的坐、立、行融入日常生活。

5. 教师总结

体育老师:"同学们,你们知道良好的体态与精神面貌能给我们的生活带来哪些变化吗?"

学生回答。

体育教师:"拥有健康的体态与良好的精神面貌能够在一定程度上增强我们的自信心,从而促进我们更好地成长和发展!"

6. 学习评价

评价方式:学生自评、同伴互评、教师点评。"三姿规范"综合评价量规详见表3-1。

表3-1 "三姿规范"综合评价量规

评价维度	评价标准	★★★	★★	★
运动能力	1. 熟练掌握正确的坐、立、行			
	2. 养成良好的健康体态			
健康行为	1. 了解体育锻炼有益健康			
	2. 掌握基本的生理知识			
体育品德	1. 尊重他人、开朗自信			
	2. 发展团结协作的团队精神			
跨学科素养	1. 了解自己的生理形态和生理机能			
	2. 在社会交往中更加积极乐观			

7. 课后作业

回到家中,带领家人一起练习,在练习过程中学生扮演"小老师"的角色,以帮助学生进一步巩固正确的坐、立、行动作,促进知识的内化和迁移。

八、教案参考

"三姿规范"教案

主题	会说话的身体	学段	水平一	年级	一年级	班级	×××班
学习内容	三姿规范——"身体坐立行姿势+道德与法治"跨学科主题学习						
学习目标	运动能力：熟练掌握正确的坐、立、行动作，行动作为习惯和健康体态。 健康行为：在"三姿规范"的跨学科主题学习过程中，养成良好的行为习惯和健康体态。 体育品德：在正确坐、立、行的学习过程中，能够主动与同伴交流合作，提升团队意识，树立正确的身体意识，对自己的身体负责。						
重点	1. 掌握正确的坐、立、行。 2. 了解自己的身体形态和生理机能。			难点		1. 动作准确、姿势规范。 2.《道德与法治》"我与他人"知识的渗透与融入。	

课的结构			课的内容			负荷	学习内容	教法与指导	学法与表现	组织与队形
			时间	次数	低					
准备部分		2分钟		1	低	一、课堂常规 1. 师生问好。 2. 检查服装与口袋尖锐物品，强调安全。 3. 宣布本课学习内容及要求。	1. 教师进行常规教育管理。 2. 宣布本课内容、安全教育。 3. 安排见习生。	1. 体委整队（快、静、齐）。 2. 明确本课任务及目标，见习生见习。 3. 牢记安全提醒。	参见图3-2
		5分钟		1	低	二、情景导入 1. 播放国庆阅兵视频。 2. 教师语言导入。	1. 教师播放视频。 2. 语言讲解导入。	1. 认真观看视频。 2. 认真听讲。	参见图3-2

—197—

续表

课的结构	课的内容			学习内容	教法与指导	学法与表现	组织与队形
	时间	次数	负荷				
	5分钟	1	低	一、上课知问候 播放《嘿嘿哈哈武术操》视频，让学生在观看完视频后完成教学幻灯片展示的坐如___，立如___，行如___，填字游戏。	1. 师生问好行课前礼。 2. 介绍本节教学内容。 3. 播放视频，引导学生完成填字游戏。	1. 向老师问好行课前礼。 2. 简要了解本节学习内容。 3. 认真观看视频，完成填字游戏。	参见图3-3
基本部分	5分钟	1	低	二、听讲坐得端 播放教学幻灯片展示歪歪扭扭的坐姿图片，让学生找找班上有哪些同学是和图片上小朋友一样坐得歪歪扭扭。	1. 播放教学幻灯片，引导学生在班上找出坐姿不标准的小朋友。 2. 示范正确的坐姿动作。 3. 带领学生朗读《坐姿儿歌》的歌词。 4. 播放《坐姿儿歌》，带领学生一起练正确的坐姿动作。 5. 组织完成一分钟坐得挑战，并挑选出坐得最端正、最有精神的学生在"展示小擂台"中央进行展示。 6. 为学生简要描述错误坐姿会对我们的身体带来哪些变化。	1. 观看教学幻灯片，完成体育教师布置的任务。 2. 认真观看体育教师示范，记住动作要领。 3. 跟随体育教师一起朗读《坐姿儿歌》的歌词。 4. 跟随体育教师一起学练正确的坐姿。 5. 完成一分钟坐姿挑战。 6. 认真听体育教师讲解。	参见图3-3

-198-

续表

课的结构	课的内容 时间	课的内容 次数	课的内容 负荷	学习内容	教法与指导	学法与表现	组织与队形
基本部分	8分钟	1	低	三、升旗立得直 播放天安门广场升旗仪式的相关视频，让学生集体起立面向国旗，奏唱国歌完成升旗仪式。	1. 播放视频，营造在天安门广场升旗的氛围。 2. 示范正确的站姿动作。 3. 带领学生朗读《站姿儿歌》的歌词。 4. 播放《站姿儿歌》，带领学生一起学练正确的站姿动作。 5. 完成一分钟站得最笔直的学生在"展示小擂台"中央进行展示。	1. 认真观看视频。 2. 仔细观看体育教师的动作示范，并牢记动作要领。 3. 跟随体育教师一起朗读《站姿儿歌》的歌词。 4. 跟随体育教师的站姿学练正确的站姿。 5. 完成一分钟站姿挑战。	参见图3-4
基本部分	8分钟	4	高	四、走路行得正 体育教师在"展示小擂台"行走，展示正确走姿与几种错误走姿，让学生通过观察指出正确走姿与错误走姿。	1. 到"展示小擂台"行走。 2. 示范正确的走姿动作。 3. 带领学生朗读《走姿儿歌》的歌词。 4. 播放《走姿儿歌》，带领学生一起学练正确的走姿动作。 5. 分组练习并分别到"展示小擂台"进行展示。	1. 认真观看体育教师的展示，并指出错误动作。 2. 仔细观看体育教师的动作示范，并牢记动作要领。 3. 跟随体育教师一起朗读《走姿儿歌》的歌词。 4. 跟随体育教师的走姿学练正确的走姿动作。 5. 分组进行练习。	参见图3-5

续表

课的结构	课的内容			学习内容	教法与指导	学法与表现	组织与队形
	时间	次数	负荷				
结束部分	7分钟	1	低	一、下课作告别体育教师语言导入："同学们，我们刚刚学习了正确的坐、立、行动作，接下来请回到自己的座位上，跟随老师一起做放松操吧！" 二、教师总结。 三、学习评价。 四、课后作业。	1. 播放音乐，带领学生一同做室内座位放松操，放松身心。 2. 总结与评价学生的整体表现，布置课后作业。	1. 跟随教师的提示和音乐节奏做室内座位放松操。 2. 回答教师的提问。	参见图3-6

场地器材	多媒体显示屏、教学幻灯片、音乐、音响、挂图。
运动密度	运动强度：中等 运动密度：55% 平均心率：100次/分钟	心率曲线

安全保障	1. 场地布置合理，确保学生练习间距，避免相互碰撞，造成学生受伤。 2. 合理安排练习次数，注意运动负荷。
课后反思	

案例设计十：

拥抱健康
——"健康操 + 美术"跨学科主题学习

> 年级：四年级
> 课时：1课时
> 主题：藏在身体里的秘密
> 内容：青少年脊柱健康操（站姿）
> 学科：体育与健康、美术

一、案例概要

"拥抱健康"主题学习案例秉持"健康第一"的教育理念，依据《义务教育体育与健康课程标准（2022年版）》的新理念与新要求，围绕跨学科主题"身心共成长"中水平二"藏在身体里的秘密"学习主题展开，以青少年脊柱健康操为主要的教学内容，并创造性地将健康操和美术的相关知识融合，旨在让学生在学练青少年脊柱健康操的同时，发现生活中随处可见的线条，从而体会直线与曲线所带来的视觉冲击，进而体验用线条作画的乐趣。本案例注重基于水平二阶段学生的学情来进行教学设计，以"聚焦问题—确定主题—关联学科—整合设计"为思路，在课程教学中通过使用视频、图片、音乐等教学资源，引导学生了解生理与健康的相关知识，从而在青少年脊柱健康操技能学练过程中树立主动锻炼和关注健康的意识。同时，本案例通过"走进健康—绘出健康—健康动起来—健康大赛—收获健康"等系列任务的设计，引导学生在活动中观察、欣赏形体之美和健康之美，让学生既能熟练掌握青少年脊柱健康操（站姿），又能在课程学习中进一步了解自身的生理结构并增强绘画技能。

二、主题解读

《义务教育体育与健康课程标准（2022年版）》对"身心共成长"水平二阶段的"藏在身体里的秘密"学习主题给出了说明："结合科学中的遗传、生理与健康等相关知识，在预防脊柱侧弯、睡眠等健康教育内容学习中，通过专题讨论、板报制作、主题班会、演讲等方式，帮助学生探索生命现象与成长规律，树立主动锻炼和关注健康的意识。""拥抱健康"学习主题的教学内容主要为国家体育总局运动医学研究所运动健康医学研究中心主任厉彦虎等专家采用医学思维和运动康复方法，专门针对学生的脊柱健康问题进行研发的青少年脊柱健康操。本案例以水平二阶段的"藏在身体里的秘密"为跨学科主题学习设计的出发点，以义务教育教科书《美术》（人民教育出版社，2013年，四年级上册）中"生活中的线条"为结合点，设计了蕴含"青少年脊柱健康操+美术"知识和技能的"拥抱健康"跨学科主题学习案例，旨在通过走进健康、绘出健康等活动形式创设学习情境，引导学生认识身体构造，从而养成良好的体育锻炼习惯。

三、学情分析

本课的授课对象为水平二阶段的四年级学生。此年龄阶段的学生通过前面课程的学习，已经具备了一定的身体活动能力。其心理发展特点表现为感知觉与注意力进一步发展，对新事物充满了探索的渴望。同时，该年龄段的学生正处于生长发育的快速阶段，骨骼成分中胶质较多，钙质较少，可塑性较大，富有弹性，坚固性较差，不易骨折，但容易弯曲变形、脱臼和损伤。因此，需要特别注意培养良好的身体姿势和体育锻炼习惯。基于此，本案例设计遵循了四年级学生的身心发展规律，以学练青少年脊柱健康操为主线，通过使用视频、图片等教学资源，使学生能够在课程学习中熟练掌握青少年脊柱健康操动作要领，进而增强学生脊柱灵活性，改善驼背问题。

四、整体设计

"拥抱健康"主题学习案例以学练青少年脊柱健康操为主线，整体课程教学包括准备部分、基本部分和结束部分三个环节。为进一步增强课程教学的科学性与可行性，本案例通过紧密结合义务教育教科书四年级上册《美术》中的"生活中的线条"相关知识，引导学生通过交流合作的学习方式学练青少年脊柱健康操，帮助学生在课程学习中养成良好的体育锻炼习惯。具体设计如下。

第一，任务群设计。任务一"走进健康"是指体育教师在热身运动结束后，组织学生观看《脊柱侧弯的预防》教育短视频，以普及基本的身体知识。任务二"绘出健康"是指体育教师通过挂图向学生展示脊柱的基本结构，随后组织学生一起绘画脊柱图，以加深学生对脊柱的了解并锻炼学生的绘画临摹能力。任务三"健康动起来"是指体育教师带领学生一起学练青少年脊柱健康操。任务四"健康大赛"是指体育教师在学练活动结束后组织青少年脊柱健康操比赛。任务五"收获健康"为结束部分的放松活动，主要是指体育教师带领学生跟随音乐做身体放松操。

第二，问题链设计。问题1为"什么是脊柱侧弯？"在课前的情境部分提出，以集中学生的注意力并提升学习兴趣。问题2为"脊柱侧弯会对人体造成哪些危害？"旨在引导学生清晰认知脊柱侧弯对人体造成的影响。问题3为"怎样才能预防脊柱侧弯？"让学生树立主动锻炼与关注健康的意识。问题4为"学练青少年脊柱健康操能给我们带来哪些好处？"旨在引导学生主动了解与发掘脊柱健康操的优点，从而促进学生将所学知识迁移至生活中。问题5为"日常生活中有哪些体育活动能够帮助我们改善脊柱侧弯？"目的是让学生树立良好的体育锻炼习惯，从而有效改善与预防脊柱侧弯疾病的产生。

第三，素养线设计。本案例始终坚持《义务教育体育与健康课程标准（2022年版）》所提出的核心素养为导向，通过本次课的学习，学生能熟练掌握青少年脊柱健康操，进而提升学生对身体的认知能力，促进学生的身心健康全面发展。整体设计框架见图3-7。

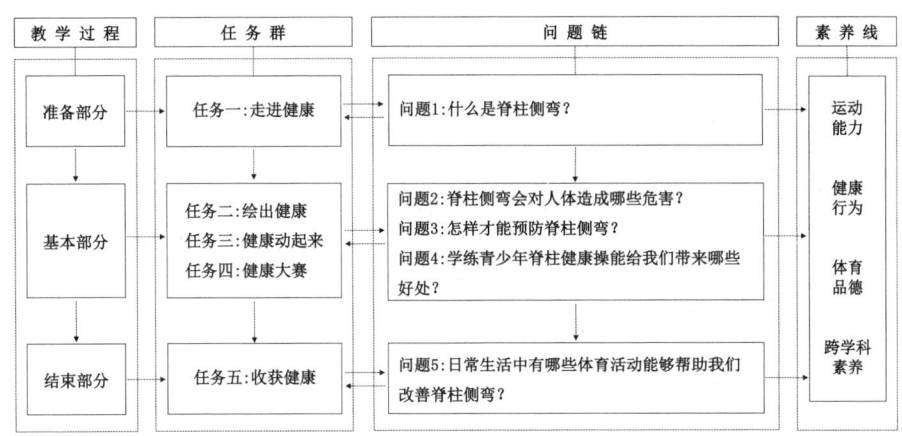

图 3-7 "拥抱健康"整体设计框架图

五、学习目标和教学方法

(一)学习目标

运动能力:熟练掌握青少年脊柱健康操,养成良好的体育锻炼习惯。

健康行为:在"拥抱健康"的跨学科主题学练过程中,了解脊柱侧弯的危害与预防方法,树立正确的健康观念。

体育品德:在青少年脊柱健康操的技能学练过程中,主动与同伴交流合作,提升团队意识,培养学生耐心、细心的学习习惯。

(二)教学方法

教法:情境教学法、讲解示范法、分组练习法、比赛法。
学法:自主学习法、模仿练习法、合作学习法等。

六、教学准备

(一)教学用具

多媒体显示屏、脊柱挂图、白纸若干张、水彩笔若干支、扩音器、音乐、音响、"绘画天才"徽章。

（二）运动器材

形体棍6根、标志贴。

（三）安全预案

多次提醒学生将口袋里的尖锐物品上交并集中存放，强调安全第一，加强安全保护，合理安排运动量与运动强度，避免发生危害学生人身安全的体育伤害事故。

七、教学过程

（一）准备部分

播放脊柱侧弯的科普小视频。

体育教师语言导入："据不完全统计我国中小学生脊柱侧弯人数或超500万，目前脊柱侧弯已成为危害青少年健康的第三大疾病。所以我们今天将要学习的脊柱健康操对我们来说是不是很重要呀！"

学生回答。

体育教师："那么接下来就让我们一起开启这趟健康之旅吧！"

热身活动：集合整队后绕着操场慢跑两圈，随后组织学生做基本的热身活动（头部运动2×8拍、肩绕环运动2×8拍、俯背运动4×8拍、体转运动4×8拍、前弓步压腿4×8拍、侧弓步压腿4×8拍）。

【任务一：走进健康】

1. 任务说明

（1）情境创设：通过观看《脊柱侧弯的预防》教育短视频，使学生了解脊柱的基本结构和重要性。（2）问题引导：以问题1"脊柱侧弯会对人体造成哪些危害"为引导，以启发学生深入思考。

2. 师生活动

体育教师：（1）播放《脊柱侧弯的预防》教育短视频；（2）向学生提出问题。

学生：（1）认真观看视频，并与同伴进行讨论；（2）回答教师的提问。

评价：学生自我评价在"走进健康"学习任务中的表现，体育教师对学生整体表现进行总结和评价。

3. 组织队形

"走进健康"组织队形图见图3-8。

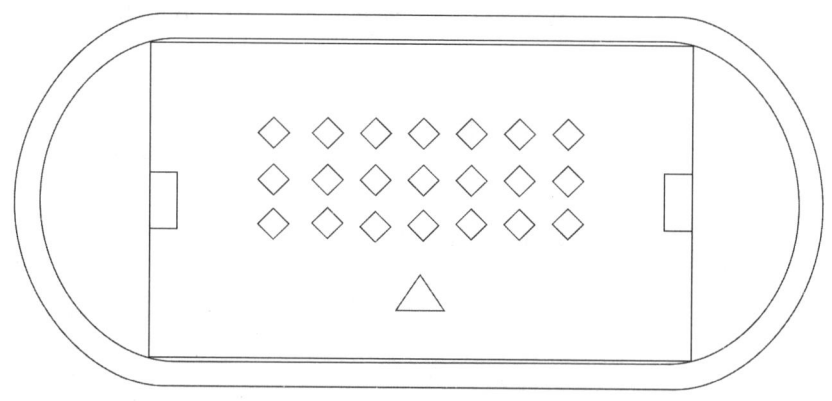

图3-8 "走进健康"组织队形图

注：△表示老师；◇表示学生。

4. 设计意图

其一，组织学生观看《脊柱侧弯的预防》教育短视频，使其简要了解脊柱侧弯预防的相关知识。其二，体育教师简要介绍脊柱健康对身体的重要影响，以调动学生的学习兴趣，提高课程教学质量。

（二）基本部分

【任务二：绘出健康】

1. 任务说明

（1）创设"绘出健康"学习情境：通过脊柱挂图为学生深度讲解脊柱的基本结构和功能。在讲解结束后，向学生分发纸笔，让学生根据脊柱挂图自主临摹脊柱形状，以帮助学生加深对脊柱的认识与理解，同时提升学生的绘画能力。（2）问题引导：脊柱侧弯会对人体造成哪些危害？

2.师生活动

体育教师：（1）讲解脊柱挂图；（2）分发纸笔；（3）评选出最优脊柱图，并颁发"绘画天才"徽章；（4）邀请两位学生上台，为学生讲解正常脊柱的健康之美。

学生：（1）认真听讲，记住要点；（2）与同伴讨论、仔细临摹；（3）观察最优脊柱图，认真学习构图细节；（4）欣赏健康脊柱所带来的形体美。

评价：学生相互进行评价，体育教师对学生整体情况进行点评。

3.组织队形

"绘出健康"组织队形图见图3-9。

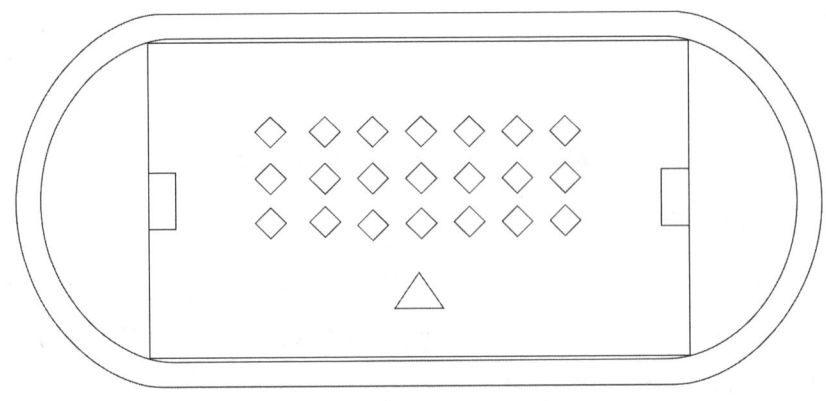

图3-9　"绘出健康"组织队形图

注：△表示老师；◇表示学生。

4.设计意图

其一，通过教师对脊柱挂图的讲解，帮助学生进一步了解脊柱的功能与重要性。其二，通过让学生自主临摹脊柱挂图，充分调动学生学习的积极性，并提升学生的自主绘画能力。

【任务三：健康动起来】

1. 任务说明

（1）创设"走进健康"学习情境：脊柱侧弯可能导致形体畸形、腰背疼痛、肌力失衡等问题，因此学练青少年脊柱侧弯健康操对预防脊柱侧弯尤为重要，那么今天就请同学们跟随老师一起走进健康，一同学练青少年脊柱健康操吧！播放青少年脊柱健康操视频。（2）问题引导：如何预防脊柱侧弯？

2. 师生活动

体育教师：（1）讲解并示范青少年脊柱健康操，借助形体棍调动学生学习兴趣；（2）巡堂释疑，指导纠错；（3）组织集体练习、分小组练习。

学生：（1）认真听讲，领悟动作要领；（2）集中练习、小组练习；（3）与同伴交流讨论、合作学习。

评价：学生自我评价在"走进健康"学习情境中的表现和收获，体育教师对学生整体表现进行评价。

知识窗

青少年脊柱健康操（站姿）

第一节 颈部牵拉（前屈、后仰、侧屈、旋转）4个八拍。

第二节 胸部牵拉（上提—左旋提、上提—右旋提、含展胸—饶肩）4个八拍。

第三节 脊柱牵拉（侧屈、后伸展、绕臂侧牵）2个八拍。

第四节 髋部牵拉（附身、后伸展、顶髋）2个八拍。

---

3. 组织队形

"健康动起来"组织队形图见图3-10。

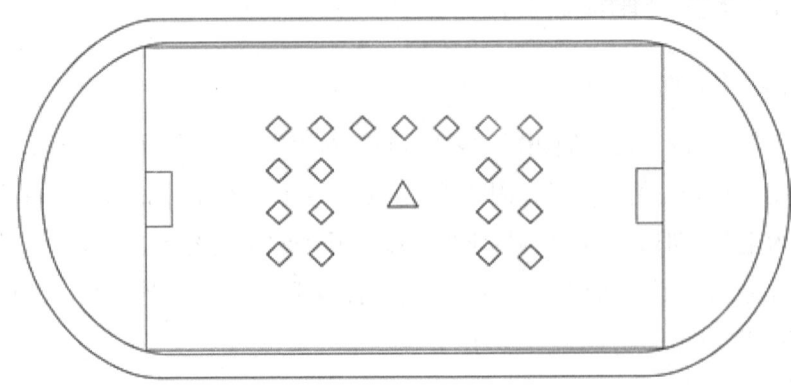

图 3-10 "健康动起来"组织队形图

注：△表示老师；◇表示学生。

4. 设计意图

其一，通过"健康动起来"的任务设置，带领学生一同练习青少年脊柱健康操，以预防学生出现脊柱侧弯的疾病。其二，进一步引导学生树立健康意识。

【任务四：健康大赛】

1. 任务说明

（1）创设"健康大赛"学习情境，组织青少年脊柱健康操比赛，以小组为单位分别展示。（2）问题引导：学练脊柱健康操能给我们带来哪些好处？

2. 师生活动

体育教师：（1）安排各小组展示顺序；（2）评选出最优团队；（3）总结与评价各小组的表现。

学生：（1）以小组为单位分别进行展示；（2）向优秀团队学习；（3）认真听取体育教师的总结及建议。

评价：学生各小组间互评，体育教师对学生整体表现进行评价与总结。

3. 组织队形

"健康大赛"组织队形图见图 3-11。

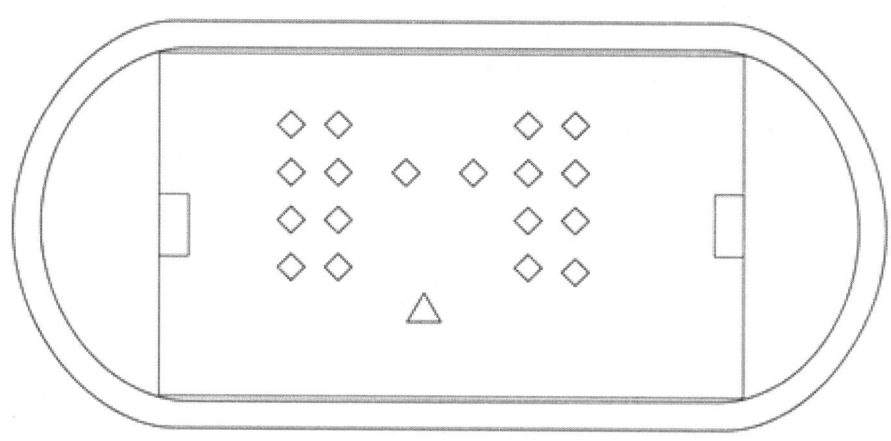

图 3-11 "健康大赛"组织队形图

注：△表示老师；◇表示学生。

4. 设计意图

其一，通过"健康大赛"的任务设置，培养学生团结协作、敢于拼搏的精神。其二，培养学生欣赏形体之美的能力，进一步加强学生对青少年脊柱健康操的掌握。

（三）结束部分

【任务五：收获健康】

1. 任务说明

情境创设。体育教师语言导入："我们刚刚参加了健康大赛，现在让我们一起进入收获健康的环节，跟随老师一起做身体放松操"。

2. 师生活动

体育教师：（1）播放音乐，带领学生一起做身体放松操；（2）总结本节课的教学内容；（3）布置课后作业。

学生：（1）跟随音乐节奏和教师指令做身体放松操；（2）认真听取体育教师的总结和点评；（3）牢记课后作业，并积极完成。

3. 组织队形

"收获健康"组织队形图见图3-12。

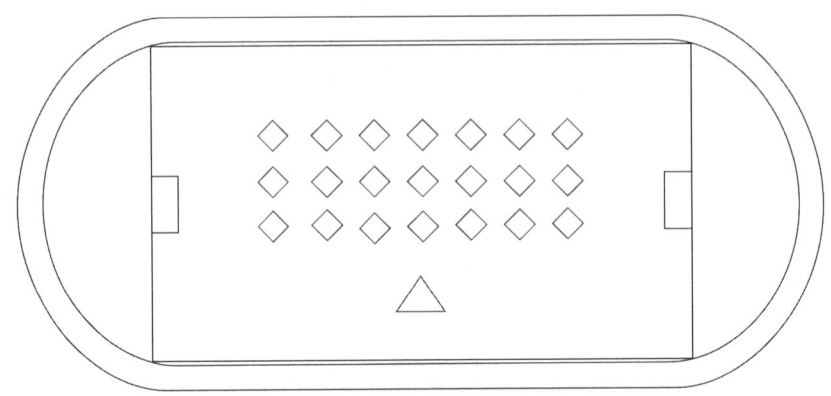

图3-12 "收获健康"组织队形图

注：△表示老师；◇表示学生。

4. 设计意图

其一，组织学生进行身体放松拉伸。其二，引导学生将所学知识运用到日常生活中。

5. 教师总结

体育教师："同学们，今天我们学习了青少年脊柱健康操，大家都基本了解了脊柱侧弯的危害以及预防方法，除了脊柱健康操你们知道还有哪些运动可以帮助改善和预防脊柱侧弯疾病呢？"

学生回答。

体育教师："每天练习10分钟脊柱健康操能够有效预防脊柱侧弯疾病的发生，除此之外我们还可以在日常生活中通过吊单杠、跳健美操、打羽毛球等运动进行干预。同时，我们也需要保持良好的生活方式，并进行功能锻炼，避免久坐与固定的姿势久站。拥抱健康从你我做起，让我们积极参加体育锻炼，养成良好的体育锻炼习惯吧！"

6. 学习评价

评价方式：学生自评、同伴互评、教师点评。"拥抱健康"综合评价量规详见表3-2。

表3-2 "拥抱健康"综合评价量规

评价维度	评价标准	★★★	★★	★
运动能力	1. 熟练掌握脊柱健康操的动作要领			
	2. 提高灵敏度与协调性			
健康行为	1. 知道体育锻炼有益健康			
	2. 树立体育锻炼意识			
体育品德	1. 自尊自信、拥有健康体态			
	2. 发展团结协作的团队精神			
跨学科素养	1. 提升绘画临摹能力			
	2. 了解脊柱的基本功能与结构			

7. 课后作业

学生回到家中扮演"小老师"的角色，带领家人一起做脊柱健康操，在家长的陪同下，跟随视频学习睡前脊柱健康操（卧姿），向家人展示课堂上自主临摹的脊柱图，并尝试根据体育教师上课讲解的内容进行无图临摹，从而加深学生对脊柱的理解，提升绘画能力。

八、教案参考

"拥抱健康"教案

主题	藏在身体里的秘密	学段	水平二	年级	四年级	班级	×××班
学习内容	拥抱健康——"健康操+美术"跨学科主题学习							
学习目标	运动能力：熟练掌握青少年脊柱健康操，养成良好的体育锻炼习惯。 健康行为：在"拥抱健康"的跨学科主题学练过程中，了解脊柱侧弯的危害与预防方法，树立正确的健康观念。 体育品德：在青少年脊柱健康操的技能学练过程中，主动与同伴交流合作，提升团队意识。							
重点	1. 掌握青少年脊柱健康操的动作要领和技巧。 2. 树立青少年健康意识。						难点	1. 动作协调、连贯、规范。 2. 能够跟随音乐节奏准确练习。

课的结构	课的内容	时间	次数	负荷	学习内容	教法与指导	学法与表现	组织与队形
准备部分		2分钟	1	低	一、课堂常规 1. 体委整队，报告人数。 2. 师生问好，检查服装，强调安全。 3. 宣布本课学习内容及要求，安排见习生。	1. 教师进行常规教育管理。 2. 宣布本课内容、要求及安全教育。 3. 安排见习生。	1. 体委整队（快、静、齐）。 2. 明确本课任务及目标，见习生见习。 3. 牢记安全提醒。	参见图3-8
		5分钟	1	中	二、情境导入 1. 教师语言导入。 2. 提出问题。 3. 基本动作拉伸。	1. 语言讲解导入。 2. 问题引导。 3. 基本热身操。	1. 认真听讲。 2. 回答教师提问。 3. 做基本热身操。	参见图3-8

—214—

续表

课的结构				学习内容	教法与指导	学法与表现	组织与队形
	时间	次数	负荷				
准备部分	6分钟	1	低	三、走进健康 1. 播放脊柱侧弯的科普小视频 2. 体育教师语言导入。	1. 播放《脊柱侧弯的预防》教育短视频，向学生提出问题。 2. 点评学生整体表现。	1. 认真观看视频，与同伴讨论，回答教师的提问。 2. 对自己的表现与收获进行自评。	参见图 3-8
	6分钟	1	低	一、绘出健康 通过脊柱挂图为学生深度讲解脊柱的基本结构和功能。在讲解结束后，向学生分发纸笔，让学生根据挂图自主临摹脊柱形状，以帮助学生提升绘画能力，同时加深对脊柱的认识与理解。	1. 讲解脊柱挂图。 2. 分发纸笔，组织学生临摹脊柱挂图。 3. 评选最优脊柱图，发放"绘画天才"徽章。 4. 对学生的整体表现进行点评。	1. 认真听讲，熟记要点。 2. 与同伴讨论，仔细临摹。 3. 观察最优脊柱图，认真学习构图细节。 4. 同伴之间相互评价。	参见图 3-9
基本部分	8分钟	1	高	二、健康动起来 脊柱侧弯可能导致体畸形、腰背疼痛、肌力失衡等问题。因此学练健康操对预防青少年脊柱侧弯尤为重要，那么今天就请同学们跟随老师一起走进健康，一同学练青少年脊柱健康操吧！（播放青少年脊柱健康操视频）	1. 讲解示范青少年脊柱健康操动作要领，借助形体棍调动学生学习兴趣。 2. 巡堂释疑，指导纠错。 3. 安排学生集体练习。 4. 教师点评学生练习表现。	1. 认真听讲，领悟动作要领。 2. 集中练习。 3. 与同伴交流讨论，合作学习。 4. 学生对自己的学练情况进行点评。	参见图 3-10

续表

课的结构	课的内容 时间	课的内容 次数	课的内容 负荷	学习内容	教法与指导	学法与表现	组织与队形
基本部分	8分钟	1	中	三、健康大赛 组织青少年脊柱健康操比赛，以小组为单位团结分别展示。锻炼学生团结协作的能力，加强学生对青少年脊柱健康操的掌握。	1. 安排各小组展示顺序。 2. 评选出最优团队。 3. 总结与评价各小组表现。	1. 以小组为单位分别进行展示。 2. 向优秀团队学习。 3. 认真听取教师的评价与建议。	参见图3-11
结束部分	5分钟	1	低	一、收获健康 体育教师语言导入："我们刚刚参加了健康大赛，现在让我们一起进入收获健康的环节，跟随老师一起做放松操。" 二、教师总结 三、学习评价 四、课后作业	1. 播放音乐，带领学生一起做身体放松操。 2. 总结本节课的教学内容。 3. 布置课后作业。	1. 跟随音乐节奏和教师指令做身体放松操。 2. 认真听取教师的总结与点评。 3. 牢记课后作业。	参见图3-12
场地器材	多媒体显示屏、脊柱挂图、白纸、水彩笔、扩音器、音响、音乐、形体棍、标志贴、"绘画天才"徽章。						

续表

运动密度	心率曲线	
	运动强度：中等 运动密度：65% 平均心率：110次/分钟	
安全保障	1. 场地器材放置合理，确保学生练习间距，避免相互碰撞，造成学生受伤。 2. 充分做好热身活动，避免运动损伤。 3. 合理安排练习次数，注意运动负荷。	
课后反思		

心率曲线图：纵轴为心率（次/分钟），范围60—130；横轴为时间（分钟），范围0—40，标注"预计心率"。

案例设计十一：

律动青春
——"花样跳绳 + 科学"跨学科主题学习

> **年级**：五年级
> **课时**：1 课时
> **主题**：成长的少年
> **内容**：花样跳绳
> **学科**：体育与健康、科学

一、案例概要

"律动青春"主题学习案例以《义务教育体育与健康课程标准（2022年版）》中跨学科主题学习的新要求为依据，坚持"健康第一"的指导思想，贯彻落实"教会、勤练、常赛"的教育理念，围绕跨学科主题"身心共成长"中水平三"成长的少年"学习主题，以花样跳绳基本技能的前四个动作为主要教学内容，结合义务教育教科书《科学》中的相关内容，以及音乐、舞蹈等元素开展教学设计，能够有效增强课程学习的趣味性，从而大幅度提升学生学习花样跳绳的积极性，进而培养学生养成主动参与体育活动的意识。本案例以"确定主题—关联学科—整合设计"为思路，通过"'绳'机妙用—'绳'彩飞扬—炯炯有'绳'—大显'绳'手—兵贵'绳'"速系列任务的设计，旨在引导学生树立健康意识，学会全方位地保护我们的身体，使学生能够在课程学习中熟练掌握花样跳绳动作要领，并养成健康的生活习惯。

二、主题解读

《义务教育体育与健康课程标准（2022年版）》对"身心共成长"水平三阶段的"成长的少年"学习主题给出了说明："结合信息科技相关知识，在体能和运动技能学练中，通过建立成长观察、成长记录的电子档案，引导学生关注自我成长中的身心变化及其对运动技能学练的影响，培养学生的观察能力，强化学生的自我意识和健康意识。"本课教学内容选自义务教育教科书《体育与健康教师用书 新兴类体育运动 全一册》（人民教育出版社，2024年）中"花样跳绳的基本技能"，以"成长的少年"学习主题为出发点，以义务教育教科书《科学》（人民教育出版社，2019年，五年级下册）"保护我们的身体"为结合点，设计了蕴含"花样跳绳＋科学"知识与技能的"律动青春"跨学科主题学习案例，旨在通过花样跳绳技能的学练增强学生对跳绳的兴趣，提升学生的弹跳能力和协调性，同时引导学生关注自身身体机能的变化，了解养成健康生活习惯的重要性。

三、学情分析

本课的授课对象为水平三阶段的五年级学生。此年龄段的学生生长发育再次进入一个高速发展时期，不仅身高和体重明显增长，而且肌肉骨骼的力量也在迅速增强。他们的心理发展特点表现为竞争意识增强、不甘落后、自控能力提高、独立意识逐渐强化，且具有独立思考和解决问题的能力。该年龄阶段的学生通过前面的课程学习，已经初步掌握了跳绳的基本运动技能和基本技术。因此，本案例的设计遵循五年级学生的身心发展规律，以学练花样跳绳基本技能的前四个动作为主线，通过将跳绳与音乐、舞蹈相融合，有效激发学生对体育学习的兴趣，从而促进学生上下肢肌肉、关节、韧带的发展。

四、整体设计

"律动青春"一课主要由准备部分、基本部分和结束部分三个环节构成。为进一步增强课程教学的科学性和可行性，本案例紧密结合了义务教育教科书五年级上册《科学》"我们的身体"中的相关知识，旨在引导学生通过交流合作的学习方式学练花样跳绳基本技能的前四个动作，以培养学生的观察能力，进而强化学生的自我意识和健康意识。具体设计如下。

第一，任务群设计。任务一，"'绳'机妙用"是指体育教师带领学生巧用竹节绳完成基本热身活动。任务二，"'绳'彩飞扬"是指体育教师在学生基本热身活动结束后，带领学生一同跳"快乐绳操"，以充分活动身体各关节。任务三，"炯炯有'绳'"是指体育教师组织学生学练花样跳绳基本技能的前四个动作，要求学生认真观察记住动作要领。任务四，"大显'绳'手"是指体育教师在学练结束后组织学生配合音乐《加油鸭》进行分组表演和集体表演。任务五，"兵贵'绳'速"是指在结束部分，组织学生完成一分钟跳绳训练，比一比谁跳得多。

第二，问题链设计。问题1为"你们以前有接触过跳绳吗？"此问题主要是使体育教师在课前准备部分先行对学生的大致情况进行了解。问题2为"你们知道什么是花样跳绳吗？"此问题旨在集中学生的注意力，提升学生的学习兴趣和探究能力。问题3"你们会几个基本的跳绳动作？"此问题目的是激发学生的学习动机，活跃课堂氛围。问题4为"为什么有的同学一直跳不过呢？"此问题旨在锻炼学生的观察能力，引导学生进行深入探究，继而熟练掌握花样跳绳的动作要领。问题5为"学习花样跳绳有哪些好处？"此问题主要是引导学生主动探究花样跳绳对身体的益处，从而让学生养成良好的体育锻炼习惯。

第三，素养线设计。本案例始终坚持《义务教育体育与健康课程标准（2022年版）》所提出的核心素养为导向，通过本次课的学习，学生能够熟练掌握花样跳绳基本技能的前四个动作，进而引导学生关注自我成长中的身心变化及其对运动技能学练的影响。整体设计框架见图3-13。

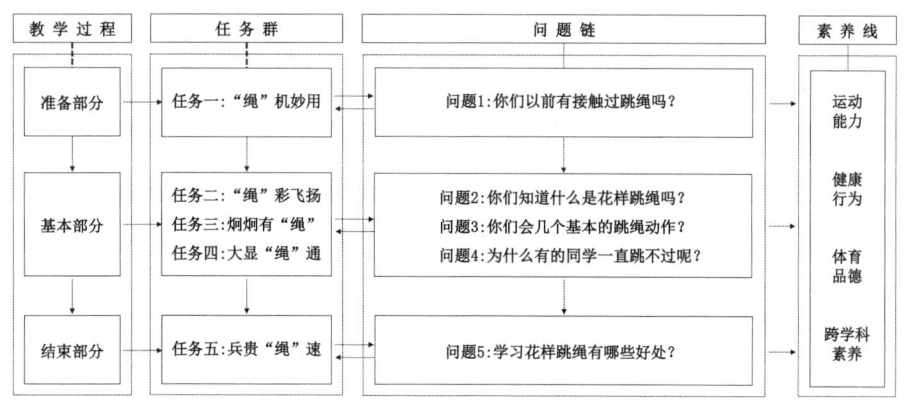

图 3-13 "律动青春"整体设计框架图

五、学习目标和教学方法

（一）学习目标

运动能力：熟练掌握花样跳绳基本技能的前四个动作，培养良好的体育锻炼习惯，促进上下肢肌肉、关节、韧带的发展。

健康行为：在"律动青春"的跨学科主题学习过程中，了解花样跳绳项目能够给身体带来哪些好处，树立正确的健康观念。

体育品德：在花样跳绳基本技能前四个动作的学习过程中，主动与同伴交流合作，提升团队意识。

（二）教学方法

教法：讲解示范法、情境教学法、分组练习法、比赛法。
学法：自主学习法、模仿练习法、合作学习法等。

六、教学准备

（一）教学用具

各种绳子（麻绳、布绳、塑料绳等）、扩音器、音乐、音响、号码牌、秒表。

（二）运动器材

教学用绳（竹节绳）。

（三）安全预案

要求学生将随身携带的尖锐物品上交，并集中存放，反复强调安全第一，加强安全保护，合理安排运动量与运动强度。

七、教学过程

（一）准备部分

体育教师用谜语导入："绑人绑得紧，剪刀能剪断，你们猜猜是什么呀？"

学生回答。

向学生展示各种绳子（竹节绳、毛线绳、布绳、塑料绳等），通过各种物质资源的使用创设学习情境，调动学生学习兴趣。

【任务一："绳"机妙用】

1. 任务说明

（1）情境创设。体育教师用语言导入："同学们，你们知道绳子还有哪些妙用吗？"学生回答。体育教师："绳子可以帮助我们进行简单的热身活动。"（2）问题引导：你们有接触过跳绳吗？

此任务主要是组织学生体验"双脚跳、单脚跳"两个移动性技能，体育教师站在队伍最前面说出几种健康的生活方式（每天锻炼一小时、早睡早起、讲卫生等），做到的学生往前跳跃一步，没有做到的学生则在原地保持不动，这有助于学生在判断自己的生活方式是否健康的同时为接下来的课程学习做好充分的热身。

2. 师生活动

体育教师：（1）组织学生将手中的竹节绳展开横放，两条前后对齐摆放，以此往前类推拼凑成表示音乐的五线谱；（2）讲解比赛规则，组织比赛；（3）带领学生一起做徒手操热身运动。

学生：（1）听从体育教师的安排，将手中的竹节绳拼凑成五线谱；（2）遵守比赛规则，认真完成游戏；（3）跟随体育教师的指令完成基本的热身活动。

3. 组织队形

"绳"机妙用组织队形图见图3-14。

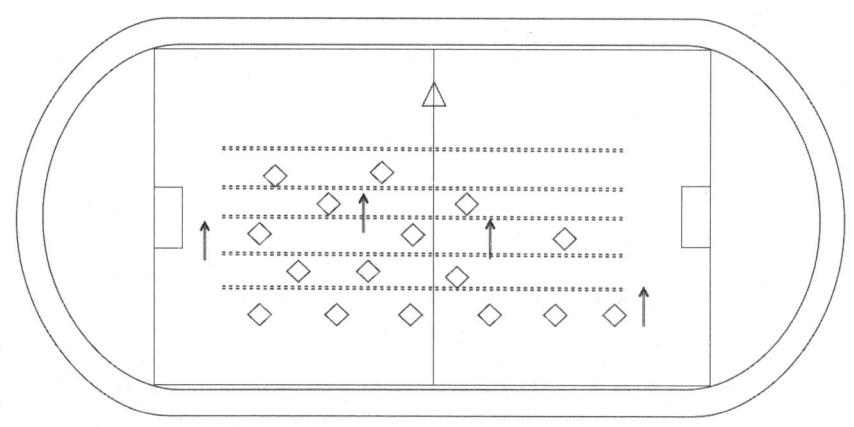

图3-14 "绳"机妙用组织队形图

注：△表示老师；◇表示学生。

4. 设计意图

其一，为学生营造一个轻松、愉悦的热身氛围。其二，充分开发学生的想象力，引导其在日常生活中学会一物多用、一物妙用！

（二）基本部分

【任务二："绳"彩飞扬】

1. 任务说明

创设"绳"彩飞扬学习情境："《松风阁诗抄》记载'白光如轮舞索童，一童舞索一童唱，一童跳入光轮中。'今天同学们就和老师一起乘坐时光机回到那个'绳'彩飞扬的年代吧!"

2.师生活动

体育教师:(1)简要讲解花样跳绳的历史起源,引导学生融入学习情境之中;(2)播放音乐带领学生一起跳热身绳操,动作提示、口令准确。

学生:(1)认真听体育教师讲解并思考;(2)跟随体育教师的指令完成对应动作,跳动过程中注意保持适当距离,以免误伤同伴。

评价:学生对自己在跳热身绳操时的表现进行评价,体育教师对学生的整体表现进行评价。

> **热身绳操动作构成:**
>
> 1.四折绳勾脚前点(双手拿绳)。
>
> 2.四折绳高抬腿(双手拿绳)。
>
> 3.四折绳后踢腿(双手拿绳)。
>
> 4.四折绳并步前举(双手拿绳)。
>
> 5.二折绳左右侧姿拉伸(双手拿绳)。
>
> 小提示:每节动作结束后提醒学生踏步调节位置。跟随音乐提示切换动作,热身音乐可参考借鉴tabata训练的音乐。

3.组织队形

"绳"彩飞扬组织队形图见图3-15。

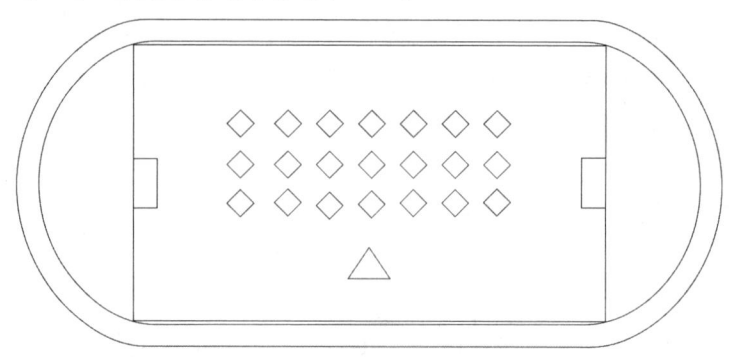

图3-15 "绳"彩飞扬组织队形图

注:△表示老师;◇表示学生。

4. 设计意图

其一,体育教师讲解花样跳绳的历史起源,调动学生的学习兴趣。其二,通过跳热身绳操激活学生的运动细胞,充分活动身体各关节,为后续的花样跳绳技能学练奠定基础,进而避免运动损伤的发生。

【任务三:炯炯有"绳"】

1. 任务说明

情境创设:在古代每逢佳节都会组织跳绳活动,明天在京城将会有一场盛大的跳绳活动,接下来就请各位同学们炯炯有"绳"地跟随为师一起学练花样跳绳吧,以便在明天的比试中拔得头筹!体育教师带领学生一同学练花样跳绳基本技能的前四个动作。

体育教师:"那你们知道什么是花样跳绳吗?"

学生回答。

体育教师补充总结:"花样跳绳是一种在环摆的绳索中做各种跳跃动作的趣味体育游戏,是一种可以调动全身肌肉的运动,下面就让我们一起开始今天的跳绳学习吧!"

2. 师生活动

体育教师:(1)讲解并示范"花样跳绳的基本技能"中单人技能的前四个组合动作;(2)巡堂释疑,纠正错误动作,并询问学生为什么有些人始终无法完成跳跃;(3)组织学生集体练习、分小组练习。

学生:(1)认真观看动作示范,明确动作要求,模仿练习;(2)认真观察并回答体育教师的提问;(3)小组间合作学习,相互纠错。

评价:学生对自己在花样跳绳学练过程中的表现进行评价,体育教师对学生的整体表现进行评价。

> 知识窗
>
> **花样跳绳基本动作及要领**
>
> **1. 并脚跳：** 摇绳时手腕和前臂发力，两臂不要过度外展，先摇后跳，节奏保持一致。
>
> **2. 双脚交换跳：** 注意摇绳与起跳时机，身体动作协调配合。
>
> **3. 开合跳：** 手臂保持基本摇绳姿势，由合到开时绳子先过脚再打开，由开到合时先并脚再过绳，脚左右打开时，约与肩同宽。
>
> **4. 正摇编花跳：** 注意两臂交叉及打开的时机；交叉后，两臂抖腕摇绳，节奏明快。

3. 组织队形

炯炯有"绳"组织队形图见图3-16。（因绳子的摆动幅度较大，所以在课程教学中应让学生与学生间保持一定的安全距离，以免误伤同伴。）

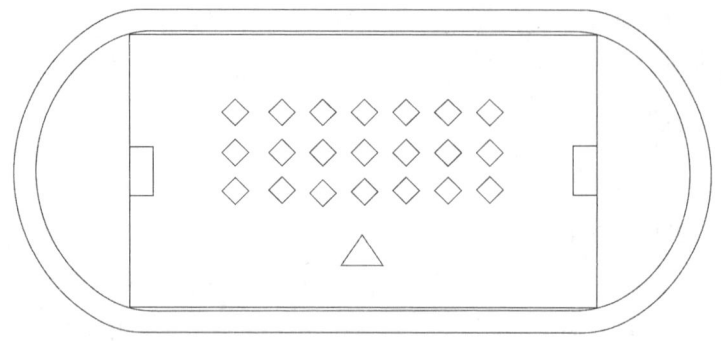

图3-16 炯炯有"绳"组织队形图

注：△表示老师；◇表示学生。

4. 设计意图

其一，通过炯炯有"绳"任务的设计，让学生能够在课程学习中集中注意力，进而锻炼学生的观察力，提升整体的课程教学质量。其二，引导学生树立健康意识，掌握正确的体育锻炼方法。

【任务四：大显"绳"通】

1. 任务说明

情境创设：这里是第三届花样跳绳高手争霸赛的比赛现场，汇聚着天下各路英雄好汉，他们将在今天决出天下第一高手，接下来出场的是……（体育教师通过抽签的方式安排各小组出场顺序，组织竞赛比拼。）

2. 师生活动

体育教师：（1）播放音乐《加油鸭》，带领学生集体展示；（2）组织比赛，安排各小组出场顺序；（3）点评各小组表现。

学生：（1）在体育教师的带领下集中展示；（2）分组比赛；（3）认真听取体育教师的评价和建议。

评价：学生各小组间互相评价，体育教师点评各小组表现。

3. 组织队形

大显"绳"通组织队形图见图3-17。

图3-17 大显"绳"通组织队形图

注：△表示老师；◇表示学生。

4. 设计意图

其一，通过大显"绳"通任务的设置，帮助学生进一步巩固花样跳绳基本技能前四个动作的动作技巧，从而提升五年级学生的核心运动能力。其二，引导学生坚持体育锻炼，养成良好的体育锻炼习惯。

（三）结束部分

【任务五：兵贵"绳"速】

1. 任务说明

情境创设：花样跳绳是一项非常消耗体力的运动，对学生的身体素质要求较高，所以此任务主要是在结束部分安排学生进行体能练习，为后续技术动作的学练奠定基础。

2. 师生活动

体育教师：（1）组织学生按"1、2、1、2"报数，将学生分为两人一组，分别进行一分钟跳绳计数练习；（2）放松操练习；（3）总结和点评本次课的教学内容；（4）布置课后作业。

学生：（1）完成一分钟的跳绳计数练习，并将每次跳绳个数绘制成折线统计图以便清晰了解自身生理机能的变化情况；（2）跟随体育教师的指令做放松操，放松身心；（3）认真听取体育教师的点评和建议；（4）牢记课后作业并积极完成。

3. 组织队形

兵贵"绳"速组织队形图见图3-18。

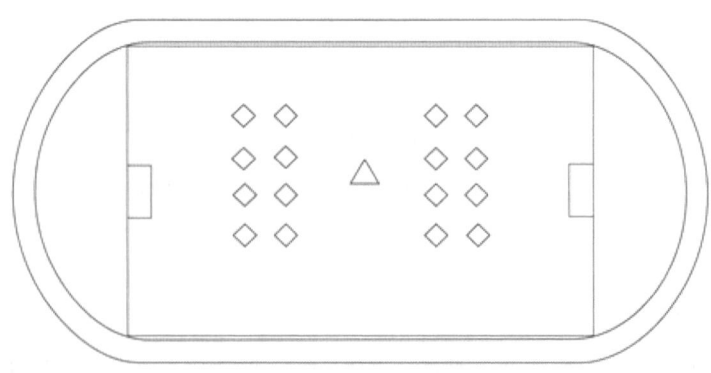

图3-18 兵贵"绳"速组织队形图

注：△表示老师；◇表示学生。

4. 设计意图

其一，开展体能训练，提升学生的综合素质，引导学生绘制折线统计图记录自身身体机能的变化规律。其二，带领学生进行放松和拉伸。

5. 教师总结

体育教师："同学们，今天我们学习了花样跳绳基本技能的前四个动作，大家都基本掌握了这四个动作的基本要领，那么同学们，你们知道学习花样跳绳有哪些好处吗？"

学生回答。

体育教师："花样跳绳能有效提升心肺耐力、增加协调性和灵活性、增强肌肉力量和耐力、提高身体协调性等，是一项极具趣味性的体育运动！因此，在课后我们也需要勤加练习，以为后续高难度的动作学习奠定基础！"

6. 学习评价

评价方式：学生自评、同伴互评、教师点评。"律动青春"综合评价量规详见表3-3。

表3-3 "律动青春"综合评价量规

评价维度	评价标准	★★★	★★	★
运动能力	1. 熟练掌握花样跳绳的动作要领			
	2. 提高灵敏度与协调性			
健康行为	1. 知道体育锻炼有益健康			
	2. 树立体育锻炼意识			
体育品德	1. 积极进取，乐观开朗			
	2. 培养良好的团结合作精神			
跨学科素养	1. 增强学生节奏感			
	2. 了解身体机能对运动技能学练的影响			

7. 课后作业

（1）课后体能训练：俯卧撑、仰卧起坐、平板支撑、波比跳等。

（2）复习本节课内容，通过视频了解后四个基本动作的名称。

八、教案参考

"律动青春"教案

主题	成长的少年	学段	水平三	年级	五年级	班级	×××班
学习内容	律动青春——"花样跳绳+科学"跨学科主题学习						
学习目标	运动能力：熟练掌握花样跳绳基本技能前四个动作，培养良好的体育锻炼习惯，促进上下肢肌肉、关节、韧带的发展。 健康行为：在"律动青春"的跨学科主题学习过程中，了解花样跳绳项目能够给身体带来哪些好处，树立正确的健康观念。 体育品德：在花样跳绳基本技能前四个动作的技能学习过程中，主动与同伴交流合作，提升团队意识。						
重点	1. 记住动作名称，掌握基本步伐。 2. 上下肢协调配合。						
难点	1. 动作连贯准确。 2. 把握节奏变化。						

课的结构	课的内容	时间	次数	负荷	学习内容	教法与指导	学法与表现	组织与队形
准备部分		2分钟	1	低	一、课堂常规 1. 体委整队，报告人数。 2. 师生问好，检查服装，强调安全。 3. 宣布本课学习内容及要求，安排见习生。	1. 教师进行常规教育管理。 2. 宣布本课任务及安全教育。 3. 安排见习生。	1. 体委整队（快、静、齐）。 2. 明确本课任务及目标，见习生见习。 3. 牢记安全提醒。	一
		5分钟	1	低	二、情景导入 1. 教师用谜语导入。 2. 提出问题。	1. 语言讲解导入。 2. 问题引导。	1. 认真听讲。 2. 回答问题。	

续表

课的结构	课的内容			学习内容	教法与指导	学法与表现	组织与队形
^	时间	次数	负荷				
准备部分	6分钟	1	中	三、"绳"机妙用 此任务主要是组织学生体验"双脚跳、单脚跳"两个移动性技能，体育教师站在队伍最前面说出几种健康的生活方式（如每天锻炼一小时、早睡早起，讲卫生等），做到的学生往前跳跃一步，没有做到的学生则在原地保持不动。	1. 组织学生将手中的竹节绳展开横放，两条前后对齐摆放，以此作前类推拼凑成五线谱。 2. 讲解比赛规则，组织比赛。 3. 带领学生一起做徒手操热身运动。	1. 听从体育教师的安排将手中的竹节绳拼凑成五线谱。 2. 遵守比赛规则，认真完成游戏。 3. 跟随教师的指令完成基本的热身活动。	参见图3-14
基本部分	6分钟	1	中	一、"绳"彩飞扬 《松风阁诗抄》记载："白光如轮舞索童，一童舞索一童唱。"童跳人光轮中，令天同学们就和老师一起乘坐时光机回到那个"绳"彩飞扬的年代吧！	1. 简要讲解花样跳绳的历史起源，引导学生融入学习情境之中。 2. 播放音乐带领学生一起跳热身绳操，动作提示、口令准确。	1. 认真听体育教师讲解并思考。 2. 跟随体育教师的指令完成对应动作，跳动过程中注意保持适当距离，免误伤同伴。	参见图3-15

续表

课的结构	课的内容 时间	课的内容 次数	课的内容 负荷	学习内容	教法与指导	学法与表现	组织与队形
基本部分	8分钟	4	高	二、炯炯有"绳" 在古代每逢佳节都会组织跳绳活动，明天在北京城将会有一场盛大的跳绳活动，接下来就请各位同学们炯炯有"绳"地跟随我师一起学练花样跳绳吧，以便在明天的比试中拔得头筹！教师带领学生一同学练花样跳绳基本技能的前四个动作。	1. 讲解并示范花样跳绳基本技能的前四个动作。 2. 巡堂释疑，纠正错误动作，并询问同学为什么有些人始终无法完成跳跃。 3. 组织学生集体练习，分小组练习。	1. 认真观看动作示范，明确动作要求，模仿练习。 2. 认真观察并回答体育教师的提问。 3. 小组间合作学习，相互纠错。	参见图3-16
	6分钟	1	中	三、大显"绳"手 这里是第三届花样跳绳高手争霸赛的比赛现场，汇聚着天下各路英雄好汉，他们将在今天决出天下第一高手，是……（教师通过抽签的方式安排各小组出场顺序，组织竞赛比拼。)	1. 播放音乐《加油鸭》，带领学生集体展示。 2. 组织比赛，安排各小组出场顺序。 3. 点评各小组表现。	1. 在教师的带领下集中展示。 2. 分组展示。 3. 认真听体育教师的评价和建议。	参见图3-17

续表

课的结构	课的内容			教法与指导	学法与表现	组织与队形
^	学习内容	时间	次数 负荷	^	^	^
结束部分	一、兵贵"绳"速 花样跳绳是一项非常消耗体力的运动，对学生的身体素质要求较高，所以此任务主要是在结束部分安排学生进行体能练习，为后续技术动作练习奠定基础。 二、教师总结 三、学习评价 四、课后作业	7分钟	1　低	1. 组织学生按"1、2、1、2"报数，将学生分为两人一组，分别进行一分钟的跳绳计数练习。 2. 放松操练习。 3. 总结和点评本次课的教学内容。 4. 布置课后作业。	1. 完成一分钟的跳绳计数练习，并将每次跳绳的个数绘制成折线统计图以便清晰了解自身生理机能变化。 2. 跟随教师的指令做放松操练习，放松身心。 3. 认真听教师点评。 4. 牢记课后作业并积极完成。	参见图3-18

场地器材	各种绳子、扩音器、音响、号码牌、教学用绳（竹节绳）、秒表。
运动密度	运动强度：中等 运动密度：60% 平均心率：130次/分钟

心率曲线

—233—

续表

安全保障	1. 场地器材放置合理,确保学生练习间距,避免相互碰撞,造成学生受伤。 2. 充分做好热身活动,避免运动损伤。 3. 合理安排练习次数,注意运动负荷。
课后反思	

案例设计十二：

军旅人生
——"军体拳 + 生物 + 国防教育"跨学科主题学习

> 年级：八年级
> 课时：1 课时
> 主题：关注健康、爱护身体
> 内容：军体拳
> 学科：体育与健康、生物、国防教育

一、案例概要

"军旅人生"主题学习案例遵循"以学生发展为本"的教育理念，认真落实《义务教育体育与健康课程标准（2022年版）》的教学要求，围绕跨学科主题"身心共成长"中水平四的"关注健康、爱护身体"学习主题，以军体拳的学练为主要教学内容，并融合生物与国防教育的相关知识进行教学设计。本案例基于水平四阶段学生的学情开展教学设计，旨在通过视频、教学课件、音乐等学习资源的使用，引导学生进一步了解自己的身体，并培养健康意识，激发学生的爱国情怀，培养学生团结协作、敢于拼搏的体育精神。同时，本案例以"聚焦问题—确定主题—关联学科—整合设计"为思路，通过"'征兵报名'—'体格检查'—'役前教育'—'军队生活'—'比武大赛'—'总结大会'"系列任务的设计，将生物学科的相关知识充分融入军体拳的技能学练过程中。一方面，让学生在课程教学中熟练掌握军体拳的前四个动作的动作要领，帮助学生树立健康意识与国防意识。另一方面，进一步普及生物学科中关于人体机能的相关知识，增强学生的综合素质。

二、主题解读

《义务教育体育与健康课程标准（2022年版）》对"身心共成长"水平四阶段的"关注健康、爱护身体"学习主题给出了说明："结合科学或生物学中人体呼吸、血液循环、免疫系统等相关知识，在体能和运动技能学练时，创设相关的学习情境，引导学生更好地了解自己的身体和学习健康知识，树立自我保护的意识和掌握相应的方法。""军旅人生"学习主题的教学内容是经中国人民解放军总参谋部军训部批准，并于1989年列入中国人民解放军《体育训练教材》的第一套军体拳套路，共含有十六个动作。本案例以水平四阶段的"关注健康、爱护身体"为跨学科主题学习设计的出发点，以义务教育教科书《生物》（人民教育出版社，2013年，八年级下册）"了解自己、增进健康"为结合点，设计了蕴含"军体拳＋生物＋国防教育"知识和技能的"军旅人生"跨学科主题学习案例，旨在通过军体拳技能的学练，锻炼学生的身体素质，提高协调性和灵活性，增强体魄，帮助学生养成坚持体育锻炼与积极参与集体活动的健康生活方式。

三、学情分析

本课的授课对象为水平四阶段的八年级学生。此年龄阶段的学生身高和体重普遍呈现快速增长的趋势，骨骼逐渐变得更加坚硬，肌肉逐渐发达。其心理发展特点表现为，自我意识增强，活泼好动，情感波动明显，容易表现出沮丧、不满、焦虑等情绪。该年龄阶段的学生通过前面的课程学习，已经初步具备了速度、耐力、灵敏度、协调性等身体素质。因此，在这个阶段，体育教师需要帮助学生养成良好的体育锻炼习惯，并形成健康的生活方式。为此，本案例的设计遵循八年级学生的身心发展规律，注重诱导和启发，采用游戏化教学来增强学生的学习兴趣，从而达到提高学生学习效率和练习质量的目的。

四、整体设计

"军旅人生"一课由准备部分、基本部分和结束部分三个环节构成。为进一步增强课程教学的科学性与可行性，本案例主要是在军体拳的学练过程中将军体拳与义务教育教科书八年级上册《生物》中"了解自己、增进健康"的相关知识紧密结合，以帮助学生养成良好的体育锻炼习惯，厚植爱国主义精神，进而提升学生综合素质。具体设计如下。

第一，任务群设计。任务一"征兵报名"是指体育教师组织学生进行热身游戏，在游戏过程中通过自己的努力获取报名表，完成"征兵报名"任务。任务二"体格检查"是指体育教师在基本热身运动结束后组织学生进行心理测试与基本检查（身高、体重、外观、关节等），合格者进入下一环节。任务三"役前教育"是指体育教师组织体格检查合格的学生进行体能训练（俯卧撑、平板支撑、引体向上等）以及学习军队规章制度（健康的生活作息、生活方式等）。任务四"军队生活"是指体育教师带领学生一同学练军体拳（其间融入军队作息与作风）。任务五"比武大赛"是指体育教师组织军体拳考核，并要求学生在日常生活中也要保持军队的作风，选择健康的生活方式。任务六"总结大会"是结束部分的放松环节，主要是指体育教师带领学生一起做放松操练习，总结本次课教学内容并布置课后作业。

第二，问题链设计。问题1"你们准备好开启崭新的军旅人生了吗？"主要是引导学生主动思考国家安全问题，进而在军体拳的技能学练中树立自我保护的意识和养成坚持体育锻炼的良好习惯。问题2"你们觉得自己是一名健康的初中生吗？"主要是在"体格检查"环节引导学生结合《生物》教科书中"了解自己、增进健康"的相关内容并从身体、心理、社会适应三个方面对自己的健康状况进行综合考量。问题3"有同学知道役前教育包含哪几个环节吗？"主要是引导学生主动探究，活跃课堂教学氛围。问题4"有同学知道什么是军体拳吗？"主要是引导学生主动思考，从而激发学生的学习兴趣。问题5"有谁了解学练军体拳对我们的影响？"主要是引导学生主动探究，了解军体拳技能学练的好处。问题6"通过今天的学习你们有哪些收获呢？"主要是帮助学生进一步内化与巩固所学知识。

第三，素养线设计。本案例始终坚持《义务教育体育与健康课程标准（2022年版）》所提出的核心素养为导向，通过六个不同层级任务的设置，学生能够熟练掌握军体拳的前四个动作，引导学生更好地了解自己的身体和学习健康知识，树立自我保护的意识和掌握相应的方法。整体设计框架见图3-19。

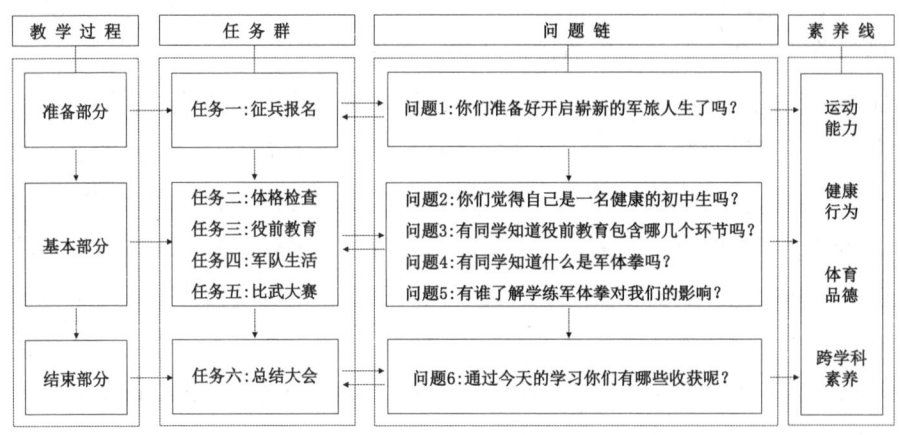

图3-19 "军旅人生"整体设计框架图

五、学习目标和教学方法

（一）学习目标

运动能力：熟练掌握军体拳前四个动作的动作要领，发展耐力、平衡、协调性、灵敏度等身体素质。

健康行为：在"军旅人生"的跨学科主题学习过程中，增强健康意识与养成良好的体育锻炼习惯，树立国家安全观，共同为国家安全助力。

体育品德：积极参与体育活动，树立责任担当意识，形成团结协作、积极进取的体育品德。

（二）教学方法

教法：示范法、讲解法、情境教学法、游戏与竞赛法等。

学法：自主学习法、合作学习法、探究学习法、模仿练习法等。

六、教学准备

（一）教学用具

多媒体显示屏、课件、音乐、音响、口哨、"入伍通知书"。

（二）运动器材

跆拳道脚靶、标志贴。

（三）安全预案

合理安排练习次数，注意运动负荷，避免发生危害学生人身安全的体育伤害事故。

七、教学过程

（一）准备部分

播放短片《同样的一天》，视频中叙利亚儿童悲惨的一天与本班同学的日常生活形成鲜明对比。

体育教师："同学们，与上面所播放的这个短片对比，你们觉得我们的国家安全吗？"

学生回答。

体育教师补充总结："我们国家总体安全，但仍然存在威胁安全的因素，我们要居安思危，树立危机意识！"

【任务一：征兵报名】

1. 任务说明

（1）情境创设：应征入伍的第一步是要先进行预报名，所以我们首先要通过自己的努力获取征兵报名表。体育教师先带领学生一同完成基本的热身活动，随后组织学生进行绕物折返跑游戏。在折返跑过程中绕过旗帜获得征兵报名表，填写好相关信息后才能来到"体格检查"这一环节。游戏内容：在旗帜后面放置征兵报名表，学生须绕过障碍物获取报名表才能进入到下一环节。（2）问题引导：你们准备好开启崭新的军旅人生了吗？学生回答。

2. 师生活动

体育教师：（1）布置场地；（2）讲解游戏规则并指挥。

学生：（1）配合体育教师布置场地；（2）遵守游戏规则，听从体育教师指挥，认真完成游戏。

3. 组织队形

"征兵报名"组织队形图见图 3-20。

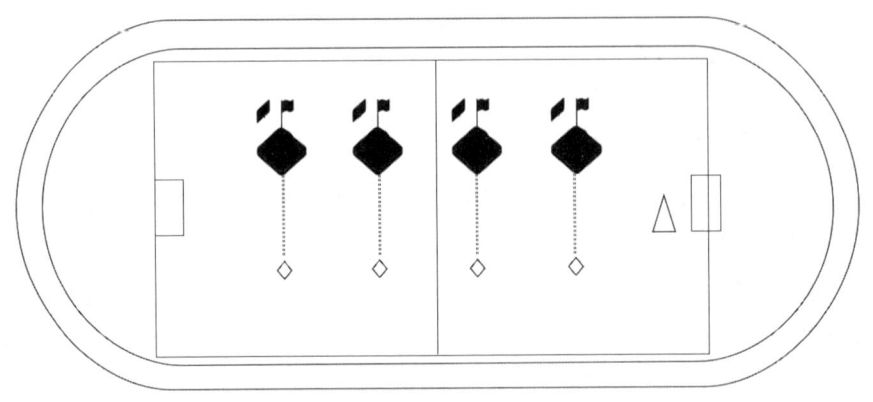

图 3-20　"征兵报名"组织队形图

注：△表示老师；◇表示学生。

4. 设计意图

其一，组织学生进行折返跑游戏活动全身，充分活动各关节，以避免运动损伤的发生。其二，为接下来的技能学练做准备。

（二）基本部分

【任务二：体格检查】

1. 任务说明

（1）情境创设：征兵报名成功后需携带"应征登记表"及其他相关材料前往当地的武装部进行体格检查，只有身体健康且政治立场坚定的青年才能应征入伍！（2）问题引导：以问题2"你们觉得自己是一名健康的初中生吗"为引导启发学生思考。

学生回答。

体育教师语言导入：接下来让我们来到军旅人生的第一个任务"体格检查"！（包含心理测试与身体的基本检查，主要是引导学生结合《生物》教科书的相关知识并从心理、身体、社会适应三个方面对自身的健康状况进行综合考量）。

2. 师生活动

体育教师：（1）分发心理测试题，心理测试结束后需对成绩不合格的学生进行私下谈话；（2）组织学生开展身体基本检查（身高、体重、关节、外观等），基本检查结束后需对检查不达标的学生给予对应的改善建议（如告知身高、体重不达标的学生其在课后应积极参与体育活动）；（3）总结与点评学生的整体情况。

学生：（1）认真完成心理测试题；（2）配合体育教师完成身体的基本检查；（3）认真听取体育教师的总结与点评。

3. 组织队形

"体格检查"组织队形图见图3-21。

体育与健康跨学科主题学习的教学设计

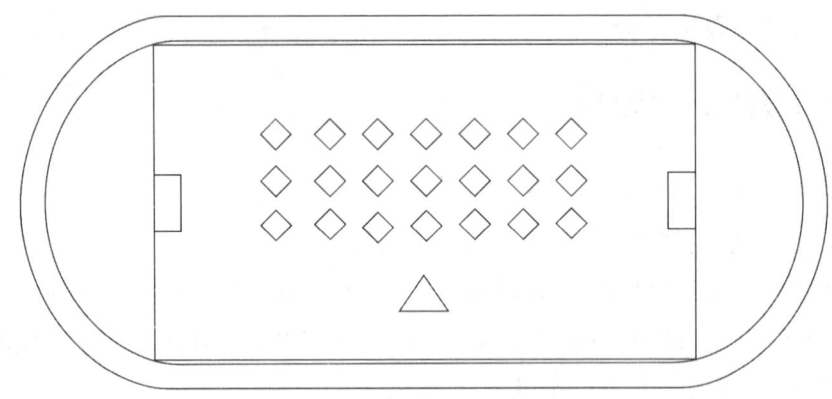

图 3-21 "体格检查"组织队形图

注：△表示老师；◇表示学生。

4.设计意图

其一，通过心理测试题了解学生的心理状况，从而给予学生相对应的心理辅导，以促进学生的心理健康发展。其二，通过基本的身体检查能够让学生更加了解自身的身体情况，学习健康知识。

心理测试题

1.当你受到挫折时，采取的不恰当措施是：（ ）

A.向朋友征求意见；　　　B.向家长诉说，寻求帮助；

C.向老师讲述，得到帮助；　D.砸坏课桌。

2.判断下列说法是否正确。正确的画"√"，错误的画"×"。

（1）酗酒造成的酒精中毒，只会影响人的神经系统，对其他脏器没有影响。　　　　　　　　　　　　　　　　　　　　（ ）

（2）油炸食品好吃，可以多吃。　　　　　　　　　　（ ）

3.你的生活方式健康吗？列举三个你觉得健康的生活方式。

【任务三：役前教育】

1. 任务说明

（1）创设"役前教育"学习情境：恭喜各位"新兵"顺利通过体格检查！欢迎你们来到役前教育环节。（2）问题引导：有同学知道役前教育包含哪些环节吗？（鉴于课程时间有限，我们将"役前教育"精简为学习军队规章制度和体能训练两个部分。）

2. 师生活动

体育教师：（1）简要讲解军队规章制度，包括按时作息、坚持体育锻炼、远离毒品、积极参与体育活动等健康的生活方式；（2）组织学生进行体能训练，包括俯卧撑、平板支撑、引体向上等；（3）为"体格检查"达标与顺利完成"役前教育"的"新兵"颁发"入伍通知书"。

学生：（1）认真听讲，牢记每一条军队规章制度，并能够在日常生活中进一步落实；（2）积极参与体能训练，掌握基本的体育锻炼方式；（3）领取"入伍通知书"。

评价：学生对自己的表现进行自我评价，体育教师对学生的综合表现进行评价。

3. 组织队形

"役前教育"组织队形图见图 3-22。

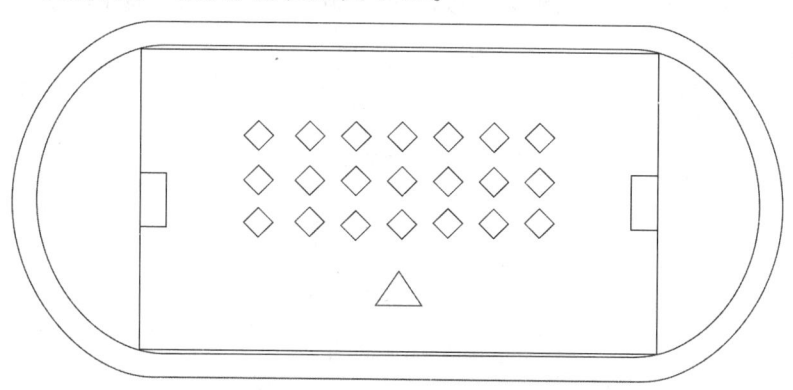

图 3-22 "役前教育"组织队形图

注：△表示老师；◇表示学生。

4. 设计意图

其一，通过创设"役前教育"学习情境，让学生了解健康的生活方式，掌握基本的体育锻炼方法，提高学生的健康水平和生活质量。其二，进一步拓展《生物》中所学知识，为接下来的军体拳学练奠定基础。

【任务四：军队生活】

1. 任务说明

（1）情境创设：恭喜各位"新兵"顺利通过"体格检查"和完成"役前教育"，接下来我们将正式进入军营开启我们的军队生活。近日军营将举办一场以保卫祖国为主题的军事比武大赛（军体拳），所以接下来请同学们跟随老师一起学练"军体拳"，以在军事比武大赛中取得全胜！
（2）问题引导：有同学知道什么是军体拳吗？

2. 师生活动

体育教师：(1)配合音乐《精忠报国》，先向学生展示完整的军体拳套路；(2)讲解并示范军体拳前四个动作的动作要领；(3)使用跆拳道脚靶辅助进行冲拳练习，注重练习出拳的高度和力度；(4)组织学生集体练习，分小组练习。

学生：（1）认真观看教师动作示范；（2）模仿练习，记住动作要领；（3）两人一组借用跆拳道脚靶进行冲拳辅助练习；（4）集体练习与分小组练习。

3. 组织队形

"军队生活"组织队形图见图3-23。

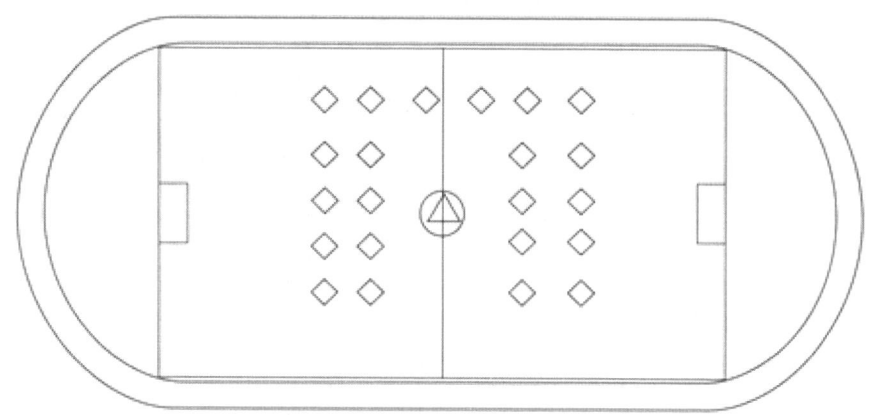

图 3-23 "军队生活"组织队形图

注：△表示老师；◇表示学生。

4. 设计意图

其一，通过创设"军队生活"的学习情境，激发学生学习军体拳的兴趣和热情，提升学生的综合素质，并培养他们的爱国主义精神。其二，通过播放音乐《精忠报国》，帮助学生快速融入学习情境。

【任务五：比武大赛】

1. 任务说明

（1）情境创设：军事比武大赛即将开始，获得第一名的队伍将获得"特种兵"徽章。（2）问题引导：有谁了解学练军体拳对我们的影响？

2. 师生活动

体育教师：（1）概括学练军体拳的好处；（2）组织军体拳比赛；（3）点评各小组表现。

学生：（1）认真听取体育教师的讲解；（2）以小组为单位分别进行展示；（3）听取体育教师的建议。

评价：学生之间各小组互评，体育教师总结与点评各小组表现。

3. 组织队形

"比武大赛"组织队形图见图 3-24。

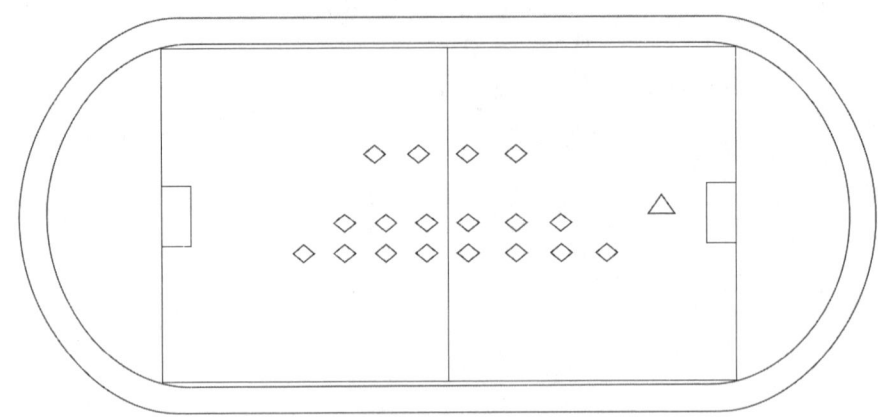

图 3-24 "比武大赛"组织队形图

注：△表示老师；◇表示学生。

4. 设计意图

其一，通过创设"比武大赛"教学情境，帮助学生进一步巩固军体拳的动作技能，增强体质，形成健康的生活方式，实现身心健康发展。其二，培养学生的团结协作能力与规则意识。

（三）结束部分

【任务六：总结大会】

1. 任务说明

（1）情境创设：军事比武大赛完美结束，现在要对表现较好的队伍进行表彰。（2）问题引导：通过今天的学习你们有哪些收获呢？

2. 师生活动

体育教师：（1）发放"特种兵"徽章，带领学生一起做放松操练习；（2）总结本节课教学内容，并布置课后作业（理论层面：牢记军队制度，严格要求自己并崇尚健康的生活方式；实践层面：将军体拳融入日常生活，树立自我保护意识）。

学生：（1）领取"特种兵"徽章，跟随体育教师一起做放松拉伸练习；（2）认真完成课后作业。

知识窗

军体拳（第一套）前四个动作

基本动作及要领

1. **弓步冲拳**：右拳从腰间猛力向前旋转冲出，拳心向下，同时左拳收于腰间，成左弓步。用途：击面、胸或腹部。

2. **穿喉弹踢**：左拳变掌向前上猛插，掌心向上，右拳收于腰间，同时抬右脚，大腿略平，屈膝，脚尖向下绷直，猛力向前弹踢，并迅速收回。用途：掌穿喉，弹裆或小腹部。

3. **马步横打**：右脚向前落地成右弓步，同时左手前伸变八字掌，右拳自然后摆左转身成马步的同时，左手抓拉收于腰间，右拳向前猛力横击，臂微屈，拳与肩同高，拳心向下。用途：击头或腰部。

4. **内拨下勾**：右转身成右弓步，同时右臂内拨后摆，左拳后摆并由后向前上方猛击，拳与下颌同高，拳心向里，左脚自然向左移动。用途：击下颌、腹部或裆部。

3. 组织队形

"总结大会"组织队形图见图3-25。

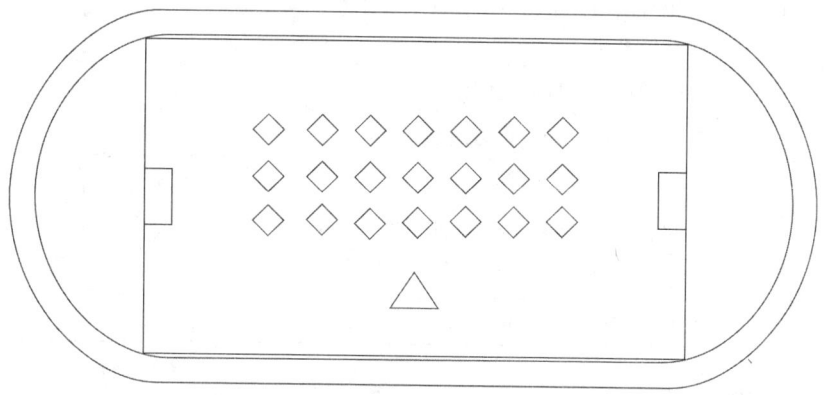

图3-25 "总结大会"组织队形图

注：△表示老师；◇表示学生。

4. 设计意图

其一,组织学生进行放松和拉伸运动。其二,引导学生树立健康意识与自我保护意识。其三,体育教师对本堂课进行总结。

5. 教师总结

体育教师:"同学们,在今天'军旅人生'的课程学习中,你们学到了哪些新知识呢?"

学生回答。

体育教师:"通过今天的学习,我们不仅熟练掌握了军体拳的前四个动作的动作要领,也明白了人的生活方式与健康息息相关。因此,我们在日常生活中要崇尚积极健康的生活方式,纠正不利于我们身心健康发展的坏习惯!"

6. 学习评价

评价方式:学生自评、同伴互评、教师点评。"军旅人生"综合评价量规详见表3-4。

表3-4 "军旅人生"综合评价量规

评价维度	评价标准	★★★	★★	★
运动能力	1. 熟练掌握军体拳前四个动作的动作要领			
	2. 提升耐力、平衡、协调性、灵敏度等身体素质。			
健康行为	1. 知道体育锻炼有益健康			
	2. 树立自我保护意识与国家安全观			
体育品德	1. 厚植爱国主义情怀			
	2. 培养敢于拼搏、克服困难的精神			
跨学科素养	1. 了解自身身体结构			
	2. 知道国防建设的相关知识			

7. 课后作业

(1)制订个人健康计划;

(2)复习本节课内容,并在家通过观看视频的方式模仿学习后面的几个动作。

八、教案参考

"军旅人生"教案

主题	关注健康、爱护身体	学段	水平四	年级	八年级	班级	×××班
学习内容	军旅人生——"军体拳+生物+国防教育"跨学科主题学习							
学习目标	运动能力：熟练掌握军体拳前四个动作的动作要领，提升耐力、平衡、协调性、灵敏度等身体素质。 健康行为：在"军旅人生"的跨学科主题学习过程中，了解国防建设的重要性，树立国家安全观，共同为国家安全助力。 体育品德：弘扬爱国主义精神，形成团结协作、责任担当意识，积极进取的体育品德。							
重点	1. 掌握军体拳前四个动作的动作要领。 2. 学习国防教育相关知识。				难点	1. 动作协调连贯，出拳有力。 2. 爱国主义精神的渗透与融入。		

课的结构	课的内容	次数	负荷	学习内容	教法与指导	学法与表现	组织与队形
准备部分		1	低	一、课堂常规 1. 体委整队，报告人数。 2. 师生问好，检查服装。 3. 宣布本课学习内容及要求，安排见习生。	1. 教师进行常规教育管理。 2. 宣布本课任务及要求及安全教育。 3. 安排见习生。	1. 体委整队（快、静、齐）。 2. 明确本课任务及目标，见习生反馈。 3. 牢记安全提醒。	—
	2分钟						
		1	低	二、情景导入 1. 播放视频与体育教师语言导入。 2. 提出问题。 3. 基本动作拉伸。	1. 播放视频，语言讲解导入。 2. 问题引导。 3. 基本热身操。	1. 观看视频，认真听讲。 2. 回答教师的提问。 3. 做基本热身操。	—
	4分钟						

—249—

续表

课的结构	课的内容 时间	课的内容 次数	课的内容 负荷	学习内容	教法与指导	学法与表现	组织与队形
准备部分	8分钟	1	中	三、应征报名 体育教师先带领学生一同完成基本的热身活动，随后组织学生进行绕物折返跑游戏，以充分活动身体各关节。游戏内容：在旗帜后面放置征兵报名表，学生绕过障碍物获取报名表才能进入到下一环节。	1. 布置场地。 2. 讲解游戏规则并指挥。	1. 配合体育教师布置场地。 2. 遵守游戏规则，听从体育教师指挥，认真完成游戏。	参见图3-20
基本部分	8分钟	1	中	一、体格检查 征兵网上报名成功后需携带"应征登记表"及其他相关材料前往当地的武装部进行体格检查，只有身体健康且政治合格的青年才能应征入伍。以问题2"你们觉得自己是一名健康的初中生吗"为引导启发学生思考。	1. 分发心理测试题，心理测试结束后需对成绩不合格的学生进行私下谈话。 2. 组织学生开展身体基本检查（身高、体重、关节外观等），基本检查结束后需对检查不达标的学生给予对应的改善建议。 3. 总结与点评学生的整体情况。	1. 认真完成心理测试题。 2. 配合教师完成基本身体检查。 3. 听取教师点评与建议。	参见图3-21

续表

课的结构	课的内容			学习内容	教法与指导	学法与表现	组织与队形
	时间	次数	负荷				
基本部分	6分钟	1	高	二、役前教育 恭喜各位"新兵"顺利通过体格检查！欢迎你们来到课程时间有限，（鉴于课程时间有限，我们将"役前教育"精简为学习军队规章制度和体能训练两个部分。）	1. 简要讲解军队规章制度，包括按时作息、坚持体育锻炼、远离毒品、积极参与体育活动等健康的生活方式。 2. 组织学生进行体能训练，包括俯卧撑、平板支撑、引体向上等。 3. 为"体格检查"达标与顺利完成"役前教育"的"新兵"颁发"入伍通知书"。	1. 认真听讲，牢记每一条军队规章制度，并能够在日常生活中进一步落实。 2. 积极参与体育训练，掌握基本的体育锻炼方法。 3. 领取"入伍通知书"。	参见图3-22
	8分钟	4	中	三、军队生活 恭喜各位"新兵"顺利通过"体格检查"和完成"役前教育"，接下来我们将正式进入军营生活。近日军营将举办一场以保卫祖国为主题的军事比武大赛（军拳体拳），所以接下来请同学们跟随老师一起学练"军体拳"，以在军事比武大赛中取得全胜！	1. 配合音乐《精忠报国》，先向学生展示完整的军体拳套路。 2. 讲解并示范军体拳前四个动作的动作要领。 3. 使用跆拳道脚靶辅助进行军体拳练习，注重练习出拳的高度和力度。 4. 组织学生集体练习，分小组练习。	1. 认真观看教师动作示范。 2. 模仿练习，记住动作要领。 3. 两人一组借用跆拳道脚靶进行冲拳辅助练习。 4. 集体练习与分小组练习。	参见图3-23

续表

课的结构	课的内容 时间	课的内容 次数	课的内容 负荷	学习内容	教法与指导	学法与表现	组织与队形
基本部分	6分钟	1	高	四、比武大赛 军事比武大赛即将开始，将获得第一名的队伍将获得"特种兵"徽章，各位"新兵"你们做好准备了吗？	1. 概括学练军体拳的好处。 2. 组织军体拳比赛。 3. 点评各小组表现。	1. 认真听取体育教师的讲解。 2. 以小组为单位分别进行展示。 3. 听取体育教师的建议。	参见图3-24
结束部分	3分钟	1	低	一、总结大会 军事比武大赛完美结束，对队伍表现较好的队伍进行表彰。 二、集合小结 三、布置作业 四、收拾场地与器材 五、师生再见	1. 发放"特种兵"徽章，带领学生一起做放松操练习。 2. 安排学生归还器材。 3. 总结本节课教学内容，并布置课后作业。	1. 领取"特种兵"徽章，跟随体育教师一起做放松拉伸练习。 2. 协助体育教师归还器材。 3. 认真完成课后作业。	参见图3-25
场地器材	多媒体显示屏、课件、音乐、音响、口哨、跆拳道脚靶、标志贴、"入伍通知书"。							
运动密度	运动强度：中等 运动密度：60% 平均心率：130次/分钟				心率曲线		

续表

安全保障	1. 场地器材放置合理，确保学生练习间距，避免相互碰撞，造成学生受伤。 2. 充分做好热身活动，避免运动损伤。 3. 合理安排练习次数，注意运动负荷。
课后反思	

第四章

"破解运动的'密码'"跨学科主题学习的教学设计

案例设计十三：

体育器材妙巧用
——"走与游戏＋科学＋语文"跨学科主题学习

> 年级：二年级
> 课时：1课时
> 主题：妙用体育器材
> 内容：走与游戏
> 学科：体育与健康、科学、语文

一、案例概要

"体育器材妙巧用"主题教学案例以落实立德树人为根本任务，秉持"健康第一"的教育理念，依据《义务教育体育与健康课程标准（2022年版）》的课程理念，紧扣跨学科主题"破解运动的'密码'"中水平一的"妙用体育器材"学习主题，立足人民教育出版社《体育与健康》水平一学段中的"走与游戏"，结合水平一科学、语文中有关学生探究意识的培养，创设性地将体育与健康、科学、语文三科中的关联知识和技能融为一体。本案例基于水平一学段学生的具体学情展开教学设计，利用视频、音乐、记录表等多元化教学资源，引导学生在游戏中练习各种走姿，掌握"走"的练习方法，培养学生养成正确的行走姿势。此外，本案例通过"妙用短棒促拉伸—巧用哑铃助摆臂—会用小球正姿态—活用大球强行走—善用软垫利放松"渐进式任务的设计，将义务教育教科书《科学》《语文》中的部分知识与技能巧妙融入与"走"相关的学练过程之中，帮助学生拓宽知识的广度与深度，激发学生参与体育跨学科主题学习的积极性，促使学生养成探究意识和安全运动观念，塑造学生迎难而上、勇于挑战自我的坚韧品质。

二、主题解读

《义务教育体育与健康课程标准（2022年版）》对"破解运动的'密码'"水平一的"妙用体育器材"学习主题给出了说明："结合科学相关知识，在运动技能学练中帮助学生了解运动器材和运动装备的基本特征，以及科学知识对运动技能学练的重要性，满足学生的好奇心，培养学生的探究意识和安全运动观念。"本案例秉持"寓教于乐，融学于趣"的宗旨，以精心设计的"揭秘运动器材"故事情境为创新点，以义务教育教科书《科学》（人民教育出版社，2024年，一年级上册）中的"常见的工具"为串联线，以义务教育教科书《语文》（人民教育出版社，2024年，一年级上册）中的"汉语拼音"以为拓展面，创编了契合22版体育新课标要求的集"体育与健康+科学+语文"于一体的"体育器材妙巧用"跨学科主题学习案例。"体育器材妙巧用"主题在遵循以发展核心素养为引领的基础之上，转变传统体育学练中"重体轻智"的教学惯习，倡导并实施"智体并重"的教学模式，通过创设"揭秘运动器材"的故事情境，充分利用体育器材所具有的"一物多用"与"一物巧用"特性，引导学生在具体学练过程中拓宽原有思维界限、巩固汉语拼音基础。此外，本案例在教学活动中落实"学—练—赛"一体化教学要求，设置了遵循运动技能形成规律的一系列障碍与挑战，并通过渐进式的学练让学生在基本运动技能学练中了解运动器材的基本特征，快速掌握"走"的知识与技能，培养学生的安全意识与团队合作精神，为学生未来全面健康成长奠定坚实的基础。

三、学情分析

本课的授课对象为水平一阶段的二年级学生。首先，该年龄段的学生好奇心强、活泼好动，善于模仿，正处于学习基本运动技能与培养运动兴趣的黄金时期，但对抽象知识的理解能力相对有限，注意力易分散，学习的专注度较短。因此，体育教师在教学中应将"形象化教学与游戏化教学"紧密结合，借助实物、图片等直观教具，激发学生的学习兴趣，实现"寓学于乐"的教学目标，从而帮助学生更好地理解和掌握所学知识。其次，水平一学段的学生柔韧性和灵敏性相对较好，但在基本运动技能方面的掌握还不够熟练。因此，本案例注重帮助学生初步掌握走的正确姿势，发展学生走的能力和身体素质，为学生后续参与运动奠定基础。基于此，在综合考虑学生现有运动技能形成规律和身心发展规律的基础上，本案例设计了契合该学段学情的故事情境，帮助学生强化动作意识、纠正错误动作，进而在"走"的基本运动技能学练过程中锤炼学生敢于担当、积极进取的优秀品质。

四、整体设计

"体育器材妙巧用"一课主要由准备部分、基本部分和结束部分三个环节构成。其中，具体教学实施以任务群为导向，问题链为索引，素养线为旨归，通过五个不同层级任务的设置，结合不同水平问题的辅助，在涵盖"学、练、赛、评"一体化教学结构的基础上，创设性地将各种方式的走与游戏、义务教育教科书《科学》《语文》中的部分知识进行巧妙融合。这不仅激发了学生的学习热情，落实了22版新课标所强调的"重视跨学科融合"的教学要求，还提高了学生综合运用多学科知识与技能解决体育与健康实际问题的综合能力，并促进了学生身体活动能力的发展，为学生发展体能和学练专项运动技能奠定了良好基础。

第一，任务群设计。任务一的"妙用短棒促拉伸"是指通过聆听并判断教师所读字的声调，并根据声调发音时的高低升降变化手持短棒做出与之适配的动作，以实现高效热身。任务二的"巧用哑铃助摆臂"是指学习"走"的基本动作要领，利用小哑铃逐步掌握自然走、大步走和加快速度走的知识与技能，为后续的实战演练打下坚实基础。任务三的"会用小球正姿态"是指巧妙运用已学知识与技能，在复杂环境中熟练运用各种走姿，以矫正错误动作并成功取回三小球（网球、乒乓球和羽毛球）。任务四的"活用大球强行走"是指组建团队进行各种方式的行走比赛，共同对三大球（篮球、排球和足球）进行合理分类，以夺取比赛胜利。任务五的"善用软垫利放松"是指在轻柔舒缓的音乐下用软垫进行放松活动，为之后的学习与生活积蓄能量。

第二，问题链设计。问题1以"同学们，用什么体育器材能辅助拉伸呢？"为前置问题导入，快速调动学生的思维和注意力，引导学生快速进入学习情境。问题2为"同学们，用什么体育器材能帮助摆臂呢？"指引学生在练习中学会联系实际思考问题。问题3为"同学们，用什么体育器材能矫正姿态呢？"紧密关联教学内容，拓展学生思维和想象力。问题4为"同学们，用什么体育器材能强化行走呢？"启发学生深入思考何种体育器材能够成为行走过程中的得力助手。问题5则提出"同学们，怎样才能在生活中妙用器材呢？"的问题，提升课程主题，引发学生思考和继续探究。

第三，素养线设计。本案例的素养线除了紧紧锚定《义务教育体育与健康课程标准（2022年版）》提出的核心素养外，还注重培养学生的跨学科素养。通过本次课的学习，帮助学生养成良好的运动习惯以及培养学生坚韧不拔、敢于突破自我的优秀品质。整体设计框架见图4-1。

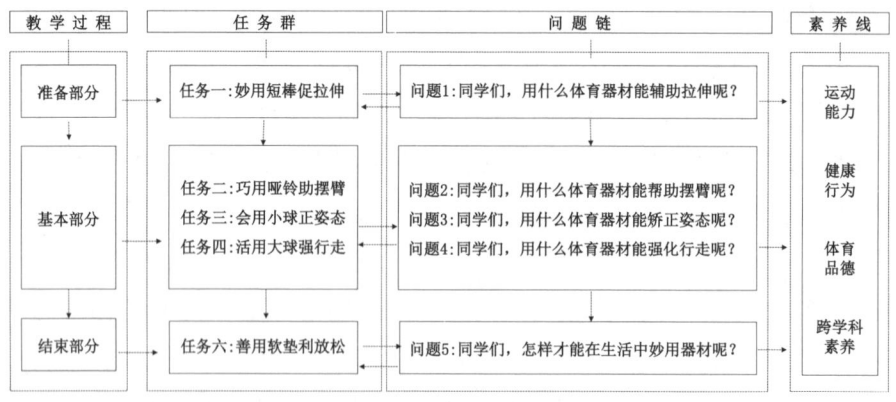

图4-1 "体育器材妙巧用"整体设计框架图

五、学习目标与教学方法

（一）学习目标

运动能力：学习走的基本方法，初步掌握走的正确姿势，能够将所学知识与技能灵活应用于比赛中，培养走的能力。

健康行为：在跨学科主题学习的探索过程中，通过小组合作学习的形式进行探究，能够合理调控情绪，培养持续学练的意识。

体育品德：综合运用多学科知识与技能，在基本运动技能学练过程中，塑造体育品德，强化责任意识与团队精神，培养积极进取、勇敢顽强的意志品质。

（二）教学方法

教法：讲解法、示范法、纠错法、游戏与比赛法等。

学法：自主学习法、合作学习法、探究学习法等。

六、教学准备

（一）教学用具

多媒体显示屏、课件、音乐、音响、点赞贴纸若干张。

（二）运动器材

贴有声母的网球若干个、贴有韵母的乒乓球若干个、贴有拼音词组的羽毛球若干个、便携式背包若干只、短棒若干根、跳绳若干根、篮球收集箱若干个、足球收集箱若干个、排球收集箱若干个、贴有"lánqiú"拼音的篮球若干个、贴有"páiqiú"拼音的排球若干个、贴有"zúqiú"拼音的足球若干个。体育教师可根据学生人数确定运动器材的具体数量。

（三）安全预案

第一，坚持"安全第一"的核心理念，精心设计学生的行走路线，确保行走路线安全畅通，有效预防任何可能的安全隐患，全力保障每位学生的身心健康与安全。

第二，强化课堂安全意识教育，在每一次教学过程中，鼓励学生展现应有的文明风貌，自觉遵守课堂纪律，积极响应教师指令，共同营造一个安全、和谐的学习环境。

七、教学过程

（一）准备部分

在日常的体育与健康课堂中，我们会用到许多体育器材，不同的体育器材对于我们学习和掌握基本运动技能具有不同的重要作用。

体育教师组织学生观看一段讲述各类体育器材用途和特点的视频。

体育教师："同学们，可别小瞧了这些体育器材，它们可是咱们运动的好帮手！现在，老师想问大家，用什么体育器材能辅助拉伸呢？"

学生回答。

体育教师补充总结："短棒和弹力带都能帮我们很好地拉伸肌肉，让它们变得更柔软有弹性。这样，我们运动起来就不容易受伤，还能让运动表现更棒！大家有信心揭秘运动器材背后的奥秘吗？"

学生回答。

体育教师："揭秘运动器材之旅即将开始。"

【任务一：妙用短棒促拉伸】

1. 任务说明

（1）情境创设：体育教师创设"妙用短棒促拉伸"的学习情境。体育教师带领各位同学呈三列横队站立，当听到音响发出"滴滴滴"提示音后，需聆听并判断体育教师所读字的声调，并根据声调发音时的高低变化手持短棒做出与之适配的动作。（2）具体要求：若是体育教师所读字的声调为第一声（阴平）时，需手持短棒进行"伸展"的练习；若是体育教师所读字的声调为第二声（阳平）时，需手持短棒进行"屈体"的练习；若是体育教师所读字的声调为第三声（上声）时，需手持短棒进行"扭转"的练习；若是体育教师所读字的声调为第四声（去声）时，需手持短棒进行"平衡"的练习。

2. 师生活动

体育教师：（1）创设情境、讲解规则；（2）播放契合热身活动开展的《克罗地亚狂想曲》音乐；（3）正确发音，渲染情境氛围，引导学生完成热身活动。

学生：（1）体育委员带领全班绕场跑圈进行热身活动；（2）判断体育教师所读字的声调，并根据声调发音时的高低升降变化手持短棒做出与之适配的动作；（3）练习过程中听从体育教师指挥、保持队形、动作速度。

评价：（1）学生在拉伸肌肉和调整状态时，体育教师应启发学生深入思考手持短棒分别进行伸展、屈体、扭转和平衡练习过程中的个人感悟，引导学生评价自身存在的不足；（2）体育教师应针对学生的自我评价给予鼓励性的点评，既指出学生亮点，也委婉地提出改进建议，并通过颁发点赞贴纸的方式，给予学生正面激励，激发学生参与后续学练的积极性。

3. 组织队形

"妙用短棒促拉伸"组织队形见图4-2。

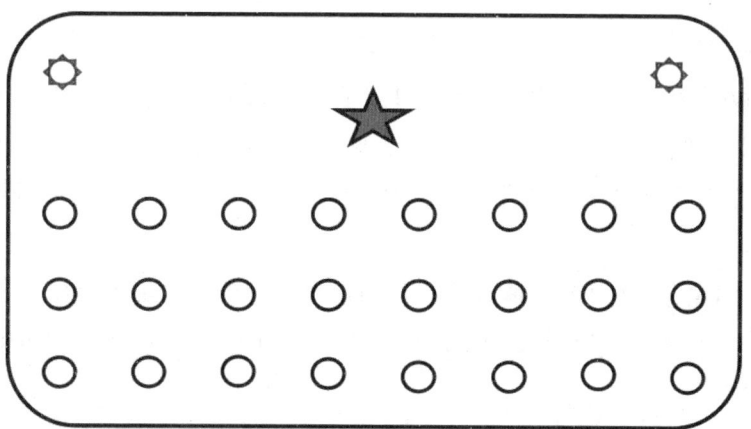

图4-2　"妙用短棒促拉伸"组织队形图

注：★表示体育教师；〇表示学生；✿表示音响。

4.设计意图

其一,通过"妙用短棒促拉伸"热身活动的开展,充分渲染课堂情境氛围,引导学生快速进入学习状态。其二,拓展学生在科学、语文中的所学知识,培养学生的探究意识,发展学生的身体活动能力。其三,帮助学生完成热身活动,避免学生在基本运动技能学练时出现拉伤、扭伤等运动损伤。

(二)基本部分

【任务二:巧用哑铃助摆臂】

1.任务说明

(1)情境创设:刚才大家的表现真是太出色了!大家都已经清楚地认识到短棒在热身活动中发挥着重要的作用。接下来,我们将探索如何巧用哑铃,让它成为我们行走的秘密武器,让我们的行走变得更好!(2)具体要求:在体育教师的指导下学习走的基本方法,掌握走的正确姿势,能够在复杂环境下利用小哑铃逐步掌握自然走、大步走和加快速度走的知识与技能,为后续的实战演练打下坚实基础。

2.师生活动

体育教师:(1)讲解并示范走(自然走、大步走和加快速度走)的动作技术要领;(2)指导学生手持小哑铃练习并进行动作的纠错与改正;(3)播放主题音乐,创设情境氛围,促进学生在欢快、愉悦的环境中进行学练。

学生:(1)认真聆听体育教师讲解动作要领,仔细观察体育教师动作示范;(2)模仿体育教师的动作,进行动作练习;(3)学习过程中保持课堂纪律。

评价:(1)学生进行自我评价,说出各种方式走的基本动作要领;(2)体育教师及时点评和纠错,给学生颁发点赞贴纸,鼓励学生继续练习。

3. 组织队形

"巧用哑铃助摆臂"组织队形见图 4-3。

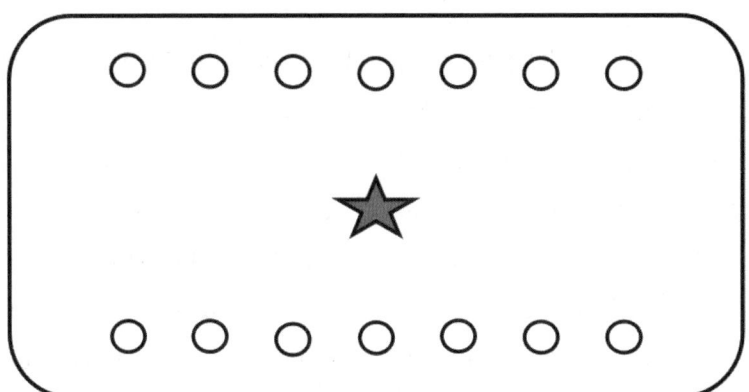

图 4-3　"巧用哑铃助摆臂"组织队形图

注：★表示体育教师；○表示学生。

4. 设计意图

其一，通过学习走的基本方法，借助小哑铃强化摆臂的动作意识，帮助学生掌握自然走、大步走和加快速度走的正确姿势，促进学生身体活动能力的发展。其二，通过真实音乐情境的渲染，提升学生的学习积极性和参与度，为后续的教学环节奠定基础。

知识窗

走的动作要领

自然走：上体正直，自然挺胸，两眼平视前方，两臂与异侧腿的动作方向相同，前后自然摆动，迈步腿脚尖向前，脚跟先着地迅速滚动至前脚掌蹬地。

大步走：上体微倾，目视前方，双脚交替迈进，步幅约半米，前脚掌迅速落地，后脚有力蹬地推动重心前移，双臂随步伐加大摆动。

加快速度走：保持正确姿势，自然摆臂，加快步频，后脚跟先着地并过渡到全脚掌，呼吸与步伐协调。

【任务三：会用小球正姿态】

1. 任务说明

（1）情境创设：刚才每位同学的表现都非常出色！你们已经学习了三种行走的小技巧。接下来，我们要挺直腰板，一起去探索网球、乒乓球和羽毛球背后的有趣知识吧！（2）具体要求：各小组分别站立于东南西北四个角落，每次只能派遣一名学生寻找三种小球（网球、乒乓球和羽毛球）。在揭秘运动器材的过程中，学生需精确解读并严格遵循体育教师的指令，将与体育教师指定内容相契合的、贴有声母的网球，贴有韵母的乒乓球和贴有拼音词组的羽毛球，分别采取自然走、大步走和加快速度走的方式，利用便携式背包逐一收集并带回。每人每次只能寻觅一种小球，每人限寻觅3次小球，用时最短且遵守规则的小组获胜！

2. 师生活动

体育教师：（1）组织学生分成8组，每组5人，按先后顺序进行揭秘运动器材活动；（2）引导学生仔细观察不同球类的颜色、形状、轻重、粗糙程度等基本特征；（3）统一发布口令，确保学生安全；（4）提醒学生在练习过程中注意自我保护和相互保护，以增强其适应复杂环境的能力。

学生：（1）以小组为单位按要求进行走的练习；（2）按照体育教师的指令，积极寻找相对应的三种小球（网球、乒乓球和羽毛球），确保练习活动顺利开展；（3）听从体育教师的指令和要求，服从纪律。

评价：（1）小组内部进行评价，探讨练习过程中哪些环节存在不足；（2）体育教师点评，对遵守规则、认真练习的小组颁发点赞贴纸。

3. 组织队形

"会用小球正姿态"组织队形见图4-4。

第四章 "破解运动的'密码'"跨学科主题学习的教学设计

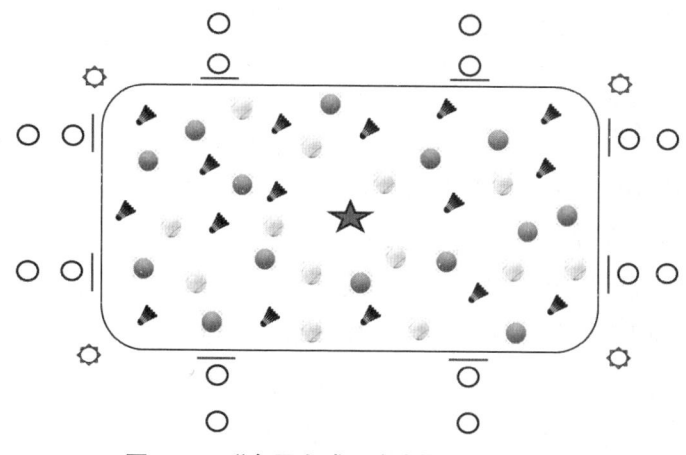

图4-4 "会用小球正姿态"组织队形图

注：★表示体育教师；〇表示学生；✿表示音响；▲表示网球；● 表示乒乓球；○ 表示羽毛球。

4. 设计意图

其一，通过各种方式的走，提升练习活动的乐趣，引导学生通过亲身实践的方式，塑造学生义无反顾、勇往直前的卓越品质。其二，通过捡取随机散落的三种小球（网球、乒乓球和羽毛球），充分激发学生参与挑战的积极性，在复杂环境中熟练运用各种走姿，以纠正错误动作、强化摆臂的动作意识和培养学生走的能力。

【任务四：活用大球强行走】

1. 任务说明

（1）情境创设：在大家的共同努力下，我们把掉在地上的网球、乒乓球和羽毛球都捡了起来。但是，现在贴有"lánqiú"拼音的篮球、贴有"páiqiú"拼音的排球和贴有"zúqiú"拼音的足球还杂乱无序地堆在一起，不利于我们对其进行整理与运输。所以，接下来我们将开始新的任务，运用三种走姿对三大球（篮球、足球和排球）进行合理分类。
（2）具体要求：每位学生需手持任意一种贴有拼音标识的三大球（篮球、足球和排球），采取加快速度走、自然走和大步走的方式，对不同球类进

-267-

行识别、解码和分类，并将其放入相应的球类收集箱。遵守规则且在规定时间内用时最短的小组将获胜。

2. 师生活动

体育教师：（1）组织学生分成5个小组，每组8人，并将三大球（篮球、足球和排球）平均分配给每组，讲解具体要求后进行走的比赛；（2）在比赛过程中引导学生学会团队合作，相互配合共同完成规定任务；（3）播放主题音乐，结合语言讲解，营造紧张的比赛气氛，在实践演练中培养团结协作、攻坚克难、勇于挑战的意志品质。

学生：（1）遵从体育教师的指令，不得提前出发，击掌后方能开始出发；（2）积极与团队成员紧密合作，共同探索最佳策略，努力争取比赛胜利；（3）在实践演练过程中，锻炼学生的自信心和敢于交流的能力。

评价：（1）学生进行自我评价和小组评价；（2）体育教师对学生比赛活动进行点评与纠错，学生获得点赞贴纸，鼓励学生继续练习。

3. 组织队形

"活用大球强行走"组织队形见图4-5。

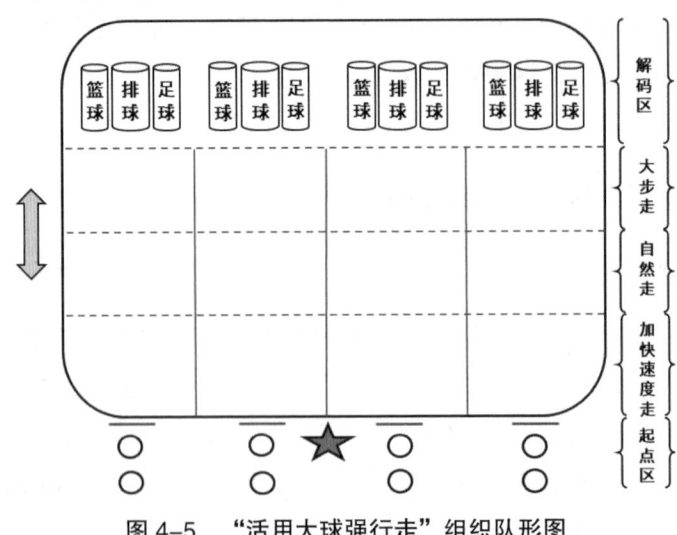

图4-5 "活用大球强行走"组织队形图

注：★表示体育教师；〇表示学生；▯表示篮球收集箱；▯表示排球收集箱；▯表示足球收集箱。

4. 设计意图

其一，通过"活用大球强行走"比赛情境的创设，组织学生进行走的比赛，让学生在实践中深刻体会团队合作的重要性，培养学生的集体荣誉感。第二，通过对三大球（篮球、足球和排球）进行识别、解码和分类，促使学生在实践中巩固汉语拼音知识，纠正错误动作，锻炼学生的思维能力和团队协作能力。

（三）结束部分

【任务五：善用软垫利放松】

1. 任务说明

（1）情境创设：同学们真是太棒了！大家齐心协力，成功地对三大球进行了合理分类。现在，让我们放松一下，一起坐在舒适的软垫上，开始探索软垫的独特之处吧！（2）具体要求：各位同学呈散点状自由分布在场地，体育教师带领大家跟随轻柔舒缓的音乐节奏，坐在软垫上进行全身的拉伸，放松身心，调整状态。

2. 师生活动

体育教师：（1）播放《我心永恒》经典主题音乐，坐在软垫上示范放松动作；（2）带领学生在音乐节奏下进行身体各部位的拉伸放松；（3）引导学生调整呼吸节奏，在音乐声中升华本节课的主题。

学生：（1）保持安静，坐在软垫上，面对教师，跟随体育教师在音乐节奏下进行身体各部位的拉伸；（2）听口令进行放松动作的变换；（3）充分放松身心，思考本节课的收获与感悟。

3. 组织队形

"善用软垫利放松"组织队形见图4-6。

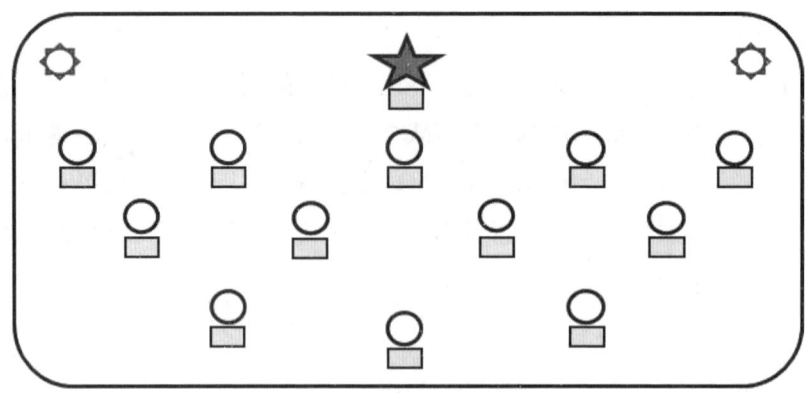

图 4-6　"善用软垫利放松"组织队形图

注：★表示体育教师；○表示学生；✿表示音响；▭表示软垫。

4. 设计意图

其一，播放《我心永恒》音乐，进一步营造轻松愉快的课堂氛围，凸显课堂的丰富文化元素。其二，通过充分放松身体各部位，使人体的各项机能逐渐调节到正常水平，为接下来的学习或活动做好充分的准备。

5. 教师总结

体育教师："同学们，今天我们一起探索了体育器材的巧妙运用！现在，老师想问问大家，本堂课你们各自都收获了什么特别的感悟呢？"

学生回答。

体育教师："同学们，今天你们在教学活动中，遇到困难，能够用各种聪明的办法来解决问题，非常棒！老师希望在未来的日子里，你们也能像今天一样勇敢直面挑战！"

6. 学习评价

评价方式：学生自评、同伴互评、教师点评。"体育器材妙巧用"综合评价量规详见表 4-1。

表 4-1 "体育器材妙巧用"综合评价量规

评价维度	评价标准	★★★	★★	★
运动能力	1. 掌握走的基本动作要领			
	2. 提高柔韧性、灵敏性和平衡能力			
健康行为	1. 知道参与体育锻炼的益处			
	2. 了解基本的运动安全知识			
体育品德	1. 养成尊重对手、公平竞赛的习惯			
	2. 培养积极进取、勇敢顽强的精神			
跨学科素养	1. 发展学生探索问题的能力			
	2. 巩固汉语拼音的基础知识			

7. 课后作业

（1）请在课后利用身边的可回收器材制作体育器材道具。

（2）询问长辈关于妙用体育器材的相关知识，记录一个你印象最深刻的妙用体育器材的方法，并在下次体育课上与大家分享。

八、教案参考

"体育器材妙巧用"教案

主题	妙用体育器材	学段	水平一	年级	二年级	班级	×××班
学习内容	体育器材妙巧用——"走与游戏+科学+语文"跨学科主题学习							
学习目标	运动能力：学习走的基本方法，初步掌握走的正确姿势，能够将所学知识与技能灵活应用于比赛中，发展走的能力。 健康行为：在跨学科主题学习的探索过程中，通过小组合作学习的形式进行探究，能够合理调控情绪，培养学生持续学练的意识和行为。 体育品德：综合运用多学科知识与技能，在基本运动技能学练过程中，塑造体育品德，强化责任意识与团队精神，培养积极顽强的意志品质。							
重点	1. 正确的姿势与体态。 2. 发展学生的身体活动能力。				难点	1. 核心肌群的稳定与控制，动作协调连贯。 2. 多种教学情境的创设。		

课的结构	课的内容			学习内容	教法与指导	学法与表现	组织与队形
	时间	次数	负荷				
准备部分	2分钟	1	低	一、课堂常规 1. 体委整队，报告人数。 2. 师生问好，检查服装，强调安全。 3. 宣布本课学习内容及要求，安排见习生。	1. 体育教师进行常规教育管理。 2. 宣布本课内容、要求及安全教育。 3. 安排见习生。	1. 体委整队（快、静、齐）。 2. 明确本课任务及目标，见习生见习。 3. 牢记安全提醒。	一

—272—

第四章 "破解运动的'密码'"跨学科主题学习的教学设计

续表

课的结构	课的内容			学习内容	教法与指导	学法与表现	组织与队形
	时间	次数	负荷				
准备部分	4分钟	1	低	二、情景导入 1. 播放一段讲述人体所需营养的视频。 2. 体育教师语言导入。	1. 体育教师播放视频。 2. 语言讲解导入。	1. 认真观看视频。 2. 认真听讲。	—
	5分钟	1	中	三、妙用短棒促热身 体育教师带领各位同学呈三列横队站立，当听到音响发出"滴滴滴"提示音后，认真聆听并判断体育教师所读字的声调，并根据声调的高低升降变化手持短棒做出与之适配动作的高低升降变化手持短棒进行伸展、屈体、扭转和平衡的练习。	1. 创设情境，讲解规则。 2. 播放契合热身活动开展的《克罗地亚狂想曲》音乐。 3. 正确发音，渲染情境氛围，引导学生完成热身活动。	1. 体育委员带领全班绕场跑圈进行热身活动。 2. 判断体育教师所读字的声调，并根据声调的高低升降变化手持短棒做出之适配的动作。 3. 练习过程中听从教师指挥，保持队形，动作速度。	参见图4-2
基本部分	8分钟	3	低	一、巧用哑铃助摆臂 各位同学需要在体育教师的指导下学习走的基本方法，掌握走的正确姿势，能够在复杂环境下利用小哑铃逐步掌握自然走、大步走和加快速度走的知识与技能。	1. 讲解并示范走（自然走、大步走和加快速度走）的动作技术要领。 2. 指导学生小哑铃练习并进行动作的纠错与改正。 3. 播放主题音乐，创设情境氛围，促进学生在欢快、愉悦的环境中进行学练。	1. 认真聆听体育教师讲解动作要领，仔细观察体育教师的动作示范。 2. 模仿体育教师的动作，持小哑铃进行动作练习。 3. 学习过程中保持课堂纪律。	参见图4-3

—273—

续表

课的结构	课的内容 时间	课的内容 次数	课的内容 负荷	学习内容	教法与指导	学法与表现	组织与队形
基本部分	8分钟	4	中	二、会用小球正姿态 各小组分别站立于东南西北四个角落，每次只能派遣一名学生揭秘运动器材。在揭秘运动器材的过程中，学生需精确解读并严格遵循体育教师指令，将与体育教师指定内容相契合的、贴有韵母母音的羽球和贴有韵母拼音组的乒乓球和贴有拼音词组的网球，分别采取自然走、大步走和加快速度走的方式，利用便携式背包逐一收集并带回。	1. 组织学生分成8组，每组5人，按先后顺序进行揭秘运动器材活动。 2. 引导学生仔细观察不同球类的颜色、形状、轻重、粗糙程度等基本特征。 3. 统一发布口令，确保学生安全。 4. 提醒学生在练习过程中注意自我保护和相互保护，以增强其适应复杂环境的能力。	1. 以小组为单位按要求进行走的练习。 2. 按照体育教师的指令，积极寻找相对应的三种小球（网球、乒乓球和羽毛球）活动顺利开展。 3. 听从体育教师的指令和要求，服从纪律。	参见图4-4
基本部分	10分钟	3	中	三、活用大球强行走 每位学生需手持任意一种贴有拼音的三大球（篮球、足球和排球），采取加快速度走、自然走和大步走的方式，对不同球类进行识别、解码和分类，并将其放入相应的球类收集箱。	1. 组织学生分成5个小组，每组8人，并将三大球（篮球、足球和排球）平均分配给每组，讲解比赛要求后进行走的比赛。 2. 在比赛过程中引导学生学会团队合作，相互配合共同完成规定任务。 3. 播放主题音乐，结合语言讲解，营造紧张的比赛气氛，在实践演练中培养团结协作，攻坚克难，勇于挑战的意志品质。	1. 遵从体育教师的指令，不得提前出发，击掌后方能开始出发。 2. 积极与同队队员紧密合作，共同探索最佳策略，努力争取比赛胜利。 3. 在实践演练的过程中，锻炼学生的自信心和敢于交流的能力。	参见图4-5

续表

课的结构	课的内容 时间	课的内容 次数	课的内容 负荷	学习内容	教法与指导	学法与表现	组织与队形
基本部分	3分钟	1	低	四、善用软垫利放松 各位同学散点状自由分布在场地，体育教师带领大家跟随轻柔舒缓的音乐节奏，坐在软垫上进行全身性的拉伸，放松身心，调整状态。	1. 播放《我心永恒》经典主题音乐，坐在软垫上示范放松动作。 2. 带领学生在音乐节奏下进行身体各部位的拉伸放松。 3. 引导学生调整呼吸节奏，在音乐声中升华本节课的主题。	1. 保持安静，坐在软垫上，面对教师，跟随体育教师在音乐节奏下进行身体各部位的拉伸。 2. 听口令进行放松动作的变换。 3. 充分放松身心，思考本节课的收获与感悟。	参见图4-6
结束部分	3分钟	1	低	一、集合小结 二、布置作业 三、回收器材 四、师生再见	1. 总结本节课的学习内容及情况。 2. 安排学生归还器材。 3. 布置课后作业。	1. 认真听教师总结。 2. 协助体育教师归还器材。 3. 牢记课后作业并积极完成。	一
教学用具	多媒体显示屏、课件、音响、音乐、点赞贴纸若干张。							
运动器材	贴有声母的网球若干个，贴有韵母的乒乓球若干个，贴有拼音节词组的羽毛球若干只，便携式背包若干只，短棒若干根，跳绳若干根，篮球收集箱若干个，足球收集箱若干个，排球收集箱若干个，贴有"lánqiú"拼音的篮球若干个，贴有"páiqiú"拼音的排球若干个，贴有"zúqiú"拼音的足球若干个。							

—275—

续表

运动密度	运动强度：中等 运动密度：60% 平均心率：110/分钟	心率曲线	
安全保障	1. 场地器材放置合理，确保学生练习间距，避免相互碰撞，造成学生受伤。 2. 充分做好热身活动，避免运动损伤。 3. 合理安排练习次数，注意运动负荷。		
课后反思			

案例设计十四：

数字运动西游记
——"障碍跑＋数学＋语文"跨学科主题学习

> **年级：** 四年级
> **课时：** 1 课时
> **主题：** 脑洞大开的运动
> **内容：** 障碍跑
> **学科：** 体育与健康、数学、语文

一、案例概要

"数字运动西游记"主题教学案例以落实立德树人为根本任务，坚持"健康第一"的教育理念，依据《义务教育体育与健康课程标准（2022年版）》的新要求和新理念，围绕跨学科主题"破解运动的'密码'"中水平二"脑洞大开的运动"学习主题，以"障碍跑"为主要教学内容，结合中国古典四大名著之一《西游记》中孙悟空的精彩故事，创设性地将义务教育教科书《数学》（二年级上册）中的"加减乘除知识"融入具体学练之中。本案例综合考虑水平二学段学生的具体学情展开教学设计，利用视频、音乐、记录表等多元化教学资源，创设真实化、生活化的学习情境，转变传统体育与健康课堂中体能学练枯燥乏味的固有问题，帮助学生快速掌握障碍跑的基本动作要领，发展学生的灵敏性、心肺耐力等体能能力。此外，本案例通过"寻找水帘洞—方寸山学艺—三打白骨精—智过火焰山—险渡通天河—成功取真经"等渐进式任务的设计，将义务教育教科书《语文》和《数学》中的部分知识与技能巧妙融入障碍跑的学练过程之中，培养学生的跨

学科思维，帮助学生理解和掌握多学科知识与技能，提高学生在特定环境中解决体育与健康实际问题的综合能力。

二、主题解读

《义务教育体育与健康课程标准（2022年版）》对"破解运动的'密码'"水平二的"脑洞大开的运动"学习主题给出了说明："结合数学等相关知识，设计丰富多彩的运动形式和内容，引导学生强化体能，了解机体的功能，主动探究运动的共性与特性，培养学生的逻辑思维能力。"本案例秉持"寓教于乐，融学于趣"的宗旨，以适当改编中国古典四大名著之一《西游记》中孙悟空的"玄幻故事"为创新点，以义务教育教科书《数学》中的"加减乘除知识"为串联线，创编了契合2022年版体育新课标要求的集"体育与健康+数学+语文"于一体的"梦回数字西游记"跨学科主题学习案例。"数字运动西游记"主题聚焦于"任务群、问题链、素养线"的深度融合，通过创设西游神话故事情境和设置层次分明、难易适中的加减乘除问题，促进学生对中华优秀传统文化的理解，发展学生的数理逻辑推理能力，引导学生在具体学练过程中实现"任务推动、问题联动和素养拉动"的跨学科主题学习目标。此外，本案例在教学活动中落实"学—练—赛"一体化教学要求，设置了遵循运动技能形成规律的一系列障碍与挑战，并通过渐进式的学练让学生在亲身体验和参与中感知、接触并建构知识，快速掌握障碍跑的知识与技能，锻炼学生的团队协作能力，锤炼学生不畏艰难、勇于挑战的优秀品质。

三、学情分析

本课的授课对象为水平二阶段的四年级学生。首先，该年龄段的学生正处于生长发育的黄金时期，这是全面提高身体素质、掌握基本运动技能的良好时期。然而，由于水平二学段的学生正处于兴奋与抑制的转换过程中，因此普遍存在注意力持续时间短、动作完成的准确性和协调性相对较差，以及动作"学得快、忘得快"等情况。因此，在教学中应以学生为中心，结合学生的生活经验，创设趣味性较强的活动情境，以任务驱动、内容驱动等方式激发学生参与挑战的积极性，引导学生运用所学知识与技能解决故事情境中遇到的各种体育与健康实际问题，促进学生对深层知识的理解，发展学生的实践创新能力。其次，水平二学段的学生已具备基本的身体活动能力，在力量、灵敏性等方面已有一定的基础。通过学习障碍跑的基本动作要领，逐步掌握跨越障碍、匍匐前进等技能，为后续的实战演练打下坚实基础。基于此，本案例在充分考虑学生现有认知水平和体能发展状况的基础上，以游戏化教学为主线，在充满玄幻色彩的西游故事情境中帮助学生掌握障碍跑的方法，促进其灵敏性、心肺耐力等体能能力得到较好的发展，培养学生不畏艰难、勇于挑战的优秀品质。

四、整体设计

"数字运动西游记"一课主要由准备部分、基本部分和结束部分三个环节构成。其中，具体教学实施以任务群为导向，问题链为索引，素养线为旨归，通过六个不同层级任务的设置，结合不同水平问题的辅助，在涵盖"学、练、赛、评"一体化教学结构的基础上，创设性地将障碍跑的体能学练、西游神话的经典剧情和加减乘除的灵活运用进行巧妙结合，不仅点燃了学生的参与热情，落实了2022年版新课标所强调的"教会、勤练、常赛"课程要求，而且也增强了学生的体能水平，塑造了学生不屈不挠、积极进取的坚韧品质。

第一，任务群设计。任务一的"寻找水帘洞"是指通过聆听教师喊出的乘法口诀相乘数字，学生集体回答相乘结果并根据结果区间做出相应的单脚跳、双脚跳、双足脚尖走等练习，以实现高效热身。任务二的"方寸山学艺"是指学习障碍跑的基本动作要领，逐步掌握绕杆跑、跨越障碍等技能，为后续的实战演练打下坚实基础。任务三的"三打白骨精"是指灵活运用已学知识与技能，在障碍跑训练中不断重复练习，确保面对各种障碍能够灵活应对。任务四的智过火焰山是指组建团队进行障碍跑比赛，各团队齐心协力，共同夺取胜利。任务五的"险渡通天河"是指运用高抬腿跑、十字象限跳等体能练习，促进学生位移速度、灵敏性发展。任务六的"成功取真经"是指在1986年版《西游记》主题歌曲情境下进行放松活动，为之后的学习与生活积蓄能量。

第二，问题链设计。问题1以"同学们，谁知道《西游记》中孙悟空的故事？"为前置问题导入，快速调动学生的思维和注意力，引导学生进入神话故事的学习情境中。问题2为"同学们，怎样才能在跑动过程中最省力呢？"指引学生在练习中学会联系实际思考问题。问题3为"同学们，怎样才能成为齐天大圣孙悟空呢？"紧密关联教学内容，发散学生思维和想象力。最后是问题4，"同学们，怎样才能在生活中做到互帮互助呢？"通过提问升华课程主题，引发学生思考和继续探究。

第三，素养线设计。本案例的素养线除了紧紧锚定《义务教育体育与健康课程标准（2022年版）》提出的核心素养外，还注重培养学生的跨学科素养。通过本次课的学习，帮助学生掌握障碍跑的运动技能、养成良好的运动习惯、理解和掌握多学科知识，以及锤炼学生不畏艰难、勇于挑战的优秀品质。整体设计框架见图4-7。

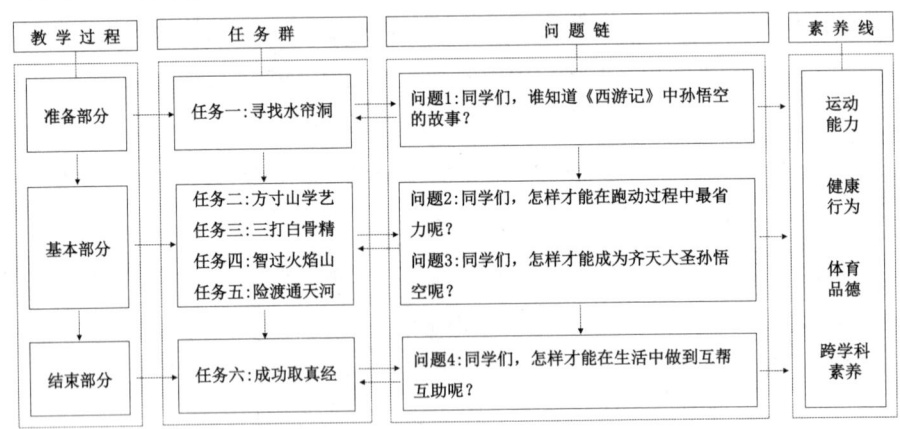

图4-7 "数字运动西游记"整体设计框架图

五、学习目标与教学方法

（一）学习目标

运动能力：深入学习并掌握障碍跑的基本动作要领，能够将所学知识与技能灵活应用于比赛中，提升灵敏性、心肺耐力、协调性等体能能力。

健康行为：在跨学科主题学习的探索过程中，通过小组合作学习的形式进行探究，能够合理调控情绪，培养持续学练的意识和行为。

体育品德：综合运用多学科知识与技能，在体能学练过程中，强化责任意识与团队精神，培养遇到困难团结协作和继续坚持学练的意志品质。

（二）教学方法

教法：讲解法、示范法、纠错法、游戏与比赛法等。

学法：自主学习法、合作学习法、探究学习法等。

六、教学准备

（一）教学用具

多媒体显示屏、课件、音乐、音响、点赞贴纸若干张。

（二）运动器材

标志杆若干根、带杆标志筒若干个、绳梯若干副、高栏架若干个、体操垫若干个、加减乘除习题若干道。体育教师可根据学生人数确定运动器材的具体数量。

（三）安全预案

第一，坚持"安全第一"的核心理念，精心设计学生的跑动路线，确保跑动路线安全畅通，有效预防任何可能的安全隐患，全力保障每位学生的身心健康与安全。

第二，强化课堂安全意识教育，在每一次教学过程中，鼓励学生展现应有的文明风貌，自觉遵守课堂纪律，积极响应教师指令，共同营造一个安全、和谐的学习环境。

七、教学过程

（一）准备部分

创设《西游记》神话故事情境，结合障碍跑的运动技能特点，将课堂幻化为充满玄幻色彩的西游世界。在这片世界中，绳梯、高栏架等体育器材均被赋予了全新使命，纷纷化身为"九九八十一难"中的诸多障碍挑战，而学生则摇身一变为齐天大圣孙悟空，并踏上了一段充满挑战与机遇的西行之旅。

体育教师组织学生集体观看1986年版《西游记》中孙悟空的精彩片段。

体育教师："同学们，《西游记》讲述了唐僧和他的三个徒弟一起去西天取经的故事。现在，老师想问大家，谁知道《西游记》中孙悟空的故事？"

学生回答。

体育教师补充总结："《西游记》里的精彩故事主要有方寸山学艺、三打白骨精等。今天，我们变身成为孙悟空，重走西行之路。大家有信心成功取回真经吗？"

学生回答。

体育教师："西行之旅即将开始。"

【任务一：寻找水帘洞】

1. 任务说明

（1）情境创设：体育教师带领各位"小孙悟空"呈一路纵队慢跑热身，当听到体育教师喊出乘法口诀相乘数字时，"小孙悟空"们需集体回答相乘结果并根据结果区间做出相应动作。（2）具体要求：若是乘法口诀相乘结果在数字1～30之间，需进行"连续单脚跳"的练习；若是乘法口诀相乘结果在数字31～60之间，需进行"连续双脚跳"的练习；若是乘法口诀相乘结果在数字61～81之间，需进行"双足脚尖走"的练习。

2. 师生活动

体育教师：（1）创设情境、讲解规则；（2）播放1986年版《西游记》片头曲《云宫迅音》；（3）喊出乘法口诀相乘数字，渲染情境氛围，引导学生完成热身跑。

学生：（1）体育委员带领全班绕场跑圈进行热身活动；（2）听到体育教师喊出乘法口诀相乘数字时，需要集体回答相乘结果并做出相应动作；（3）练习过程中要求听从指挥、保持队形、动作速度。

评价：（1）学生在拉伸肌肉和调整状态时，体育教师应启发学生深入思考连续单脚跳、连续双脚跳、双足脚尖走练习过程中的个人感悟，引导学生评价自身存在的不足之处；（2）体育教师应针对学生的自我评价给予鼓励性的点评，既指出学生亮点，也委婉地提出改进建议，并通过颁发点赞贴纸的方式，给予学生正面激励，激发学生参与后续学练的积极性。

3.组织队形

"寻找水帘洞"组织队形见图4-8。

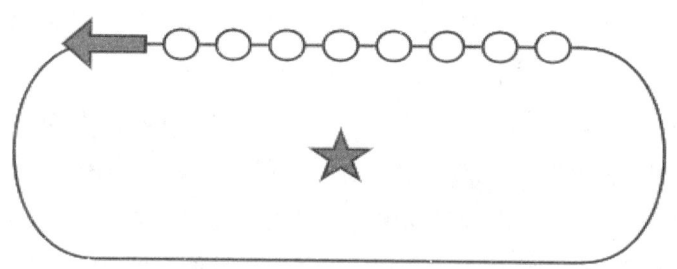

图4-8　"寻找水帘洞"组织队形图

注：★表示体育教师；○表示学生；←表示行进路线。

4.设计意图

其一，通过"寻找水帘洞"热身活动的开展，充分渲染课堂情境氛围，引导学生融入"孙悟空"的身份角色，快速进入学习状态。其二，通过聆听乘法口诀相乘数字，判断相乘结果区间并做出连续单脚跳、连续双脚跳和双足脚尖走等练习，完成热身活动，提高学生的反应能力，发展学生肌肉耐力、协调性等体能能力。

（二）基本部分

【任务二：方寸山学艺】

1. 任务说明

（1）情境创设："小孙悟空"们历经千辛万苦，终于到达方寸山并成功拜在名师门下，开启了学艺之旅。（2）具体要求：小孙悟空们需要在体育教师的指导下学习并掌握"筋斗云"（障碍跑）的动作技术要领，能够在错综复杂的环境中熟练运用"筋斗云"（障碍跑），以达到踏雪无痕的最高境界。

2. 师生活动

体育教师：（1）讲解并示范障碍跑（包括绕、跨、跳、钻、爬）的动作技术要领；（2）指导学生原地徒手练习并进行动作的纠错与改正；（3）播放 1986 年版《西游记》插曲《猴王初问世》，营造孙悟空学艺情境氛围，促进学生在欢快、愉悦的环境中进行学练。

学生：（1）认真聆听教师讲解动作要领，仔细观察体育教师的动作示范；（2）模仿教师动作，进行徒手动作练习；（3）学习过程中保持课堂纪律。

评价：（1）学生进行自我评价，说出障碍跑的基本动作技术要领；（2）体育教师应针对学生的自我评价给予鼓励性的点评，既指出学生亮点，也委婉地提出改进建议，并通过颁发点赞贴纸的方式，给予学生正面激励，激发学生参与后续学练的积极性。

3. 组织队形

"方寸山学艺"组织队形见图 4-9。

第四章 "破解运动的'密码'"跨学科主题学习的教学设计

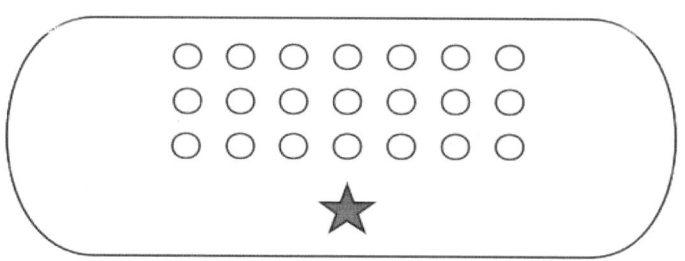

图 4-9　"方寸山学艺"组织队形图

注：★表示体育教师；○表示学生。

4. 设计意图

其一，通过学习障碍跑的动作方法，掌握障碍跑的动作技术要领，发展障碍跑能力。其二，通过真实音乐情境的渲染，提升学生学习积极性和参与度，为后续的教学环节奠定基础。

知识窗

障碍跑动作要领

绕杆跑：在快速奔跑中，灵活调整身体方向紧贴杆边，以稳定的步伐和速度连续绕过多个标志物，保持身体平衡与节奏。

跨越障碍：面对障碍时，充分用力起跳，空中完成展体动作以跨越更高距离，同时控制好身体姿态，确保平稳落地并继续前进。

连续双脚跳：通过双脚的连续快速蹬地，保持稳定的跳跃节奏和高度，注重双脚同步发力，以维持持续的弹跳力和速度。

钻高栏架：采取侧身贴近栏架的姿势，低头弯腰以降低身体重心，快速而敏捷地通过栏架下方空间，注意保护头部和身体不触碰栏架。

匍匐前进：在地面或低矮障碍物上，采取手脚并用的方式向前走，身体尽量贴近地面以减小目标暴露面积，保持低姿快速前进以躲避障碍或隐蔽身形。

【任务三：三打白骨精】

1. 任务说明

（1）情境创设：小孙悟空们经过勤学苦练，如今已顺利从方寸山学艺归来。恰逢此时，狡猾的白骨精为祸一方，小孙悟空们不仅需要在规定时间内击败白骨精，而且也需要巩固自身所学的"筋斗云"（障碍跑）动作要领。（2）具体要求：各小组需分别进行绕杆跑、跨越障碍、连续双脚跳、钻高栏架、匍匐前进五项障碍跑练习。在进行障碍跑的过程中，学生需快速计算并回答体育教师随机提出的50以内的加减乘除问题，从而积蓄法力，给予白骨精致命一击。

2. 师生活动

体育教师：（1）全班分成5组，每组8人，每一小组全员依次完成三次练习后，各小组间进行轮换，以便展开下一项练习内容的合作与学习；（2）引导学生仔细品味孙悟空智勇双全和不屈不挠的优秀品质，并从中获得启发；（3）统一发布口令，保障学生安全；（4）提醒学生在练习过程中注意自我保护和相互保护，以增强其适应复杂环境的能力。

学生：（1）以小组为单位按要求进行绕杆跑、跨越障碍、连续双脚跳、钻高栏架、匍匐前进的障碍跑练习；（2）针对不同障碍，采取相应的技术，确保准确、流畅地进行障碍跑；（3）积极感受神话英雄孙悟空的神通广大；（4）听从教师的指令和要求，服从纪律。

评价：（1）学生进行自我评价和小组评价，并进行成果展示与分享；（2）体育教师对学生活动进行点评与纠错，给学生分发点赞贴纸，鼓励学生继续练习。

第四章 "破解运动的'密码'"跨学科主题学习的教学设计

问题提示

体育教师：请同学们想一想，怎样才能在跑动过程中最省力呢？

学生回答。

体育教师：为什么保持稳定的步频能够应对不同难度的障碍呢？

学生回答。

体育教师总结补充：稳定的步频有利于我们在面对不同障碍时都能轻松地跨过去，能够减少犯规可能性哦！

---

3. 组织队形

"三打白骨精"组织队形见图4-10。

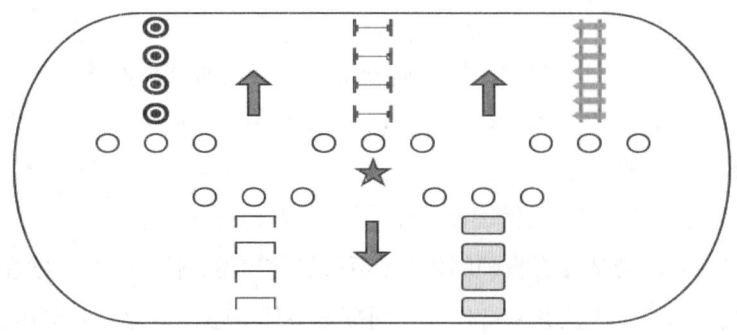

图4-10 "三打白骨精"组织队形图

注：★表示体育教师；○表示学生；●表示标志杆（练习绕杆跑）；⊢⊣表示带杆标志桶（练习跨越障碍）；▦表示绳梯（练习连续双脚跳）；⊓表示高栏架（练习钻高栏架）；▭表示体操垫（练习匍匐前进）；←表示行进方向。。

4. 设计意图

其一，通过对障碍跑练习的情境化演绎，提升练习活动的乐趣，引导学生以亲身实践感悟孙悟空嫉恶如仇、敢作敢当的优秀品质。其二，通过多元、渐进的障碍设置，充分激发学生参与挑战的积极性，提升学生的灵敏性、心肺耐力等体能能力。

-287-

【任务四：智过火焰山】

1. 任务说明

（1）情境创设：经过小孙悟空们的英勇奋战，我们终于成功击败了白骨精。然而，途经火焰山时，熊熊烈火阻碍了我们的西行之路，亟须前往铁扇公主洞府并智过火焰山。（2）具体要求：以小组为单位进行障碍跑比赛，各小组须由起点区出发，依次穿过由标志杆、带杆标志筒、绳梯、高栏架和体操垫组成的障碍区。通过障碍区后，"小孙悟空"迅速抵达终点区，随机抽取并准确回答一道加减乘除习题后才能返回起点区。小组成员轮流交替，直至所有人完成挑战。遵守规则且在规定时间内准确率最高的小组获胜。

2. 师生活动

体育教师：（1）组织学生分成五个小组进行障碍跑比赛；（2）在比赛过程中引导学生学会团队合作，相互配合共同完成规定任务；（3）播放1986年版《西游记》插曲《三调芭蕉扇》，结合语言讲解，渲染紧张的气氛，在实践演练中培养团结协作、攻坚克难的意志品质。

学生：（1）遵从体育教师的指令，不得提前出发，击掌后方能开始出发；（2）积极与团队成员紧密合作，共同探索最佳策略，尽力夺取比赛胜利；（3）在实践演练过程中，领略孙悟空智勇双全的非凡风貌，锻炼学生的自信心和敢于交流的能力。

评价：（1）小组内部进行评价，探讨比赛过程中哪些环节存在不足；（2）体育教师点评，对遵守规则、认真练习的小组颁发点赞贴纸。

3. 组织队形

"智过火焰山"组织队形见图4-11。

第四章 "破解运动的'密码'"跨学科主题学习的教学设计

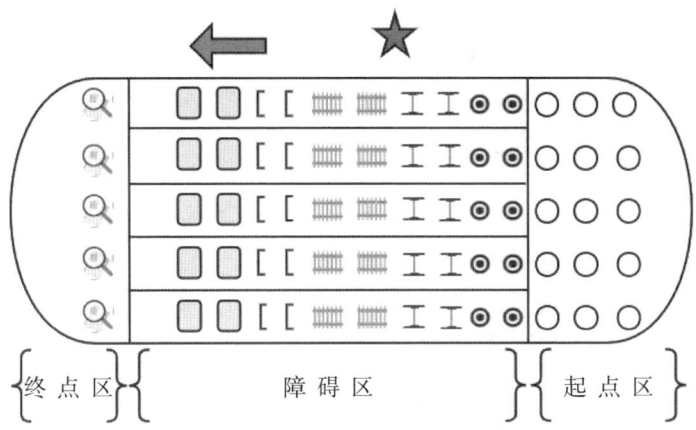

图 4-11 "智过火焰山"组织队形图

注：★表示体育教师；○表示学生；●表示标志杆（练习绕杆跑）；⊢⊣表示带杆标志桶（练习跨越障碍）；▦表示绳梯（练习连续双脚跳）；⊓表示高栏架（练习钻高栏架）；▭表示体操垫（练习匍匐前进）；⬅表示行进方向；🔍表示加减乘除习题。

4. 设计意图

其一，通过"智过火焰山"比赛情境的创设，组织学生进行障碍跑竞赛，促使学生在实践中切身体会团队合作的重要性，培养学生的集体荣誉感。其二，通过设置遵循运动技能形成规律的一系列障碍与挑战，促使学生快速掌握障碍跑的知识与技能，锻炼学生的思维能力和团队协作能力。

【任务五：险渡通天河】

1. 任务说明

（1）情境创设：恭喜小孙悟空们成功通过火焰山，来到汹涌澎湃的通天河！接下来，请各位"小孙悟空"在通天河底的数字迷宫中进行探险。全班分成四个小组，每组呈两路纵队站立于场地的四个角落。每组行至不同数字关卡时，须根据不同数字关卡要求，完成相应的练习活动。活动中，体育教师随机喊出 100 以内的加减乘除问题，若所得答案为单数，所有小

—289—

组顺时针转动进行练习；若所得答案为双数，则所有小组逆时针转动进行练习。（2）具体要求：当行至东区时，进行快速高抬腿跑；行至南区时，进行立卧撑；行至西区时，进行后踢腿跑；行至北区时，进行十字象限跳。遵守规则且动作完成质量高的小组获胜。

2. 师生活动

体育教师：（1）组织学生分成四个小组，站立于场地四个角落，进行体能练习；（2）提醒学生认真聆听100以内的加减乘除问题；（3）播放1986年版《西游记》插曲《通天大道宽又阔》，鼓励学生以最快速度按要求完成任务，来回巡视并指导纠错。

学生：（1）以小组为单位按要求进行体能练习，听从指挥，服从命令；（2）遵守活动规则，做出准确判断；（3）在活动过程中，锻炼学生的反应能力。

评价：（1）学生进行自我评价和小组评价；（2）体育教师对学生体能练习活动进行点评与纠错，给学生分发点赞贴纸，鼓励学生继续练习。

3. 组织队形

"险渡通天河"组织队形见图4-12。

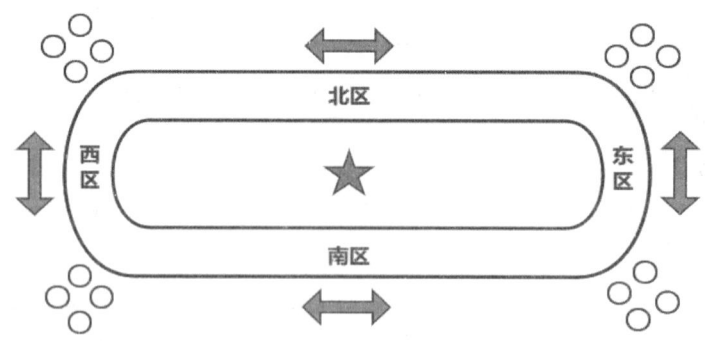

图4-12 "险渡通天河"组织队形图

注：★表示体育教师；○表示学生；⟷表示可改变方向。

4.设计意图

其一,通过"险渡通天河"情境的创设,引导学生在体能学练过程中巩固基础数学知识和发展逻辑思维能力,培养学生不畏艰难、勇于挑战的优秀品质。其二,旨在提升学生的爆发力、位移速度和灵敏性等能力,进而提高解决体育与健康实际问题的综合能力。

(三)结束部分

【任务六:成功取真经】

1.任务说明

(1)情境创设:"小孙悟空"们终于成功取回真经,整个西行小队伴随着凯旋归来的号角声回到东土大唐举办篝火晚会。(2)具体要求:各位"小孙悟空"呈散点状自由分布在场地各个角落,教师带领"小孙悟空"们跟随轻柔舒缓的音乐节奏,进行一系列全身性的拉伸,旨在放松身心、调整状态。

2.师生活动

体育教师:(1)播放1986年版《西游记》插曲《取经归来》,示范放松动作;(2)带领学生在音乐节奏下进行身体各部位的拉伸放松;(3)引导学生调整呼吸节奏,在音乐声中升华本节课的主题。

学生:(1)保持安静,面对教师,跟随体育教师在音乐节奏下进行身体各部位的拉伸;(2)听口令进行放松动作的变换;(3)充分放松身心,思考本节课的收获与感悟。

3.组织队形

"成功取真经"组织队形见图4-13。

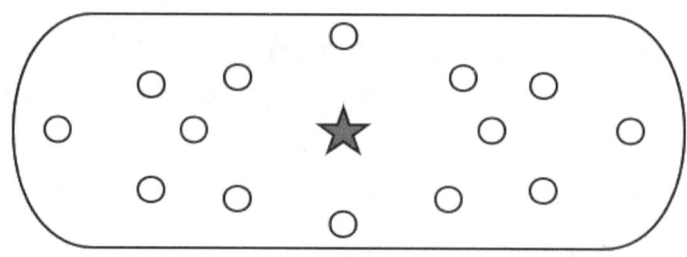

图 4-13 "成功取真经"组织队形图

注：★表示体育教师；○表示学生。

4. 设计意图

其一，通过播放 1986 年版《西游记》经典主题音乐，进一步渲染取经归来的课堂情境氛围，凸显课堂的丰富文化元素。其二，通过充分放松身体各部分，使人体的各项机能逐渐调节到正常水平，从而为接下来的学习或活动做好充分的准备。

5. 教师总结

体育教师："同学们，今天我们重走西行之路，大家都化身为齐天大圣孙悟空打败了好多妖魔鬼怪。现在，老师想问问大家，本堂课你们各自都收获了什么特别的感悟呢？"

学生回答。

体育教师："同学们，今天你们在教学活动中，遇到困难，能够用各种聪明的办法来解决问题，非常棒！教师希望在未来的日子里，你们也能像今天一样勇敢直面挑战！"

6. 学习评价

评价方式：学生自评、同伴互评、教师点评。"数字运动西游记"综合评价量规详见表 4-2。

表 4-2 "数字运动西游记"综合评价量规

评价维度	评价标准	★★★	★★	★
运动能力	1. 掌握障碍跑的动作要领			
	2. 提升心肺耐力、灵敏性等体能能力			
健康行为	1. 知道参与体育锻炼的益处			
	2. 了解基本的运动安全知识			
体育品德	1. 养成尊重对手、公平竞赛的习惯			
	2. 培养积极进取、勇敢顽强的精神			
跨学科素养	1. 知道《西游记》中的相关知识			
	2. 巩固加减乘除的基础知识			

7. 课后作业

（1）请在课后利用身边的可回收器材制作障碍跑道具并设计一套极具创意的障碍跑路线。

（2）询问长辈关于《西游记》中的经典神话故事，记录一个你印象最深刻的人物情节，并在主题班会上和大家共同分享。

八、教案参考

"数字运动西游记"教案

主题	脑洞大开的运动	学段	水平二	年级	四年级	班级	×××班
学习内容	数字运动西游记——"障碍跑+数学+语文"跨学科主题学习							
学习目标	运动能力：深入学习并掌握障碍跑的基本动作要领，能够将所学知识与技能灵活应用于比赛中，提升灵敏性、心肺耐力、协调性等体能能力。 健康行为：在跨学科主题学习的探索过程中，通过小组合作学习的形式进行探究，能够合理调控持续学练的意识和行为。 体育品德：综合运用多学科知识与技能，在体能学练过程中，强化责任意识与团队精神，培养遇到困难团结协作和继续坚持的意志品质。							
重点	1. 精准跨越、平衡稳定。 2. 帮助学生树立科学运动的意识。				难点	1. 动作协调连贯、注意跨越时机。 2. 跨学科知识的渗透与融入。		

课的结构	课的内容			教法与指导	学法与表现	组织与队形
	时间	次数	负荷			
准备部分	2分钟	1	低	一、课堂常规 1. 体委整队，报告人数。 2. 师生同好，检查服装，强调安全。 3. 宣布本课学习内容及要求，安排见习生。	1. 体育教师进行常规教育管理。 2. 宣布本课内容，安全教育。 3. 安排见习生。	1. 体委整队（快、静、齐）。 2. 明确本课任务及目标，见习生见习。 3. 牢记安全提醒。	一

-294-

第四章 "破解运动的'密码'"跨学科主题学习的教学设计

续表

课的结构	课的内容 时间	课的内容 次数	课的内容 负荷	学习内容	教法与指导	学法与表现	组织与队形
准备部分	4分钟	1	低	二、情景导入 1. 播放1986年版《西游记》中孙悟空的精彩片段集锦。 2. 体育教师语言导入。	1. 体育教师播放视频。 2. 语言讲解导入。	1. 认真观看视频。 2. 认真听讲。	—
准备部分	5分钟	1	中	三、寻找水帘洞 体育教师带领各位"小孙悟空"呈一路纵队慢跑热身，当听到体育教师数字时，"小孙悟空"们需集体回答相乘结果并根据结果区同进行连续单脚跳、连续双脚跳、双足脚尖走练习。	1. 创设情境，讲解规则。 2. 播放1986年版《西游记》片头曲《云宫迅音》。 3. 喊出乘法口诀渲染情境氛围，引导学生完成热身跑。	1. 体育委员带领全班绕场跑圈进行热身活动。 2. 听到体育教师喊出乘法口诀时相乘回答数字相乘结果并做出相应动作。 3. 练习过程中要听从指挥，保持队形，动作速度。	参见图4-8
基本部分	8分钟	3	低	一、"方寸山学艺" "小孙悟空"们需要在体育教师的指导下学习并掌握"筋斗云"（障碍跑）的动作技术要领。	1. 讲解并示范障碍跑（包括绕、跨、跳、钻、爬）的动作技术要领。 2. 指导学生原地徒手练习并进行动作的纠错与改正。 3. 播放1986版《西游记》插曲《猴王初问世》，营造孙悟空学艺情境氛围，促进学生在欢快、愉悦的环境中进行学练。	1. 认真聆听体育教师讲解动作要领，仔细观察教师的动作示范。 2. 模仿体育教师动作，进行徒手动作练习。 3. 学习过程中保持课堂纪律。	参见图4-9

—295—

续表

课的结构	课的内容 时间	课的内容 次数	课的内容 负荷	学习内容	教законом与指导	学法与表现	组织与队形
基本部分	8分钟	4	中	二、三打白骨精 各小组须分别进行绕杆跑、跨越障碍、连续双脚跳、钻高栏架、匍匐前进五项障碍跑练习。在进行障碍跑的过程中，学生需快速计算并回答体育教师随机提出的100以内的加减乘除问题。	1. 全班分成5组，每组8人，每一小组全员依次完成三次练习后，各小组间进行轮换，以便展开下一项练习内容的合作学习。 2. 引导学生仔细品味孙悟空勇双全和不屈不挠的优秀品质，并从中获得启发。 3. 统一发布口令，保障学生安全。 4. 提醒学生在练习过程中注意自我保护和相互保护，以增强其适应复杂环境的能力。	1. 以小组为单位按要求进行绕杆跑、跨越障碍、连续双脚跳、钻高栏架、匍匐前进的障碍跑练习。 2. 针对不同障碍，采取相应的技术，确保准确、流畅地进行障碍跑。 3. 积极感受神话英雄孙悟空的伟大之处。 4. 听从体育教师的指令和要求，服从纪律。	参见图4-10
基本部分	6分钟	3	中	三、智过火焰山 以小组为单位进行障碍跑比赛，各小组需由起点区出发，依次穿过由标志杆、带手标志物、绳梯、高栏架和体操垫所组成的障碍区。通过障碍区后，"小孙悟空"迅速抵达这终点区，随机抽取并准确回答一道加减乘除习题后才能返回起点区。	1. 组织学生分成五个小组进行障碍跑比赛。 2. 在比赛过程中引导学生学会团队合作，相互配合，共同完成现定任务。 3. 播放1986年版《西游记》插曲《三调芭蕉扇》，结合宣讲解，渲染紧张的战斗气氛，在实践演练中培养团结协作、攻坚克难、勇于挑战的意志品质。	1. 遵从体育教师的指令，不得提前出发，击掌后方能开始出发。 2. 积极与团队成员紧密合作，共同探索最佳策略，尽力夺取比赛胜利。 3. 在实践演练过程中，领略孙悟空的智勇双全风貌，锻炼学生的自信心和敢于交流的能力。	参见图4-11

第四章 "破解运动的'密码'"跨学科主题学习的教学设计

续表

课的结构	课的内容 时间	课的内容 次数	课的内容 负荷	学习内容	教法与指导	学法与表现	组织与队形
基本部分	6分钟	2	高	四、险渡通天河 全班分成四个小组，每组呈两路纵队站立于场地的四个角落。每组行至不同数字关卡时，需根据数字关卡要求，完成相应的练习性活动。	1. 组织学生分成四个小组，站立于场地四个角落，进行体能练习。 2. 提醒学生认真聆听100以内的加减乘除问题。 3. 播放1986年版《西游记》插曲《通天大道宽又阔》，鼓励学生以最快速度按要求完成任务，来回巡视并指导纠错。	1. 以小组为单位按要求进行体能练习，听从指挥，服从命令。 2. 遵守活动规则，做出准确判断。 3. 在活动过程中，锻炼反应能力。	参见图4-12
基本部分	3分钟	1	低	五、成功取真经 各位"小孙悟空"呈散点状自由分布在场地各个角落，体育教师带领"小孙悟空"们跟随轻柔舒缓的音乐节奏，进行一系列全身性的拉伸。	1. 播放1986年版《西游记》插曲《取经归来》，示范放松动作。 2. 带领学生在音乐各部位下进行身体各部位的拉伸放松。 3. 引导学生调整呼吸，在音乐声中升华本节课的主题。	1. 保持安静，面对教师，跟随体育教师在音乐节奏下进行身体各部位的拉伸。 2. 听口令进行放松动作的变换。 3. 充分放松身心，思考本节课的收获与感悟。	参见图4-13
结束部分	3分钟	1	低	一、集合小结 二、布置作业 三、回收器材 四、师生再见	1. 总结本节课的学习内容及情况。 2. 安排学生归还器材。 3. 布置课后作业。	1. 认真听体育教师进行总结。 2. 协助体育教师归还器材。 3. 牢记课后作业并积极完成。	—

—297—

续表

教学用具	多媒体显示屏、课件、音乐、音响、点赞贴纸若干张。
运动器材	标志杆若干根、带杆标志筒若干个、绳梯若干副、高栏架若干个和体操垫若干个，加减乘除习题若干道。
运动强度	运动强度：中等 运动密度：60% 平均心率：110/分钟 心率曲线
安全保障	1. 场地器材放置合理，确保学生练习间距，避免相互碰撞，造成学生受伤。 2. 充分做好热身活动，避免运动损伤。 3. 合理安排练习次数，注意运动负荷。
课后反思	

—298—

案例设计十五：

解码奔跑的速度
——"田径＋数学"跨学科主题学习

年级：五年级
课时：1课时
主题：运动的学问
内容：快速跑
学科：体育与健康、数学

一、案例概要

"解码奔跑的速度"跨学科主题学习案例以落实立德树人根本任务，坚持"健康第一"为指导思想，以《义务教育体育与健康课程标准（2022年版）》为依据，以实现核心素养为目标，以落实"教会、勤练、常赛"为要求，将育体与育心、体育与健康教育相融合，充分彰显健身育人的本质特征。本案例紧扣跨学科主题学习中的"破解运动的'密码'"水平三"运动的学问"学习主题，以田径类运动项目中的快速跑为主线，结合2022年人教版四年级上册数学教材和《义务教育数学课程标准（2022年版）》中的"数量关系、倍数关系、速度、时间、路程"等知识对案例进行跨学科主题学习设计。本案例聚焦于专项运动技能中的田径类运动水平三"快速跑"的目标要求，让学生学练快速跑，并借助数学知识解决快速跑中存在的问题，旨在发展学生的快速移动能力，提高学生的跑的能力，发展速度、力量、耐力等体能，理解数学中的"速度、路程、时间、倍数"等数学知识间的关系，激发学生对生活中数学知识的兴趣。同时，本案例以"速度初探—速度测量—速度分配—速度激情—速度解码"五项任务为引领，以系列问题为导向，以实现健康和核心素养为目标来展开课堂教学，并在"学、练、赛、评"过程中发展学生的快速移动能力，提升学生的技战术能力和深度学习能力，实现立德树人根本任务和"健康第一"的指导思想。

二、主题解读

《义务教育体育与健康课程标准（2022年版）》对跨学科主题学习水平三"运动的学问"学习主题给出了明确说明："结合科学等相关知识，引导学生在运动技能学练中开展互动交流活动，透过现象看本质，更好地了解运动技能的形成、迁移和遗忘规律，了解运动的科学属性，培养学生的深度学习能力。"该学习主题的设计旨在整合不同学科的知识与技能，促进学生运动技能的发展，培养学生对运动技能的深入学习与理解，形成有规可循的运动技能规律。本案例以"运动的学问"学习主题为切入点，以义务教育教科书《体育与健康教师用书 田径类运动 全一册》（人民教育出版社，2024年）中跑为基础，聚焦于快速跑，并以《义务教育数学课程标准（2022年版）》为依据编设出版的义务教育数学教科书（人民教育出版社，2022年，四年级上册）中的"速度、路程、时间、倍数"知识为结合点，创设性地设计了"体育与健康+数学"知识和技能的"解码奔跑的速度"跨学科主题学习。"解码奔跑的速度"跨学科主题学习遵循常规"准备部分—基本部分—结束部分"的教学思路，结合学情、学习内容等围绕"任务群、问题链、素养线"对该跨学科主题学习进行总体设计，创设了丰富的学习情境，设计了具有探究性与启发性的问题与任务，让学生通过实践快速跑来理解数学中的"速度、路程、距离、倍数"等知识，帮助学生掌握快速跑在不同阶段的速度等，以助力学生在快速跑中提高跑的能力、合理分配体能，激发学生对快速跑的深度学习，促进学生运动技能迁移的形成，以及核心素养与运算思维的发展。

三、学情分析

本案例的授课对象是水平三阶段的五年级学生（田径类运动）。五年级学生处于儿童向青春期的过渡时期，学生在生理上的特性表现为身体快速成长，身高和体重显著变化，身体的柔韧性较好，但缺乏锻炼，协调性较差。在心理上的特性表现为认知能力提升，注重同伴之间的关系，思维敏捷，好奇心强，善于模仿，喜欢游戏，兴趣广泛，但情绪易波动，学习动机和注意力不足，思维容易分散。在运动能力上的特性表现为运动能力有所增加，具备大步跑、小步跑的运动基础，但缺乏对运动技能和抽象化事物的理解。因此，本案例在充分考虑和遵循五年级学生的身心发展规律、运动能力和认知等特征的基础上，聚焦于学生的兴趣点、活动点、关注点与困惑点，通过创设系列真实情境的游戏与任务来将事物、问题、任务具象化，并以直观和通俗易懂的方式表述，从而增强学生学习的趣味性、培养学生的想象力、灵敏性和协调性，避免单调、乏味和枯燥的学习体验，以提高学习效率和教学质量。

四、整体设计

"解码奔跑的速度"案例以"探究快速跑的速度"为整体设计主线，以准备部分、基本部分和结束部分三个环节共同推进课堂教学。为了有效开展课堂教学，增强教学内容的综合性、整体性和结构性，本案例创设性地将数学和体育与健康学科知识进行整合，以提升"学"的高效化和"教"的质量化，并从"任务群、问题链、素养线"三个方面对案例进行了具体设计。

第一，任务群设计。任务一"模仿动物运动"为准备部分的热身活动，通过模仿动物"走、跑、跳、爬"等来帮助学生体验不同动物的速度快慢，助力学生完成热身活动。任务二"速度初探"是案例的基本部分，通过教师讲解示范快速跑的基本技术动作要领，让学生通过实践来探究速度。任务三"速度测量"是在任务二的基础上，测量快速跑所需时间，计算出速度。任务四"速度分配"是指通过对快速跑各阶段的用时进行记录，测量不同阶段的速度，提高快速跑的体能分配和技战术能力。任务五"速度激情"是指设计小组快速跑比赛，测出个人用时、团队用时，并根据数据得出团队、个人用时之间的倍数关系。任务六"速度解码"为案例的结束部分，组织学生在轻松愉快的音乐下完成拉伸放松练习。

第二，问题链设计。问题1为"如何理解快速跑？"该问题有效地与任务一结合，旨在让学生通过模仿动物"走、跑、跳、爬"来感知、理解快速度的快慢。问题2为"快速跑可分为几个阶段？"该问题与任务二"速度探究"紧密结合，让学生通过学练了解快速跑的阶段划分，体验不同阶段的速度。问题3为"如何测量自己快速跑的速度？"该问题有效地与"速度测量"契合，旨在帮助学生理解和掌握速度。问题4为"如何分配自己快速跑的速度？"此问题与"速度分配"紧密衔接，旨在促进学生对快速跑中每一个阶段的速度把握和体能分配。问题5为"快速跑前后半程的速度是否相等？"通过测量快速跑前后相同距离所用的时间来探究速度，帮助学生理解速度、路程、时间的关系。问题6为"从任务与问题谈谈对快速跑的理解"，该问题与任务六紧密结合，旨在促进学生巩固学练和深度学习快速跑的能力，了解运动技能迁移规律。

第三，素养线设计。在运动能力方面，帮助学生掌握快速跑的技术动作要领，提高运动技能，强化学生在比赛中的能力，发展学生的心肺耐力、灵敏度与协调性等身体基本素质。在健康行为方面，了解快速跑对发展体能的益处，积极主动参与比赛，在快速跑中保护自己，并养成运动锻炼的好习惯。在体育品德方面，发展学生顽强拼搏与团结互助的精神，培养学生坚忍不拔的意志力。在跨学科素养上，启发学生用数学的思维观察世界，发展学生的运算能力、创新思维能力。整体设计见图4-14。

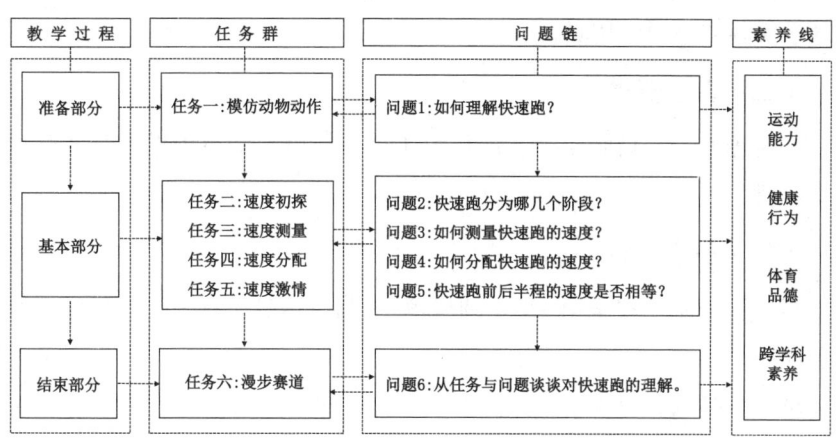

图 4-14 "解码奔跑的速度"整体设计框架图

五、学习目标和教学方法

（一）学习目标

运动能力：掌握快速跑的基本知识和动作技术要领，提高运动能力、心肺功能、移动性技能、灵敏度与协调能力以及技战术能力。

健康行为：了解与掌握快速跑对发展体能和身心健康的益处，养成良好的运动习惯，并具备锻炼的安全意识。

体育品德：培养团结协作、顽强拼搏、迎难而上的体育精神，正确看待胜负。

（二）教学方法

教法：游戏法、比赛法、情境教学法、讲解示范法、分组练习法、启发诱导法、分组练习法。

学法：探究学习法、合作学习法、自主学习法。

六、教学准备

（一）教学用具

多媒体显示屏、教学课件、音箱、音乐、笔、草稿纸。体育教师可根据教学实际调整教学用具。

（二）教学器材

计时器 6 个、口哨 1 个、测量尺 1 个。体育教师可根据教学实际增减教学器材。

（三）安全预案

第一，强调"安全第一"，带领学生充分热身，合理安排教学路线，避免冲撞。

第二，强调和提醒学生注意安全，遵守课堂纪律，服从安排和管理。

第三，洞察学生情况，如遇学生出现不适或受伤应及时处理，并与班主任联系。

七、教学过程

（一）准备部分

在田径比赛中，同样的距离有的运动员跑得快，有的跑得慢，不同运动员的速度和用时也不相同，这给我们探究速度带来了思考和启发。

借助多媒体播放经典视频"2015 年北京世锦赛"苏炳添与博尔特同组 100 m 比赛的视频，让学生观察两人的速度变化，并向他们提出问题。体育教师："同学们，通过观看刚才的比赛视频，我们发现相同的距离有的运动员跑得快，有的跑得慢。老师想问大家，你们知道用什么来描述他们的快慢吗？"

学生回答。

体育教师补充："我们可以通过速度（v）来表示他们的运动快慢。"

体育教师："让我们走进解码速度的学问赛场。"

【任务一：模仿动物运动】

1.任务说明

（1）情境创设：在我们的自然界中，不同动物在跑、爬等方面的速度有的快，有的慢，跑得快的动物用时较少，跑的距离较远。相反，跑得慢的动物，用时较长，跑的路程短。体育教师创设"模仿动物运动"的学练情境。（2）问题引导：体育教师以问题1"如何理解快速跑？"为导向，引导学生通过模仿不同动物移动来感知和初步理解速度。

该任务主要以模仿不同动物走、跑、跳、爬等移动性技能来完成大步跑、小步跑等跑的基本动作，促进学生理解不同动物的速度，完成基本的热身活动。

2. 师生活动

体育教师：（1）讲解示范并引导学生模仿不同动物的"走、跑、跳、爬"等移动性技能；（2）将学生分成4组，每组分别完成"走、跑、跳、爬"等移动性动作；（3）组织学生在模仿动物运动中完成大步跑、小步跑等以跑为目的的热身运动。

学生：（1）听从指导、积极参与到活动中；（2）遵守纪律，认真完成各动作，达到热身的目的；（3）思考体育教师提出的问题，并参与互动。

3. 组织队形

"模仿动物运动"组织队形见图4-15。

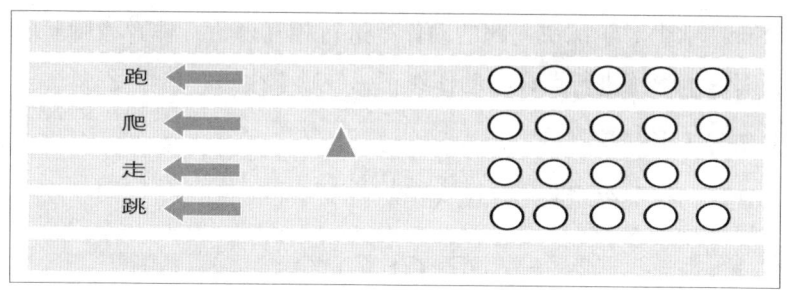

图4-15 "模仿动物运动"组织队形图

注：▲代表老师，○代表学生。

4. 设计意图

（1）发展学生的协调性、灵敏度及上下肢力量等能力，促进学生理解"速度、时间、距离"的知识与关系；（2）引导学生在"模仿动物运动"的情境下完成大步跑、小步跑、变速跑等跑的活动，达到热身的目的，为理解快速跑做好准备。

（二）基本部分

【任务二：速度初探】

1. 任务说明

（1）情境创设：基于任务一体育教师创设"速度初探"的学习情境，与学生一同探索速度。（2）问题引导：体育教师提出问题 2"快速跑可以分为哪种几个阶段"，引导启发学生认真思考问题。

该任务旨在对速度进行初步探索，组织学生学练快速跑的基本动作，探究和理解速度这一抽象概念。

2. 师生活动

体育教师：（1）讲解示范快速跑的基本知识和技术动作要领；（2）要求学生在赛道上分别学练快速跑不同阶段的技术动作要领，帮助学生初步理解速度、路程、时间之间的关系；（3）巡回指导。

学生：（1）认真听讲，学练快速跑的技术动作要领；（2）感受不同阶段的速度变化，思考路程、速度、时间的关系。

评价：学生对学练快速跑的动作等进行相互评价；体育教师验收学练效果，对学生学练进行点评与动作纠正，鼓励学生进一步学习。

3. 组织队形

"速度初探"组织队形见图 4-16。

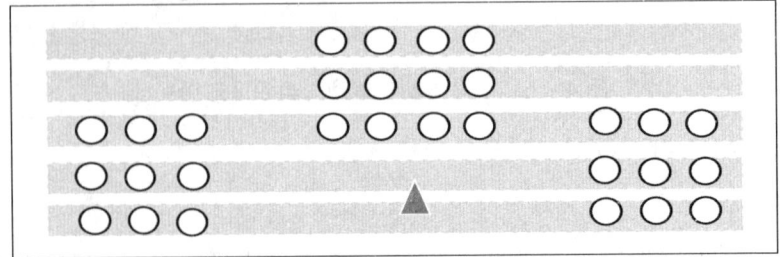

图 4-16 "速度初探"组织队形图

注：▲代表老师，○代表学生。

4.设计意图

其一,帮助学生充分了解快速跑整个过程和不同阶段跑的特点。其二,帮助学生掌握快速跑的技术动作要领。其三,在实践中思考速度、时间、距离之间的关系。

知识窗

快速跑的名称与基本动作要领

站立式起跑： 站在起跑线后面,两脚前后开立,有力的脚靠近起跑线,听到"预备"时,两腿微弯,前脚的异侧手臂屈肘于体前,上体稍前倾,听到起跑信号时,两脚用力蹬地,快速向前跑出。

加速跑： 身体逐渐抬起,眼看前方,两腿交替用力蹬地,步幅逐渐增大,步频逐渐加快,两臂自然向前摆动,以增加向前的动力,提高速度。

途中跑： 途中跑时,上体正直或稍向前倾,摆动腿前摆积极,后蹬腿后蹬充分、有力,摆臂自然,大、小腿自然折叠,用前脚掌着地,眼看前方,上体保持正直,两臂屈肘前后摆动,上、下肢协调配合,保持较高的速度。

终点跑： 上体加速前倾,加快两腿交替蹬地的频率,加大两臂摆动的幅度,以获得最大的前进动力,用肩部或胸触碰终点线。

举例： 以 100 m 快速跑为例：一般起跑为 0～10 m 左右,起跑后的加速跑为 10 m～40 m 左右,途中跑为 40 m～70 m 左右,冲刺跑为最后 70 m～100 m 左右。

【任务三：速度测量】

1.任务说明

(1)情境创设：速度听起来是一个非常抽象的概念,在快速跑中用什么方法、工具对它进行测量呢？体育教师创设"速度测量"的学习情境。

（2）问题引导：体育教师以问题3"如何测量出自己快速跑的速度？"引导学生思考在实践中如何对速度进行测量。

该任务的主要目的是让学生将抽象的"速度"通过实践以"快速跑"的形式表现出来，帮助学生在实践中理解速度、路程与时间的关系，发展学生快速跑的能力。

> **知识窗**
> **速度、时间、路程的概念及关系**
>
> **时间：**时间是一个较为抽象的概念，是物质的运动、变化的持续性、顺序性的表现。
>
> **速度：**速度描述的是单位时间内物体运动的距离，它表示物体在一段时间内的运动快慢情况。
>
> **路程：**是指物体从一个地方运动或移动到另一个地方的距离。
>
> 速度 = 路程 / 时间（$v=s/t$）
>
> 路程 = 速度 × 时间（$s=v \times t$）
>
> 时间 = 路程 / 速度（$t=s/v$）

2. 师生活动

体育教师：（1）指导学生学练快速跑的动作，测量自己快速跑的速度；（2）辅助学生使用计时器记录学生快速跑（以100 m为例）时间，让学生计算出自己快速跑的速度。

学生：（1）进一步学练快速跑的技术动作，然后尝试体验从100 m起点向终点跑；（2）学生分组进行实验，每组负责测量和记录每一名成员的用时，角色轮换，算出自己快速跑的速度。

评价：学生互评快速跑的动作、计算能力等，体育教师对跑的全程进行评价指导，并对表现较好的同学进行口头鼓励。

3. 组织队形

"速度测量"组织队形见图4-17。

第四章 "破解运动的'密码'"跨学科主题学习的教学设计

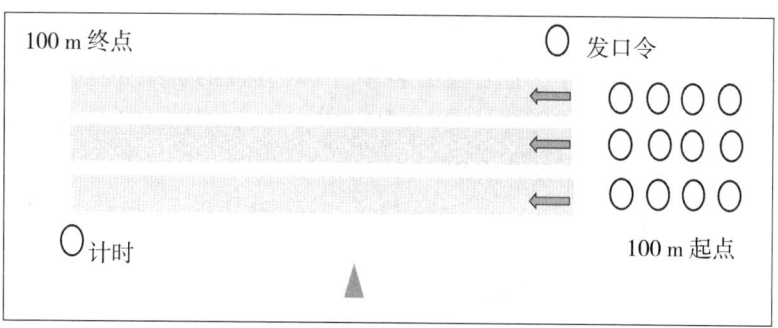

图 4-17 "速度测量"组织队形图

注：▲代表老师，○代表学生。

4. 设计意图

其一，提高学生跑的运动能力，促进移动性技能的发展。其二，培养学生的运算能力和数学思维，加深对速度、路程和时间的学习与掌握。其三，培养学生的科学探究能力，通过实验设计和数据收集来理解速度。其四，增强学生的团队精神和沟通能力。

【任务四：速度分配】

1. 任务说明

（1）情境创设：体育教师演示快速跑（200 m）的速度分配，并创设"速度分配"的情境。（2）问题引领：体育教师以问题4"如何分配自己快速跑的速度？"为引导，激发学生思考。

此任务的目的是引导学生体验和控制不同阶段路程的速度，并记录时间，测量出不同阶段的速度，从而更好地分配体能，提高快速跑的技术能力。

2. 师生活动

体育教师：（1）体育教师引导学生用尺子测量出快速跑（以100 m为例）中起跑、加速跑、途中跑和终点跑的路程；（2）分组练习不同阶段的快速跑，每组5人，共6组，轮流练习；（3）教师观察学生，协助记录每一组不同阶段快速跑的用时。

学生：（1）遵守纪律，合理分配各阶段的速度和体能；（2）小组间

-309-

相互配合计时，并计算出每个阶段的速度。

评价：学生相互评价各阶段的学练动作、体能的合理分配，以及在不同距离上的速度控制。体育教师点评学生学练不同阶段的技术动作和体能分配，让表现优秀的同学做示范。

3. 组织队形

"速度分配"组织队形见图4-18。

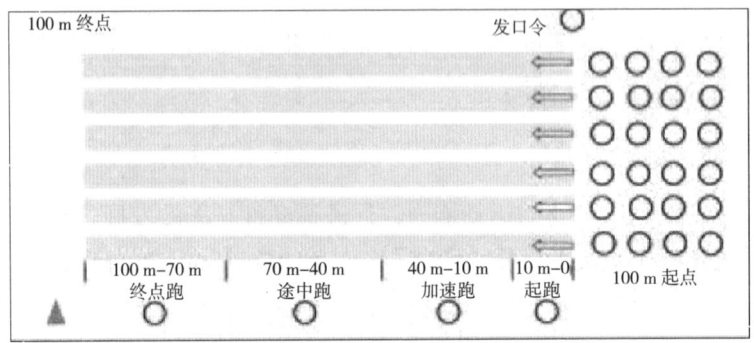

图4-18 "速度分配"组织队形图

注：▲代表老师，○代表学生。

4. 设计意图

其一，通过学练每个阶段的技术动作和速度控制，让学生学会在不同阶段合理分配体能，提高快速跑的质量。其二，加强对速度概念的理解，强化理论与实践的结合。

【任务五：速度激情】

1. 任务说明

（1）情境创设：设计快速跑（以100 m为例）接力挑战赛，学生运用所学的站立式起跑、加速跑、途中跑和终点跑完成快速跑接力挑战赛。

（2）问题引导：体育教师以问题5"快速跑前后半程的速度是否相等？"为引导，激发学生的思考和潜能。

此任务的目的是让学生充分体验快速跑的完整过程，并将比赛融入到该任务中，通过小组比赛的形式激发学生的兴趣、锻炼学生跑的能力，同时充分理解速度、时间、距离的倍数关系。

2. 师生活动

体育教师：（1）将学生分成5组，每组7人，从右侧100 m起点向终点跑，冲过左侧100 m终点时与同组同学击掌，然后另外一名同学快速向起点跑动，冲过右侧起点，完成击掌，以此循环，直到所有同学快速跑完接力赛为止；（2）学生轮流使用计时器记录接力赛中每名学生跑过50 m、100 m的单独用时以及该小组接力赛的总用时；（3）计算出每个小组每名同学的50 m速度和100 m速度，以及小组接力赛的平均速度，帮助学生分析和解决在快速跑中速度分配不均和体能不足的问题；（4）用时最短的一组获胜，用时最短的同学获得"最佳成绩"称号。

学生：（1）分组同时进行比赛，听哨音快速起跑；（2）遵守规则，团结合作，全力以赴，夺取胜利；（3）测出个人用时、团队用时，并根据数据得出团队、个人用时之间的倍数关系。

评价：学生间相互对快速跑的技术动作、团队配合等进行评价，体育教师进行点评。

3. 组织队形

"速度激情"组织队形见图4-19。

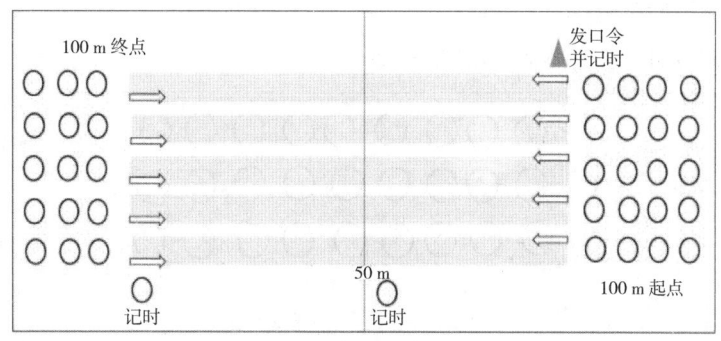

图4-19　"速度激情"组织队形图

注：▲代表老师，○代表学生。

4. 设计意图

其一，激发学生的体育精神，促进学生对快速跑技术动作的掌握。其二，加深学生对倍数关系、速度、路程和时间变化的理解。其三，学会在实践中运用时间和距离测量速度。

（三）结束部分

【任务六：速度解码】

1. 任务说明

（1）情境创设："速度激情"结束后，体育教师播放轻松愉快的音乐，带领学生在音乐中拉伸肌肉，做放松练习。（2）问题引领：体育教师以问题6"从任务与问题谈谈你对快速跑的理解"，让学生在学习中思考。

2. 师生活动

体育教师：（1）带领学生一起在音乐中进行放松练习；（2）引导学生调节呼吸，放松身心。

学生：（1）面向体育教师站立，跟随体育教师在音乐中拉伸肌肉和放松身体各部位；（2）听口令做不同的拉伸；（3）全身心放松，思考本节课的收获。

3. 组织队形

"速度解码"组织队形见图4-20。

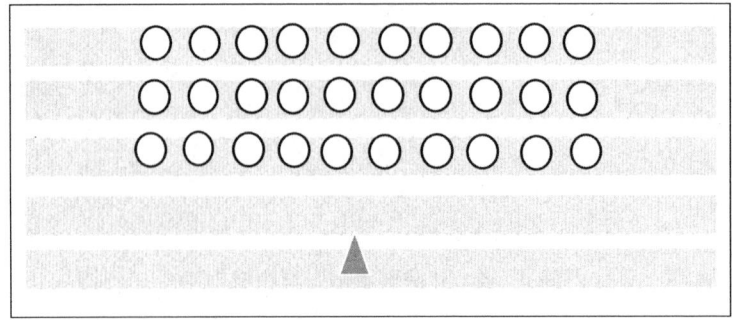

图4-20 "速度解码"组织队形图

注：▲代表老师，○代表学生。

4. 设计意图

其一，放松学生的身心。其二，引导学生在放松中思考本次课的收获。

5. 教师总结

体育教师："同学们，本次课我们进行了'解码奔跑的速度'跨学科主题学习，大家能够在老师的指导下初步掌握快速跑的基本技术动作要领，但在比赛速度分配和动作方面还存在不足，有的同学出现了前面跑得很快，到后面没有了体能，甚至出现了以走代替跑、身体僵硬和跑得不稳定的情况，总体还是表现得非常不错的，希望大家接下来加强练习，提高快速跑的技战术能力。现在，我想请问大家，今天这堂课对你们有什么感触和启发？还有同学是否有其他问题？"

学生回答。

体育教师："数学学科中的速度知识与我们的快速跑息息相关，通过对快速跑中各阶段速度的测量、控制和合理分配，可以有效提高同学们的快速跑成绩，也能更好地在实践中理解时间、路程、速度和倍数的关系。"

6. 学习评价

评价方式：学生自评、小组评价、师生互评。"解码奔跑的速度"综合评价量规详见表4-3。

表4-3 "解码奔跑的速度"综合评价量规

评价维度	评价标准	★★★	★★	★
运动能力	1. 掌握快速跑的基本动作技术要领等知识与技能			
	2. 提高反应能力、速度、灵敏度和协调性等身体素质			
健康行为	1. 帮助学生了解体育对促进身心健康的益处			
	2. 掌握快速跑的安全知识，并保护好自己			

续表

评价维度	评价标准	★★★	★★	★
体育品德	1.培养学生团队合作、顽强拼搏、坚持不懈等品质			
	2.形成规则意识、公平竞争、正确的胜负观等理念。			
跨学科素养	1.培养学生观察生活中的数学知识			
	2.发展学生科学思维和运算的意识			

7.课后作业

（1）任务安排：根据课堂实际学习效果，安排学生课后练习快速跑，巩固课堂学习的知识与技能，促进学生动作技术迁移能力的形成。

（2）知识联结：借助数学相关知识，观看快速跑的相关比赛，思考如何进一步优化自己的快速跑动作，并对比赛进行一定的分析与评价或提出问题。

（3）家长评价：家长对学生课后作业的完成情况做好记录与评价，帮助体育教师精准掌握学生的学、练情况，为后续教学提供参考。

八、教案参考

"解码奔跑的速度"教案

主题	运动的学问	学段	水平三	年级	五年级	班级	×××班
学习内容	解码奔跑的速度——"田径+数学"跨学科主题学习							
学习目标	运动能力：掌握快速跑的基本知识和动作技术要领，提高运动能力。 健康行为：了解与掌握快速跑对发展体能和身心健康的益处，养成良好的运动习惯，并具备安全的锻炼意识。 体育品德：培养团结协作、顽强拼搏、迎难而上的体育精神，正确看待胜负。							
重点	1. 跑的动作手臂摆动直线性好、自然放松。 2. 身体的重心，各阶段的配合。				难点	1. 跑的过程衔接与动作配合。 2. 跑的重心、腿的蹬摆和身体协调。		

课的结构	课的内容			学习内容	教法与指导	学法与表现	组织与队形
^	时间	次数	负荷	^	^	^	^
准备部分	2分钟	1	低	一、课堂常规 1. 体委整队，报告人数，师生问好。 3. 宣布本节课的学习内容及要求。	1. 教师鸣哨集合整队，问学生问好，安排见习生，检查服装，强调安全。 2. 宣布本节课的内容及安全教育。	1. 体委整队（快、静、齐）。 2. 明确本节课任务及目标，遵守课堂纪律、笔记安全提醒。	一

—315—

续表

课的结构	课的内容			学习内容	教法与指导	学法与表现	组织与队形
	时间	次数	负荷				
准备部分	2分钟	1	低	二、情境导入 1. 借助多媒体播放2015年北京世锦赛苏炳添与博尔特同组100 m赛的视频。	1. 教师播放视频。 2. 言语讲解导入。	1. 学生认真听讲，观看视频。 2. 发散思维融入情境。	—
	5分钟	1	中	三、模仿动物运动 情境创设：学生模仿不同动物跑、爬、跳、走的动作，感受不同动物移动的距离、所耗时间。	1. 引导学生模仿不同动物的运动。 2. 问题引领，如何理解快速跑？ 3. 将学生分成4组，每组分别完成"走、跑、跳、爬"等动作。	1. 思考体育教师提出的问题，参与互动。 2. 遵守规则和课堂纪律。 3. 充分热身，避免运动损伤。	参见图4-15
基本部分	6分钟	5	中	一、速度初探 基于任务—体育教师创设"速度初探"的学习情境。	1. 创设速度初探的情境。 2. 问题引领：快速跑可以分为哪几个阶段？ 3. 讲解示范快速跑的动作技术要领，指导学生学练快速跑不同阶段的技术动作要领。	1. 学生融入情境，认真听讲。 2. 思考体育教师提出的问题，参与互动。 3. 学练快速跑的技术动作要领。 4. 学生评价，小组或个人单独评价，体育教师点评。	参见图4-16

—316—

续表

课的结构	课的内容 时间	课的内容 次数	课的内容 负荷	学习内容	教法与指导	学法与表现	组织与队形
基本部分	7分钟	1	中	二、速度测量 速度听起来是一个非常抽象的概念，在快速跑中用什么方法、工具对它进行测量呢？	1. 创设速度测量的情境。 2. 问题引领：如何测量出自己快速跑的速度。 3. 指导学生测量出并尝试测量自己的速度。	1. 学生融入情境，思考体育教师提出的问题。 2. 学练快速跑的全程动作，然后尝试体验从100m起点向终点跑。 3. 学生评价，教师点评。	参见图4-14
基本部分	7分钟	1	中	三、速度分配 体育教师演示快速跑（200 m）的速度分配，并创设"速度分配"的情境。	1. 创设速度分配的情境。 2. 问题引导：如何分配自己的跑步速度？ 3. 体育教师引导学生用尺子测量出快速跑4个阶段的路程（以100 m为例）。 4. 分组进行练习，每组5人，共6组，轮流练习和相互观察，记录每一阶段的速度变化。	1. 融入情境，思考并回答体育教师的问题。 2. 学练不同阶段的速度分配。 3. 小组间相互配合，完成记时，计算出每一阶段的速度。 4. 学生相互评价，体育教师点评。	参见图4-18

—317—

续表

课的结构	课的内容			学习内容	教法与指导	学法与表现	组织与队形
	时间	次数	负荷				
基本部分	7分钟	1	高	四、速度激情设计快速跑接力挑战赛（100 m为例），学生运用所学的快速跑知识完成接力跑挑战赛。	1.体育教师创设速度激情情境，引导学生进入学习情境。 2.问题引导：快速跑前后半程的速度是否相等？ 3.将学生分成5组，每组7人，每组从右侧100 m起跑点向100 m终点跑去，冲过终点与同组同学击掌，然后另外一名同学冲过右侧起点，完成击掌，以此循环，直到所有同学快速跑完接力赛为止。 4.学生相互记录个人跑过50 m、100 m的单独用时和该小组接力赛的总用时。 5.用时最短的一组获胜。	1.融入情境，思考，并回答体育教师的问题。 2.分组同时进行，听哨音快速起跑。 3.计算出每名同学跑过50 m、100 m的用时，分析前后半程速度与体能的关系。 4.学生互评，体育教师点评。	参见图4-19

第四章 "破解运动的'密码'"跨学科主题学习的教学设计

续表

<table>
<tr><th rowspan="2">课的结构</th><th colspan="3">课的内容</th><th rowspan="2">学习内容</th><th rowspan="2">教法与指导</th><th rowspan="2">学法与表现</th><th rowspan="2">组织与队形</th></tr>
<tr><th>时间</th><th>次数</th><th>负荷</th></tr>
<tr><td>结束部分</td><td>4分钟</td><td>1</td><td>低</td><td>一、速度解码
任务要求：播放音乐，带领学生进行放松练习。
二、教师总结
三、学习评价
四、课后作业
五、收拾器材
六、师生再见</td><td>1.体育教师创设速度解码。
2.问题引导：从问题与任务谈谈对快速跑的理解。
3.总结本节课的学习内容及情况。
4.布置课后作业。
5.辅助学生归还器材。</td><td>1.融入情境。
2.拉伸放松，思考回答体育教师的问题。
3.按时完成课后作业。</td><td>参见图4-20</td></tr>
<tr><td>教学用具</td><td colspan="7">多媒体显示屏、教学课件、音箱、音乐、测量尺6个等。</td></tr>
<tr><td>运动器材</td><td colspan="7">计时器6个、口哨1个、测量尺6个等。</td></tr>
<tr><td>运动密度</td><td colspan="4">运动强度：中等
运动密度：70%~75%
平均心率：140~150次/分钟</td><td colspan="3">心率曲线</td></tr>
</table>

—319—

续表

安全保障	1. 合理规范摆放器材，避免造成学生受伤。 2. 充分做好热身活动，避免运动肌肉拉伤。 3. 合理安排练习时间，注意运动负荷强度。
课后反思	

案例设计十六：

绿茵智慧生存链
——"足球＋生物"跨学科主题学习

> 年级：七年级
> 课时：1课时
> 主题：给运动插上智慧的翅膀
> 内容：脚不同部位推拨球、拉球
> 学科：体育与健康、生物

一、案例概要

"绿茵智慧生存链"跨学科主题学习案例以筑牢育人根基、落实立德树人根本任务和坚持"健康第一"为指导思想，以《义务教育体育与健康课程标准（2022年版）》为依据，以"教会、勤练、常赛"为基本要求，始终把育人与育心贯穿于教学全过程。本案例紧扣跨学科主题学习中的"破解运动的密码"水平四"给运动插上智慧的翅膀"学习主题，以球类运动项目中的足球脚不同部位推拨球、拉球为主要学习内容，结合2012年人教版初中七年级上册《生物学》教材中"食物链、食物网"等知识对案例进行跨学科主题学习设计。本案例围绕专项运动技能中的足球类运动水平四"脚不同部位推拨球、拉球"的总体目标要求，通过让学生在实践中学练脚不同部位推拨球、拉球，借助生物中的"食物链、食物网"等知识来提升脚不同部位推拨球、拉球的技术技能，培养学生的协作能力和团队精神，并引导学生在足球运动中学习生物知识，激发学生对生物知识的热爱。同时，本案例以"老鹰捉小鸡—绿茵集训—翻越绿茵—绿茵猎捕—越岭赛跑—绿茵凯旋"等任务为引领，以系列问题为导向，以发展学生核心素养和实现"健康第一"为旨归进行总体学习设计，并在"教会、勤练、常赛"的过程中理解足球运动的技术技能，提高学生在足球运动中发现问题、分析问题、解决问题的能力，实现以体育人的根本任务。

二、主题解读

《义务教育体育与健康课程标准（2022年版）》对跨学科主题学习中"破解运动的'密码'"水平四主题"给运动插上智慧的翅膀"给出了明确说明："结合信息科技、物理、数学、化学等相关知识，在运动技能教学中运用移动设备或虚拟现实（VR）技术模拟真实运动情境，帮助学生理解现代科学技术对运动技能学习、运动器材研发的影响，提高学生发现问题、分析问题和解决问题的能力。"该主题旨在整合不同学科知识来发展学生的运动技能，提高学生利用跨学科知识来发现问题、分析问题和解决问题的能力，促进学生运动技能的提高。《绿茵智慧生存链》跨学科主题学习聚焦于专项运动技能中足球水平四中的脚不同部位推拨球、拉球的知识与技能，以"给运动插上智慧的翅膀"学习主题为切入口，以义务教育《生物学》教科书（人民教育出版社，2012年，七年级上册）中的食物链、食物网等知识为联结点，创设性地设计了"体育与健康+生物"知识与技能"绿茵智慧生存链"跨学科主题学习。"绿茵智慧生存链"跨学科主题学习围绕"准备部分、基本部分、结束部分"展开课堂教学，结合了学情、学习内容、教材、学生的身心发展规律等对该跨学科主题学习从"任务群、问题链、素养线"进行总体设计，创新性地丰富了学习的真实情境、探究性问题与任务，并通过跨学科知识来提升学生解决问题的能力，提高学生脚不同部位推拨球、拉球的技术技能，促进学生的核心素养、科学思维和探究实践的综合素养。

三、学情分析

本案例的授课对象是水平四阶段的七年级学生。七年级学生正值青春期，是成长的关键时期，学生在生理特性上表现为身体形态得到快速发展，男生、女生的第二性特征差异较为显著，肌肉和骨骼系统迅速发展。在心理上特性表现为学生独立性需求增加，情绪多变，敏感性强，在思维发展上得到提高，对新鲜事物充满好奇心，好模仿，但在认知能力上仍存在不足，情绪易受外界影响。在运动能力方面，七年级学生的肌肉力量与耐力增加，能够进行一定强度和长时间的运动，反应速度和灵敏度得到提高，开始对运动兴趣产生分化，对足球裁判有一定的了解，能够在教师的指导下担任基本的班级比赛裁判工作，但他们依然存在运动技能不完善、发展不均衡的现象，"学、练、赛"上存在运球与控球不稳定、裁判工作尚不够娴熟等问题。因此，本案例在充分考虑七年级学生的身心发展规律、足球基础、运动能力和认知等特征的基础上，关注学生学练的重点、难点、痛点和兴趣点，以游戏与任务相结合的形式来将事物具象化，增强学习内容的趣味性、丰富性，规避枯燥、生硬的课堂教学，旨在提高课堂学的效率与教的质量，促进学生团结合作的精神、解决问题的能力、顽强拼搏的意志和积极向上的品质。

四、整体设计

"绿茵智慧生存链"案例以"探究足球推拨球、拉球的智慧"为整体设计主线，并通过准备部分、基本部分和结束部分共同推进课堂教学的开展。为提高教学的整体性、内容的结构化和学习的有效性，本案例创新地整合了生物学科中的"食物链、食物网"知识，从任务群、问题链和素养线出发进行具体设计。

第一，任务群设计。任务一"老鹰捉小鸡"为准备部分的热身活动，通过游戏展开足球专项技能的滑步、跳跃等基本的热身活动。任务二"绿茵集训"意在学习脚不同部位推拨球、拉球的基本知识和动作技术要领。任务三"翻越绿茵"要求学生结合运球技术以脚不同部位推拨球、拉球来通过每一条食物链。任务四"绿茵猎捕"让学生扮演食物链中不同的动植物角色，结合运球技术以脚不同部位推拨球、拉球后传球和射门。任务五"绿茵比赛"将学生分成不同的组别进行比赛。任务六"绿茵凯旋"为结束部分的拉伸放松练习。

第二，问题链设计。问题1为"老鹰为什么要捉小鸡？"与任务一有效地结合，让学生理解在生态系统中"吃与被吃"的关系。问题2为"该生态系统中动植物之间有什么关系？"与任务二的理论与实践知识相契合，凸显了食物链中动植物的关系。问题3为"该生态系统中你能找出多少条食物链？"与任务三紧密结合，让学生识别出该生态系统中不同的运球路线。问题4为"食物链中动植物如何进行捕食？"与任务四"绿茵猎捕"呈一一对应关系，并回应了每一条食物链的关系与特征。问题5为"如何以'绿茵猎捕'进行排兵布阵？"基于任务五进行技战术布置。问题6为"结合任务与问题谈谈本次课有什么收获与感悟"。

第三，素养线设计。（1）在运动能力上，帮助学生掌握脚不同部位推拨球、拉球技术，提高学生的控球、传接球的能力和比赛的进攻能力，强化运动能力。（2）在体育品德方面，发展学生的探究能力、顽强拼搏的意志力、团结奋斗的精神。（3）在健康行为方面，知道与掌握足球运动对身心健康的益处，学会在足球比赛中保护好自己和处理基本的足球运动损伤。（4）在跨学科素养方面，培养批判性思维和勇于探究的科学精神。"绿茵智慧生存链"整体设计见图4-21。

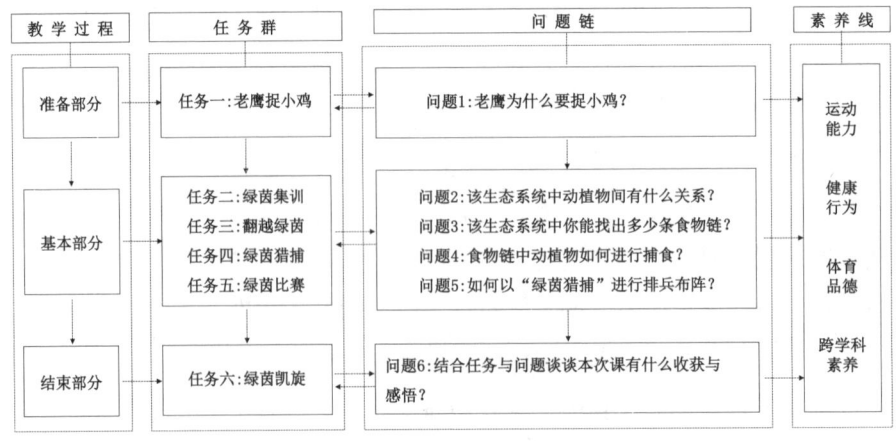

图4-21 "绿茵智慧生存链"整体设计框架图

五、学习目标和教学方法

（一）学习目标

运动能力：了解并掌握脚不同部位推拨球、拉球的技术动作要领，提高足球的运动技能和技术。

健康行为：知道足球运动对促进身心健康的益处，能够在足球比赛中保护好自己，简单处理足球运动中的损伤，养成良好的运动习惯。

体育品德：培养学生顽强拼搏的精神、团结合作的意识，以及正确的胜负观。

（二）教学方法

教法：言语法、情境教学法、讲解示范法、游戏与竞赛法、预防与纠正错误法、分组练习法等。

学法：模仿练习法、循环练习法、探究学习法、自主学习法、合作学习法等。

六、教学准备

（一）教学用具

音响、音乐、多媒体显示屏、教学课件、笔、草稿纸等，体育教师可根据教学实际情况增减教学用具。

（二）教学器材

标志筒若干、足球40个、小球门6个、口哨1个等，体育教师可根据教学实际增减教学器材。

（三）安全预案

第一，体育教师强调"安全第一"，将安全贯穿于课堂始终，注意保障学生人身安全，避免发生危及学生人身安全的事故。

第二，在教学过程中密切关注学生内外表现，避免冲撞受伤，若有学生受伤，体育老师应立即上前查看情况，必要时立即将学生送校医务室治疗，并向班主任说明情况。

七、教学过程

（一）准备部分

在自然界中，我们经常会看到许多动物捕食的过程，有的动物会被其他动物追着跑，有的会被吃掉，那么为什么会出现这种现象呢？

借助多媒体显示屏播放动物捕食的视频，并向学生提出问题。

体育教师："通过观看刚才的视频，老师想请问大家，动物之间存在什么关系？"

学生回答。

体育教师补充："动物捕食脱胎于食物链逻辑，在整个生态系统中，各种不同的动植物构成了系统的食物网和食物链，顶端的捕食者天敌较少，底端的捕食者天敌较多。老师想问同学们：你们能不能举一个类似的例子，表述它们之间的关系？"

学生回答。

体育教师："让我们走进食物链。"

【任务一：老鹰捉小鸡】

1. 任务说明

（1）情境创设：走进自然，并播放经典的"老鹰捉小鸡"视频，由体育教师带领学生走进"老鹰捉小鸡"的学习情境。（2）问题引领：问题1"老鹰为什么要捕捉小鸡？"

知识窗

基本概念

食物链：在生态系统中，不同生物之间由于吃与被吃的关系而形成的链状结构叫做食物链。

食物网：在生态系统中，往往有很多食物链，不同食物链彼此交错连接，形成食物网。

---

2. 师生活动

体育教师：（1）将学生分为4组，每组7人，1名学生当"老鹰"，1名学生当"鸡妈妈"，其余5名学生当"小鸡"跟随在"鸡妈妈"身后开展游戏；（2）遵守规则，被老鹰捉到的"小鸡"轮换当老鹰，在追、跑的过程中以纵向、横向滑步，交叉步，单足，双足跳等进行热身活动；（3）各组学生站在足球场的同侧位置，每组排头用不同的运球方式追逐前面的学生，被追逐者站在四边形的方框内，等待追逐者绕完四边形并与下一名学生击掌后，进入下一轮，最后被抓人数少的一组获胜。

学生：（1）遵守规则和课堂纪律；（2）在限定的区域范围内进行游戏活动，充分热身，避免运动拉伤。

3. 组织队形

"老鹰捉小鸡"组织队形见图4-22。

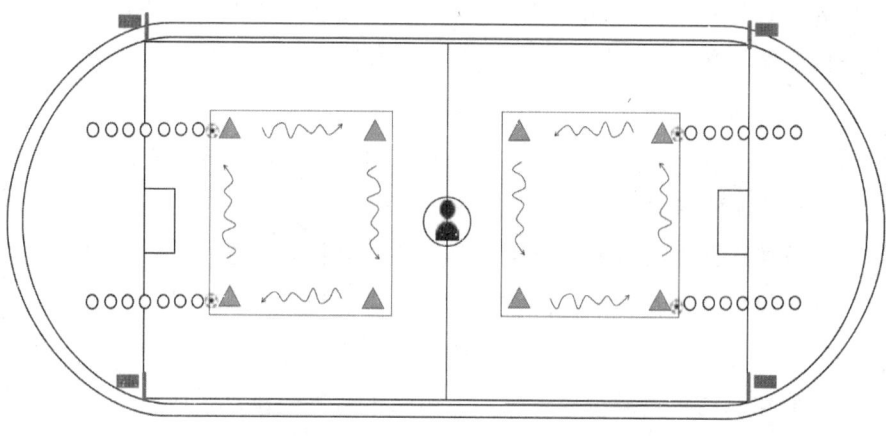

图4-22　"老鹰捉小鸡"组织队形图

注：▇代表教师，○代表学生，▲代表标志筒，⊛代表足球，▬代表脚旗。

4. 设计意图

其一，渲染课堂氛围，让学生熟悉和把握动植物的关系，迅速进入学习情境。其二，通过滑步移动、交叉步、跳跃、运球追逐等完成热身活动，提升学生的灵敏度、协调性、反应等基本身体素质。

（二）基本部分

【任务二：绿茵集训】

1. 任务说明

（1）情境创设：体育教师以翻越小山岭、小山丘为参照创设"绿茵集训"的学习情境，在山丘中有草、蝗虫、田鼠、鸡、蛇、老鹰等动植物。

（2）问题引领：体育教师以问题2"该生态系统中动植物之间有什么关系？"引导学生在学习情境中发展科学思维和实践探究能力。

知识窗

常见脚不同部位推拨球、拉球动作要领

脚背内侧推拨球：用脚背内侧（一般为大脚趾和第二脚趾之间的区域）轻轻推拨球（一般称为"内拨"），使球向侧方或侧后、前方滚动，一般适用于短距离控制、变向和越过障碍物较多的情境。

脚背外侧推拨球：用脚背外侧（一般为小脚趾一侧）推拨球（一般称为"内拨"），使球向侧方或侧后、前方滚动，适合在狭窄空间内进行快速的方向变化。

拉球：通常指的是使用脚的不同部位，将球从原来的位置向自己的方向拉回，以保持对球的控制或摆脱对手的逼抢。关键在于用脚部接触球的适当部位，并利用脚部的力量和方向来引导球的移动。保持对球的控制或摆脱对手的逼抢。关键在于用脚部接触球的适当部位，并利用脚部的力量和方向来引导球的移动。

推拨球注意事项：推拨球时要注意触球部位，触球力量要适中，控制好球、身体重心随球的方向移动。

---

2. 师生活动

体育教师：（1）示范脚背内外侧推拨球、拉球的技术动作要领；（2）指导学生化身为不同的动植物，2人一组（化身为相同的动植物），

1人踩球，1人用脚不同的部位触球，感受与领会脚不同部位推拨球、拉球的动作技术要领；（3）2人一组在原地做防守（静态）的推拨球、拉球技术动作练习（当一个人运球接近防守者时采用脚不同部位推拨球、拉球，以绕过防守员）。

学生：（1）位列教师两侧，认真听、观察体育教师脚不同部位推拨球、拉球技术动作要领；（2）模仿教师的动作，2人一组，认真领会脚不同部位触球，轮流做触球感知练习；（3）2人一组做突破防守者（静态）的推拨球、运球学练。

评价：学生相互对脚不同部位推拨球、拉球动作，协调性，突破防守等进行评价，体育教师点评、指导。

3. 组织队形

"绿茵集训"组织队形见图4-23。

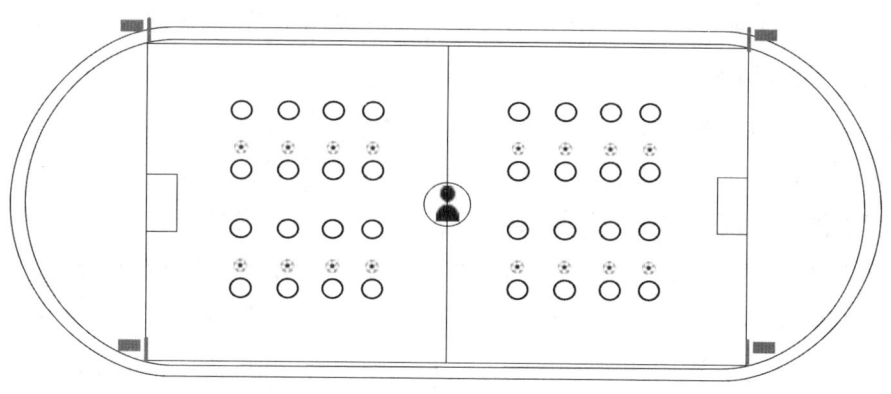

图4-23 "绿茵集训"组织队形图

注：▲代表教师，○代表学生，⊛代表足球，▭代表脚旗。

4. 设计意图

其一，帮助学生掌握脚不同部位推拨球、拉球动作技术要领。其二，通过预设"食物链"知识，让学生对动植物之间的关系有一定的认识，为后续的教学做铺垫。

【任务三：翻越绿茵】

1. 任务说明

（1）情境创设：基于任务二，体育教师以草、蝗虫、田鼠、鸡、蛇、老鹰为主的生态系统创设"翻越绿茵"学习情境。（2）问题引领：体育教师以问题3"在该生态系统中，你能找出多少条食物链？"引导学生在情境中发展思维和深化实践探究能力。

2. 师生活动

体育教师：（1）将学生分成6组，每一组学生扮演不同的动植物（防守者），动植物为生存躲避被捕食者吃掉（防守者抢断球），要通过不同的运球方式越过捕食者。当食物链底端的动植物被捕食者吃掉后，该捕食者成为新的被捕食者。为了躲避其他食物链更顶端生物的追捕，该动植物拿球后继续向前运球，当遇见捕食者时采用脚不同部位推拨球、拉球努力绕过捕食者（防守者），以此类推。若没有被抢断球，则同组的下一个成员重新开始。例如在"青草 ⟶ 鸡 ⟶ 老鹰"这一食物链中，"草"采取脚背正面运球在遇见"鸡"时可采用假动作配合脚背外侧拨球、脚背内侧推球绕过"鸡"，若没有绕过"鸡"，则视为被"鸡"抢断，然后"鸡"拿到球后向前运球，当遇见"老鹰"时采用脚推拨球或拉球躲避"老鹰"的追捕。每一轮过后小组成员轮流扮演不同的动植物（防守者）。（2）确保在不同的食物链中运用不同的运球方式和推拨球、拉球技术绕过动植物（每组轮完后，交换角色转换到不同的食物链）；（3）注意同一组前后的间隔和控制球的方向。

学生：（1）思考体育教师提出的问题，并做出回答；（2）以小组为单位，1人1球，分组进行"翻越绿茵"学练；（3）行进间用不同的运球方式前进，遇见捕食者（防守者）时以脚不同部位推拨球、拉球尽力绕过捕食者，获得生存的机会。

评价：学生、小组间互评脚不同部位推拨球能力、拉球能力，控球能力和协调性等,体育教师进行指导、点评和纠正。

3. 组织队形

"翻越绿茵"组织队形见图4-24。

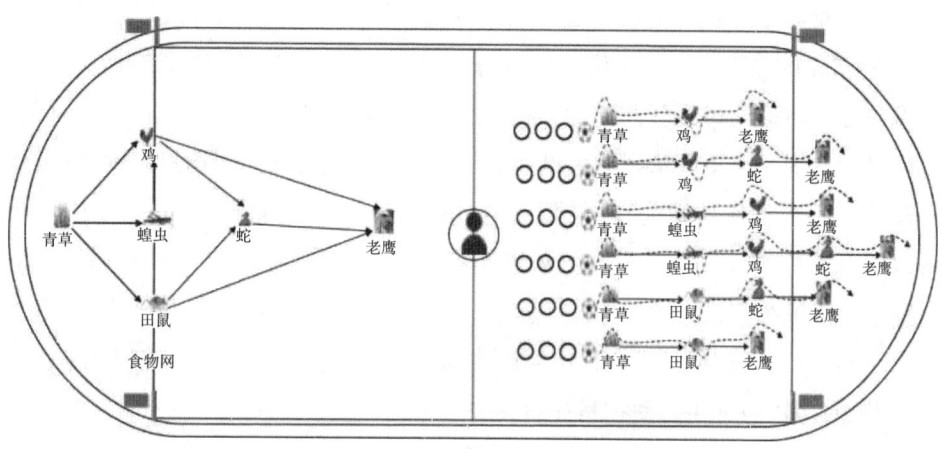

图4-24　"翻越绿茵"组织队形图

注：👤代表教师，〇代表学生，⊕代表足球，▬代表脚旗。

4. 设计意图

其一，提升学生脚不同部位推拨球、拉球的技术、控球能力。其二，引导学生认识不同动植物间的关系，发展学生的科学思维。

【任务四：绿茵猎捕】

1. 任务说明

（1）情境创设：在食物链中，底端的动物会被顶端的动物吃掉，为了让学生能够用脚不同部位推拨球、拉球来突破防守，学生分别以不同的角色进入"绿茵猎捕"的学习情境。（2）问题引领：体育教师以问题4"食物链中动植物如何进行捕食？"引导学生在情境中思考。

2. 师生活动

体育教师：（1）将学生分成6组，每组代表食物链中的一种动植物；

（2）每组站在足球场（食物网）上不同的位置（后卫：鸡、老鹰、田鼠；中场：蛇、蝗虫；前锋：青草），通过脚不同部位推拨球、拉球和传球方式在食物链中来回捕食，并完成射门。譬如，以"草 —→ 鸡 —→ 老鹰"这一条食物链为例，老鹰（运球者）通过不同的方式运球，在接近"鸡"左右(5m)时，以脚不同部位推拨球的形式把球传给"鸡"后进行追捕，"鸡"拿到球后迅速通过运球向前跑，在接近"草"时以推拨球的形式传给"草"后进行追捕，"草"拿到球后迅速通过运球，在接近球门时通过做推拨球、拉球或组合动作快速完成射门。（3）其他每条食物链同理，每组学生可以同时进行，每一轮完后，各小组交换位置；（4）如被捕（抢断球后），同组换人继续猎捕。

学生：（1）相互配合，注意推拨球的力度、部位，以及传球和跑位；（2）演绎较为真实的动物猎捕过程。

评价：学生间相互评价推拨球、拉球动作的协调性、动作技能流畅性和团队合作能力，体育教师进行观察和点评。

3. 组织队形

"绿茵猎捕"组织队形见图4-25。

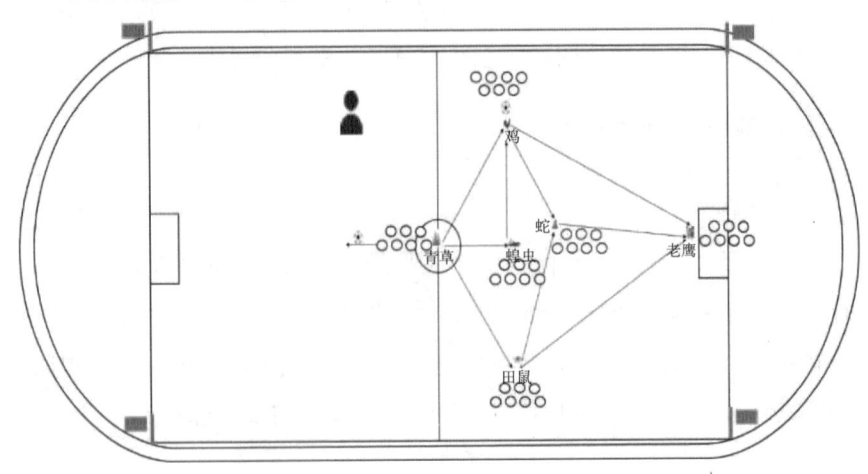

图4-25 "绿茵猎捕"组织队形图

注：■代表教师，〇代表学生，⊗代表足球，⊨代表旗子。

第四章 "破解运动的'密码'"跨学科主题学习的教学设计

4. 设计意图

其一，充分让学生体验在真实比赛中来自对方球员的干扰和压力，锻炼学生的心理素质，合理运用推拨球、拉球，提高运球、传球、控球等能力。其二，充分让学生了解和学习足球场上的站位及跑位等技战术。其三，帮助学生通过食物链掌握动植物之间的关系。其四，通过任务与问题提高学生解决问题的能力和实践探究的能力。

【任务五：绿茵大战】

1. 任务说明

（1）情境创设：基于任务四，体育教师创设"绿茵大战"学习情境。（2）问题引导：体育教师以问题5"如何基于任务四进行排兵布阵？"引导学生分组比赛，在比赛中发展学生的运动能力。

2. 师生活动

体育教师：（1）将学生分成5组，每组7人，剩余7人中2人做比赛的主裁判、4人做比赛的边线裁判，1人做其中一队的第四官员，基于任务4的队形组织各小组排兵布阵（3-2-1阵型），进行"绿茵大战"比赛，两队比赛中进球一方胜出，与另外一组继续下一场比赛；（2）在比赛中双方在射门前均要做推拨球、拉球等动作后方能射门，不然进球无效；（3）正确运用接应、协防与保护等技战术动作完成比赛。

学生：（1）积极与团队成员展开合作，寻找最优方式和最佳状态，全力以赴夺取比赛胜利；（2）合理运用技战术。

评价：学生对比赛中脚不同部位推拨球、拉球的运用，技战术的运用，团队的合作能力等进行相互评价，体育教师进行点评。

3. 组织队形

"绿茵大战"组织队形见图4-26。

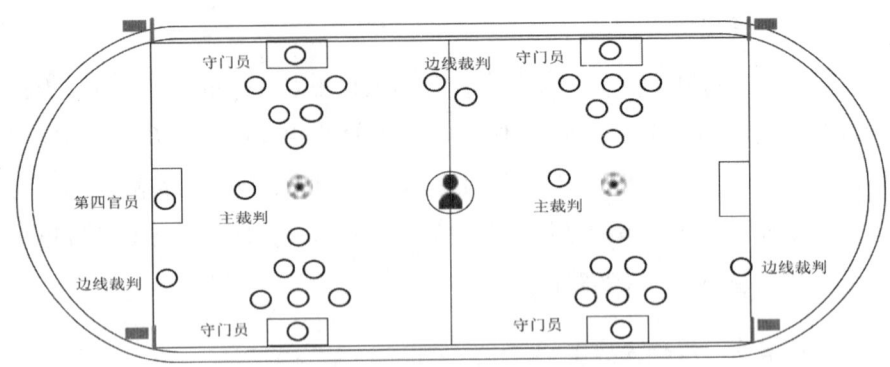

图 4-26 "绿茵大战"组织队形图

注：🯅代表教师，○代表学生，⊛代表足球，▬代表脚旗。

4. 设计意图

其一，通过比赛帮助学生提高脚不同部位推拨球、拉球，控球和射门的能力。其二，增强学生对足球接应、协防与保护的技战术和裁判工作的认识。其三，增强学生的团队合作能力和自信心。

（三）结束部分

【任务六：绿茵凯旋】

1. 任务说明

（1）情境创设：完成"绿茵大战"任务后，体育教师播放《凯旋之歌》，带领学生进行放松练习。（2）问题引领：体育教师结合任务与问题引导学生深入思考，畅谈本次课的收获。

2. 师生活动

体育教师：（1）播放音乐，带领学生一起做放松练习；（2）引导学生调整呼吸，放松身心。

学生：（1）围绕教师站立，跟随教师在音乐中拉伸肌肉和放松身体；（2）听口令做不同动作的拉伸；（3）全身心放松，思考本节课的收获。

3. 组织队形

"绿茵凯旋"组织队形见图 4-27。

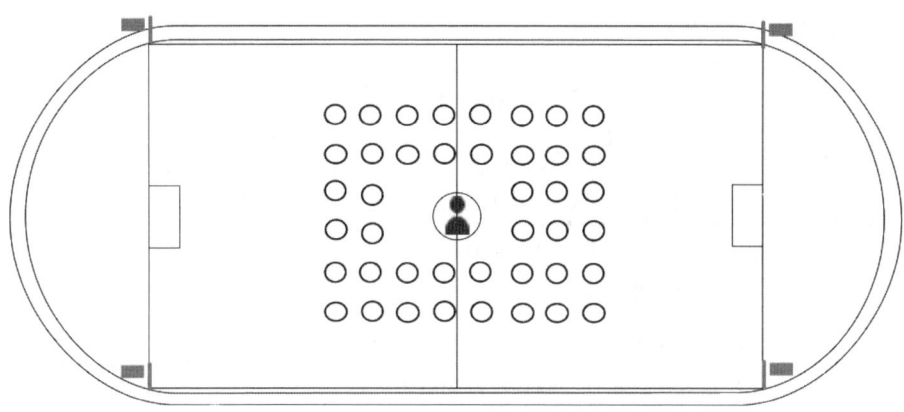

图 4-27 "绿茵凯旋"组织队形图

注：👤代表教师，〇代表学生，⊢代表脚旗。

4. 设计意图

（1）组织学生进行放松和拉伸运动。（2）引导学生思考食物链中的动植物关系与足球技战术的运用。

5. 教师总结

体育教师："同学们，今天这节课进行了'绿茵智慧生存链'跨学科主题学习，大家初步掌握了脚不同部位推拨球、拉球和食物链中动植物的关系，并在'学、练、赛、评'中提升了运球能力、技战术水平和裁判工作能力。现在，老师想问大家，你们对这堂课有什么感触？同学是否还有问题？"

学生回答。

体育教师："通过不同动植物所构建起的食物链，将脚不同部位推拨球、拉球技术融入其中，有效地提高了同学们的运球、技战术和裁判能力，培养了学生对足球的热情和对生活中生物的兴趣爱好。"

6. 学习评价

评价方式：学生自评、同学互评、教师点评。"绿茵智慧生存链"综合评价量规详见表4-4。

表4-4　"绿茵智慧生存链"综合评价量规

评价维度	评价标准	★★★	★★	★
运动能力	1. 掌握脚不同部位推拨球、拉球技术			
	2. 提高心肺耐力、协调能力等身体素质			
健康行为	1. 掌握足球运动有益于身心健康的技巧			
	2. 了解足球运动损伤的知识与处理方法			
体育品德	1. 培养合作精神、顽强拼搏的意志和自信心			
	2. 形成规则意识，公平竞争，建立正确的胜负观			
跨学科素养	1. 知道运用科学的思维认识和解决实际问题			
	2. 养成科学思考问题与勇于探究的好习惯			

7. 课后作业

（1）任务安排：根据课堂学习情况，巩固脚不同部位推拨球、拉球和其他运球技术技能，如每天练习3组，每组4次。

（2）知识联结：借助生物学相关知识技能，在课后绘制生活中常见动植物的食物链关系图，并在食物链中练习脚不同部位推拨球、拉球技术，提高比赛能力。

（3）家长评价：家长对学生课后作业的完成情况进行记录，以帮助体育教师准确掌握学生的学习和训练情况，为体育教学提供参考依据。

八、教案参考

"绿茵智慧生存链"教案

主题	给运动插上智慧的翅膀	学段	水平四	年级	七年级	班级	×××班
学习内容	绿茵智慧生存链——"足球＋生物"跨学科主题学习							
学习目标	运动能力：了解并掌握快速跑的基本知识和动作技术要领，提高运动能力和技战术能力。 健康行为：知道快速跑对发展体能和身心健康的益处，养成良好的运动习惯，心肺功能、灵敏度与协调能力、移动性技能、加强锻炼时的安全意识。 体育品德：培养团结协作、顽强拼搏，迎难而上的体育精神，正确看待胜负。							
重点	1. 脚触球点的位置。 2. 脚不同部位推拨球的力度。							
难点	1. 脚触球的部位、重心与带球的连贯性、上下肢协调性。 2. 推拨球的力度与合理运用。							

课的结构

课的结构	时间	次数	负荷	学习内容	教法与指导	学法与表现	组织与队形
准备部分	2分钟	1	低	一、课堂常规 1. 体委整队、报告人数，师生同好。 2. 宣布本节课内容及要求。	1. 教师鸣哨，集合整队，向学生同好，安排见习生，检查服装，强调安全。 2. 宣布本课内容、要求及安全教育。	1. 体委整队（快、静、齐）。 2. 明确本节课任务与目标，遵守课堂纪律，牢记安全提醒。	一
	2分钟	1	低	二、情境导入 1. 借助多媒体显示屏播放动物的捕食视频。	1. 教师播放视频。 2. 语言讲解导入。	1. 学生认真听讲，观看视频。 2. 发散思维融入情境。	

—337—

续表

课的结构	课的内容			学习内容	教法与指导	学法与表现	组织与队形
	时间	次数	负荷				
准备部分	6分钟	1	中	三、老鹰捉小鸡 走进自然，并播放经典的"老鹰捉小鸡"的视频。	1. 体育教师创设"老鹰捉小鸡"游戏，引领学生进入学习情境。 2. 问题引领：老鹰为什么要捕捉小鸡？ 3. 将学生分为6组，每组7人，1名学生当"老鹰"，其余5名学生当"小鸡"跟随在"鸡妈妈"身后开展游戏。 4. 遵守规则，轮换当老鹰、在追、跑的过程中以纵向、横向滑步、交叉步、单足、双足跳等进行热身活动。 5. 各组学生站在足球场内的同侧位置，每组排头用不同的运球方式追逐前面的学生，被追逐者站在四边形的方框内，等待追逐者绕完四边形并与下一名学生击掌后，进入下一轮，最后被人数少抓的一组获胜。	1. 遵守规则和课堂纪律。 2. 充分热身，避免运动拉伤。	参见图4-22

第四章 "破解运动的'密码'"跨学科主题学习的教学设计

续表

课的结构	课的内容			学习内容	教法与指导	学法与表现	组织与队形
	时间	次数	负荷				
基本部分	6分钟	4	中	一、绿茵集训 体育教师创设以翻越小山岭、小山丘为参照创设学习情境，在山丘中有小草、蜈虫、鸡、蛇、老鹰等动植物。	1. 体育教师创设"绿茵集训"学习情境，引导学生进入情境。 2. 问题引领：该生态系统中动植物间有什么关系？ 3. 体育教师示范脚不同部位推拨球、拉球技术动作要领。 4. 指导学生，2人一组，1人踩球，1人用脚不同的部位会脚感触球、拉球的动作要领。 5.2 人一组在原地做防守者（静态）的推拨球、拉球技术动作要领练习。	1. 进入情境，思考体育教师的问题。 2. 认真听，观察体育教师脚不同部位推拨球、拉球技术动作要领。 3. 模仿体育教师的动作，2人一组，一人踩球，一人用脚不同的部位轮流做触球感知练习。 4.2 人一组做防守者（静止）的推拨球、拉球技术学练。 5. 学生互评，体育教师点评、指导。	参见图4-23

—339—

续表

课的结构	课的内容				学习内容	教法与指导	学法与表现	组织与队形
	时间	次数	负荷					
基本部分	8分钟	2	中		二、翻越绿茵 基于任务二，体育教师以草、蝗虫、田鼠、鸡、蛇、老鹰为主的生态系统创设"翻越绿茵"学习情境。	1. 创设"翻越绿茵"学习情境，引导学生进入情境。 2. 问题引领：在本情境中，你能找出多少条食物链？ 3. 将学生分成6组，每一组学生扮演不同的动植物（防守者）。动植物为躲避被捕食者吃掉（防守者抢断球），要通过不同的运球方式越过捕食者。当遇见捕食者的追捕，拿球者继续向前运球，推拨球、拉球努力绕过捕食者（防守者），以此类推。若没有被抢断球，则同组的下一个成员重新开始。 4. 确保在不同的运球方式和推拨球、拉球技术绕过动植物。	1. 思考体育教师提出的问题。 2. 以小组为单位，一人一球，按照摆放的6组"翻越绿茵"路线学练。 3. 行进前进，接近捕食者时以不同的推拨球、拉球尽力绕过捕食者。 4. 学生评价：小组间互评通过脚不同部位推拨球、拉球的控球能力，体育教师指导、点评。	参见图4-24

第四章 "破解运动的'密码'"跨学科主题学习的教学设计

续表

课的结构	课的内容			学习内容	教法与指导	学法与表现	组织与队形
	时间	次数	负荷				
基本部分	8分钟	2	中	四、绿茵猎捕 在食物链中，底端的动物会被顶端的动物吃掉，为了让学生能够用脚不同部位推拨球、拉球来突破防守，学生分别以不同的角色进入"绿茵猎捕"的学习情境。	1. 体育教师创设绿茵猎捕的学习情境。 2. 食物链中动植物如何进行捕食？ 3. 将学生分成6组，每组代表食物链中的一种动植物。 4. 每组学生站在足球场（食物网）上不同的位置（后卫：鸡、蛇、蝗虫；前锋：青草；中场：田鼠、老鹰），通过脚不同部位推拨球、拉球和传球方式在食物链中来回捕食，并完成射门。 5. 各组学生可以同时进行，如被捕（抢断球后），同组换人继续猎捕。	1. 积极思考体育老师提出的问题，并在教学中互动。 2. 相互配合，注意推拨球的力度、部位，以及传球和跑位。 3. 演绎较为真实的动物猎捕过程。 4 评价：学生间相互评价推拨球、拉球动作的协调性，动作技能流畅性和团队合作能力，体育教师进行观察和点评。	参见图4-25

-341-

续表

课的结构	课的内容 时间	课的内容 次数	课的内容 负荷	学习内容	教法与指导	学法与表现	组织与队形
基本部分	8分钟	1	中	五、绿茵大战 基于任务四体育教师创设"绿茵大战"学习情境。	1. 创设"绿茵大战"学习情境，带动学生快速进入学习状态。 2. 问题引领：如何基于任务四进行排兵布阵？ 3. 将学生分成5组，每组7人，剩余7人做裁判，基于任务4的队形排兵布阵（3-2-1阵型），进行"绿茵大战"比赛，两队比赛中进球一方胜出，与另外一组继续下一场比赛。在比赛中要做好接应，协防与保护的技战术运用，以及裁判规则与方法的运用。 4. 在比赛中双方在射门前均要做推拨球、拉球等动作后才能射门，不然进球无效。	1. 进入情境并回答体育教师的问题。 2. 积极与团队成员展开合作，全力以赴夺取比赛胜利。 3. 合理运用本节课所学的技战术。 4. 评价：学生对比赛中脚下推拨球、拉球技术的运用，团队的合作能力等进行相互评价，体育教师进行点评。	参见图4-26
结束部分	5分钟	1	低	一、绿茵凯旋 体育教师播放《凯旋之歌》，带领学生进行放松练习。 二、集合总结 三、布置作业 四、收拾教学用具与器材 五、师生再见	1. 创设"绿茵凯旋"情境。 2. 体育教师结合任务与问题引导学生深入思考，畅谈本次课的收获。 3. 播放音乐，放松身体各部位。 4. 总结本节课的学习内容及情况。 5. 布置课后作业。 6. 安排学生归还器材。	1. 思考体育教师的问题。 2. 跟随教师做放松练习。 3. 全身心放松，思考本节课的收获与感悟。 4. 认真听取课后总结，按时完成课后作业。 5. 协助教师归还器材。	参见图4-27

续表

教学用具	音响、音乐、多媒体显示屏、教学课件、笔、草稿纸、可根据实际增减。
运动器材	标志筒若干、足球40个、小球门6个、口哨1个、可根据实际增减。
运动密度	运动强度：中等 运动密度：70%～75% 平均心率：140～160次/分钟	心率曲线
安全保障	1. 规范摆放场地器材，避免学生安全事故。 2. 充分做好热身活动，避免运动出现损伤。 3. 合理安排练习时间，注意运动负荷强度。
课后反思	

第五章

"人与自然和谐美"跨学科主题学习的教学设计

案例设计十七：

小青蛙·大本领
——"跳跃+美术+语文"跨学科主题学习

> 年级：一年级
> 课时：1课时
> 主题：美丽的大自然
> 内容：跳跃
> 学科：体育与健康、美术、语文

一、案例概要

"小青蛙·大本领"跨学科主题学习以落实立德树人固本行动和"健康第一"为指导思想，依据《义务教育体育与健康课程标准（2022年版）》的课程理念，紧扣跨学科主题"人与自然和谐美"中水平一的"美丽的大自然"学习主题，遵循体育与健康跨学科主题学习的设计逻辑和实践要求，立足体育与健康学科本位中的"跳跃"这一基本运动技能，结合大自然中的"小青蛙"动物，创设性地将水平一体育与健康、美术、语文三科中涉及"小青蛙"的知识和技能融为一体。本案例基于水平一阶段学生的学情开展教学设计，强调发挥视频、音乐、体育器材等教学资源所蕴含的育人知识，取材于课本教材、学生生活和自然环境，尝试解决传统体育与健康课程中学生学练跳跃动作时情境与氛围单调、枯燥等问题。同时，本案例以"主题引领—知识关联—综合学习—学科实践—内化迁移"为思路，通过融入美术、语文学科的知识和技能培养学生感知与欣赏生活形象之美和意蕴之美的能力，发展学生表达与展现人体形体之美和精神之美的能力，并进行保护动物的生命教育，引导学生树立保护动物的意识。

二、主题解读

　　《义务教育体育与健康课程标准（2022年版）》对"人与自然和谐美"水平一的"美丽的大自然"学习主题作出了明确说明："结合科学、艺术相关知识，在体育游戏中创设大自然情境，引导学生在发展基本运动技能的同时，了解人与自然的密切关系，在身体活动中接受大自然美的熏陶，提高学生欣赏生活中美的能力。"本案例以"美丽的大自然"学习主题为切入点，以义务教育教科书《体育与健康教师用书 基本运动技能 全一册》（人民教育出版社，2024年）为立足点，以义务教育教科书《美术》（人民教育出版社，2012年，一年级下册）中的"可爱的动物"以及《语文》（人民教育出版社，2016年，一年级下册）中的"小青蛙"为串联点，设计了蕴含"体育与健康+美术+语文"知识和技能的《小青蛙·大本领》跨学科主题学习。该主题学习在遵循"准备部分—基本部分—结束部分"教学思路的基础之上，融入了"任务群、问题链、素养线"的跨学科主题学习设计逻辑，通过创设丰富真实的学习情境和设置具有启发性、探究性的问题，让学生认知青蛙在不同季节的适应性行为。同时，本案例注重通过游戏化教学帮助学生亲身体验"爬、走、跨、跑、跳"五个移动性技能，重点引导学生模仿和学习青蛙的动作姿态和移动方式，发展学生欣赏生活中美的能力，并帮助学生掌握双脚起跳和向远处跳跃的知识和技能，锤炼学生不畏困难、戮力齐心、敢于挑战等精神品质。此外，本案例在学生活动中还融入了安全教育和生命教育，以引导学生树立预防危险和保护动物的意识，并在生活中践行。

三、学情分析

　　本案例的授课对象为水平一阶段的一年级学生。一年级的学生处于身心发育的初期阶段：在思维状态上表现为思维活跃、好奇求知，富有想象力，但缺乏对抽象事物和语言逻辑的理解能力，思考和表达能力较弱；在性格特质上表现为天真活泼、充满活力，具备创造力，但对事物的持续关注不足，注意力容易分散；在身体活动上表现为精力充沛、活泼好动，具备模仿力，但缺乏对基本运动技能的正确认识，身体活动能力较差；在基本运动技能上缺乏对跳跃动作的学练。因此，本案例在教学设计上主要围绕跳跃进行设计，注重遵循一年级学生的身心发育规律和认知学习特点，强调将抽象事物具象化，以通俗易懂的语言和直观形象的实物来发展学生的形象思维，促进学生的探索和想象能力。同时，本案例在教学内容上注重抓住学生的兴趣点和关注点，兼顾学生的困惑点和发展点，通过创设生动活泼的学习情境和进行游戏化教学来增强学生学习的兴趣和乐趣，培养学生的创造力和模仿力，避免学生产生枯燥乏味的情绪体验，以提高学生的学习效率。

四、整体设计

"小青蛙·大本领"在整体设计上以"小青蛙在不同季节的适应性行为"为主线，通过准备部分、基本部分和结束部分三个环节推进课堂教学。同时，为增强教学过程的整体性、结构性和连贯性，本案例以整合的"体育与健康＋美术＋语文"知识和技能为核心，从任务群、问题链和素养线三个维度进行了具体设计。

第一，任务群设计。任务一"小蝌蚪找妈妈"为准备部分的热身活动，旨在通过"匍匐前进—穿越泥泞—跨越障碍—30 m 跑"帮助学生完成热身，引入学习情境。任务二"小青蛙学本领"为本案例的基本部分，通过教师示范和观看视频引导学生模仿青蛙跳跃的动作姿态，学习正确的跳跃动作。任务三"小青蛙过小河"是在前一个任务的基础上，以游戏化的方式组织学生集体练习跳跃动作。任务四"小青蛙捕害虫"是在学生学练的基础上，以小组的形式组织学生参与跳跃接力捕虫比赛，巩固学生所学的知识和技能。任务五"小青蛙入冬眠"为本案例的结束部分，主要是组织学生进行放松运动，进行师生互评、教师总结和布置课后作业等教学活动。

第二，问题链设计。问题1"在美丽大自然中，蝌蚪与青蛙是怎样的关系？"与任务一相联系，旨在引导学生快速融入学习情境，并运用所学知识回答问题。问题2"青蛙的移动方式对我们的运动方式有何启发？"与任务二相联系，旨在引出跳跃动作学习，让学生感知与欣赏青蛙在大自然中的形象之美和意蕴之美。问题3"青蛙在大自然中活动时如何躲避潜在的危险？"与任务三相联系，旨在组织学生集体练习跳跃动作，并对学生进行知危险、会避险的安全教育。问题4"青蛙以什么为食？害虫对农作物有什么危害？"与任务四相联系，旨在对学生进行保护动物的生命教育。问题5"从知识、技能等谈谈自己在本节课中的收获"与任务五相联系，旨在促进学生巩固、内化所学的知识和技能，并迁移至生活中。

第三，素养线设计。本案例的素养线除了紧紧锚定《义务教育体育与健康课程标准（2022年版）》提出的核心素养外，还注重培养学生的跨学科素养。在运动能力方面，学生正确认识和体验"爬、走、跨、跑、跳"等基本运动技能。在健康行为方面，学生认知参与体育锻炼的益处，树立安全应急与避险意识。在体育品德方面，发展学生齐心合力、团结协作、不畏困难、敢于拼搏等精神和心理品质。在跨学科素养方面，学生树立保护动物的意识，培养学生感知与欣赏生活中美的能力。整体设计框架见图5-1。

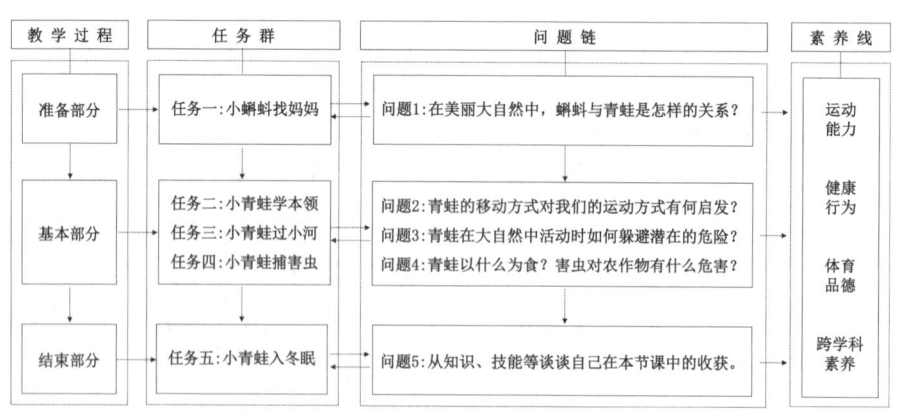

图5-1 "小青蛙·大本领"整体设计框架图

五、学习目标和教学方法

（一）学习目标

运动能力：体验"爬、走、跨、跑、跳"五个移动性技能，掌握双脚起跳和向远处跳跃并轻巧落地的动作要领，增强关节、韧带、上肢肌肉、下肢肌肉的力量和内脏器官的机能。

健康行为：了解关于运动促进身心健康的知识，能够调节自身情绪，树立安全应急与避险意识。

体育品德：培养不畏困难、迎难而上、勇往直前等精神品质，发展齐心合力、精诚团结等心理品质。

（二）教学方法

教法：游戏法、比赛法、讲解示范法、分组练习法、模仿练习法、情境教学法。

学法：自主学习法、合作学习法、探究学习法等。

六、教学准备

（一）教学用具

多媒体显示屏、课件、音箱、昆虫（蝗虫、青虫）照片若干张、取物夹若干个、点赞和微笑贴纸若干个、小青蛙劳动奖章若干个。体育教师可根据学生人数确定教学用具的具体数量。

（二）运动器材

青蛙跳跳杆若干个、橡皮带若干卷、敏捷环若干个、体操垫若干个、跨栏架若干个、平衡木若干个。体育教师可根据学生人数确定运动器材的具体数量。

（三）安全预案

第一，强调"安全第一"，避免发生危害学生人身安全的体育伤害事故。

第二，在教学过程中，若有学生受伤，体育教师应立即上前查看伤势，情况严重时应立即将学生送往校医务室，并向班主任说明情况。

七、教学过程

（一）准备部分

青蛙作为两栖动物，其生殖方式为卵生，当青蛙在春天产下卵后，为了维持生存需求会离开产卵地，青蛙卵孵化为小蝌蚪后，需要寻找妈妈。

体育教师导入猜谜语："游泳小专家，说起话来呱呱呱，小时候有尾没有腿，长大后有腿没尾巴。"体育教师播放一段有关小蝌蚪找妈妈的视频。

学生回答。

体育教师："同学们，在我们美丽的大自然中，栖居着多种多样的动物。小青蛙作为我们所熟悉的一种动物，每年春天会通过卵生的方式进行繁殖。老师想问问同学们，你们知道小蝌蚪与青蛙的关系吗？"

学生回答。

体育教师补充总结："蝌蚪是青蛙在幼体时期的形态，青蛙卵在孵化为小蝌蚪后，通过吃水中的浮游生物来维持生存需要。小蝌蚪在成长过程中先长出两条后腿，再长出两条前腿，当四肢发育齐全时，小蝌蚪的尾巴会逐渐变短并最终消失，这表明蝌蚪成长为了小青蛙。"

学生回答。

体育教师："'小蝌蚪找妈妈'即将开始。"

【任务一：小蝌蚪找妈妈】

1.任务说明

（1）情境创设：小蝌蚪在寻找妈妈的过程中会遇到各种各样的障碍，为了找到妈妈，小蝌蚪需要勇敢面对这些困难。（2）问题引导：体育教师以问题1"在美丽大自然中，蝌蚪与青蛙是怎样的关系"为引导，启发学生在学习情境中思考问题。

此任务主要是组织学生体验"爬、走、跨、跑"四个移动性技能，即"匍匐前进—穿越泥泞—跨越障碍—30 m跑",到达终点即视为小蝌蚪成功找到妈妈。体育教师可借助跨栏架、体操垫、健身轮胎、平衡木等运动器材来创设学习情境。

2. 师生活动

体育教师:(1)组织学生进行"小蝌蚪找妈妈"任务;(2)讲解爬、走、跨、跑的动作要领,鼓励学生积极参与。

学生:(1)在学习情境中思考体育老师提出的问题,并积极与体育老师互动;(2)想象自己是一个小蝌蚪,根据体育老师的引导,参与匐匐前进、穿越泥泞、跨越障碍、30 m跑活动。

评价:学生评价自己在"爬、走、跨、跑"活动过程中的感悟;体育教师对学生活动进行评价,颁发点赞贴纸,鼓励学生积极参与下一环节的任务。

知识窗

爬、走、跨、跑的动作要领

爬——匐匐前进:学生以俯卧的姿势趴下,头部微微抬起,双手和膝盖分别支撑在地面上,移动时以"左手右膝、右手左膝"的方式交替进行。

走——穿越泥泞:由于健身轮胎在受力不均的情况下易产生变形,学生行走在健身轮胎上时需要将双手微微展开,用以调整身体的平衡性。

跨——跨越障碍:学生正立站在平衡木前,后背直立,左腿伸直,右腿上抬跨过平衡木落地后,重心前倾,再将左腿上抬跨过平衡木。

跑——30 m跑:手臂弯曲90度上体前倾,肩放松,双臂屈肘前后摆动,上下肢协调配合,跑直线。

3. 组织队形

"小蝌蚪找妈妈"组织队形见图5-2。

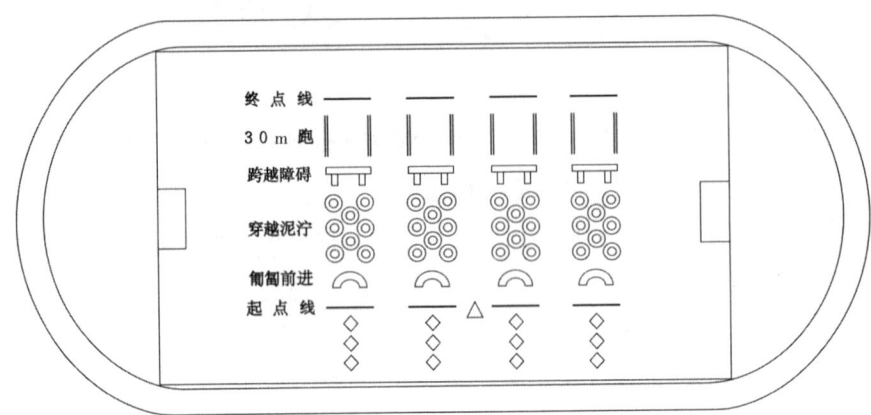

图5-2 "小蝌蚪找妈妈"组织队形图

注：◇表示学生；△表示体育教师；⌒表示跨栏架；◎表示健身轮胎；┬┬表示平衡木。

4. 设计意图

其一，发展学生的平衡、协调等能力，培养学生对时空变化的感知。其二，巩固学生在美术、语文中所学习的关于蝌蚪与青蛙的知识。其三，引导学生融入"小青蛙·大本领"学习情境中，完成热身活动，为即将进行的跳跃动作学习做准备。

（二）基本部分

【任务二：小青蛙学本领】

1. 任务说明

（1）情境创设：小蝌蚪在寻找妈妈的过程中，尾巴逐渐退化，不知不觉地变成了小青蛙。体育教师播放蝌蚪演化为青蛙的视频，帮助学生认知青蛙的外形特征、生活习性、移动方式等。（2）问题引导：体育教师以问题2"青蛙的移动方式对我们的运动方式有何启发？"为引导，启发学生思考问题。

此任务主要是组织学生模仿青蛙跳跃的动作姿态，欣赏青蛙在大自然中的形象之美和意蕴之美，学习跳跃动作的知识和技能，展现人体的形体之美。体育教师可利用敏捷环、青蛙跳跳杆等运动器材来创设学习情境。

知识窗

双脚跳移动性技能

动作要领： 一预摆、二半蹲、三跳起、四缓冲。

动作重点： 双脚蹬地向远处跳，双脚同时落地。

动作难点： 双脚落地轻盈。

易犯错误： 双脚未同时发力。

---

2. 师生活动

体育教师：（1）示范双脚跳跃动作，引导学生观察跳跃动作的姿态特征，讲解正确的技术动作要领；（2）将敏捷环放置于距学生20~50 cm的位置，引导学生双脚同时跳进敏捷环内，或组织学生运用青蛙跳跳杆进行原地跳跃；（3）观察哪位同学模仿的小青蛙最形象，引导学生进行动作展示与分享。

学生：（1）想象自己是一只小青蛙，在学习情境中思考体育教师提出的问题，并与体育教师互动；（2）尝试模仿青蛙的动作姿态，学习双脚跳跃动作，或利用青蛙跳跳杆进行原地跳跃，锻炼跳跃、平衡等能力。

评价：（1）学生进行自我评价，说出青蛙跳跃与双脚跳跃之间的联系；（2）体育教师及时点评和纠错，给学生颁发微笑贴纸，鼓励学生进一步练习。

3. 组织队形

"小青蛙学本领"组织队形见图5-3。

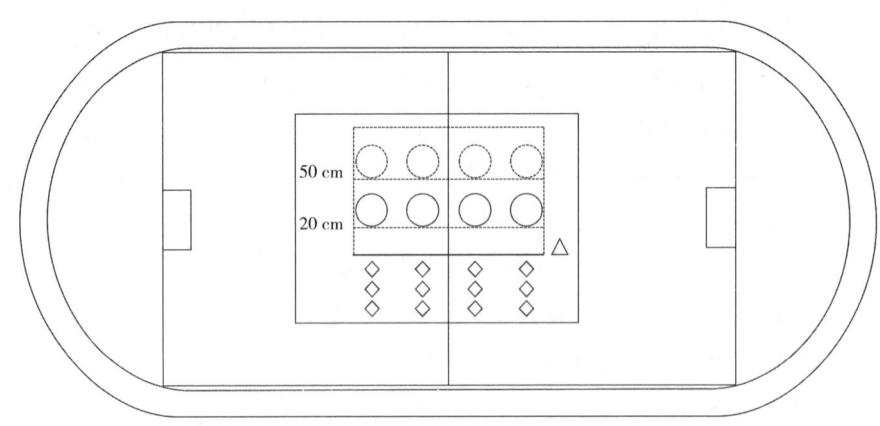

图 5-3 "小青蛙学本领"组织队形图

注：◇表示学生；△表示体育教师；○表示敏捷环。

4. 设计意图

其一，帮助学生体验正确的跳跃动作，促使学生掌握双脚跳跃的动作要领。其二，以青蛙的移动方式与人体的跳跃动作为例，启迪学生观察和思考生活中其他动物的移动方式与人体动作的关联性，达到触类旁通、举一反三的效果。其三，为后续进阶的集体练习做准备。

【任务三：小青蛙过小河】

1. 任务说明

（1）情境创设：夏天来临，农民伯伯的农田里出现了大量害虫，为了保护庄稼免受危害，小青蛙要去农田捕捉害虫了，但到达农田需要经过一条小河，河里栖居着大水蛇，考验小青蛙如何安全过河的时候到了。

（2）问题引导：体育教师以问题 3 "青蛙在大自然中活动时如何躲避潜在的危险？"为引导，调动学生思维，促使学生快速思考问题。

此任务主要是组织学生进行游戏化的双脚跳跃练习，提高学习活动的趣味性和学生练习的积极性。体育教师可利用敏捷环、橡皮筋、取物夹和体操垫等教学用具和运动器材来开展此活动。

2. 师生活动

体育教师：组织学生以小组的形式进行跳跃接力游戏。（1）游戏要求：3名同学一组，从第一名同学开始，手持取物夹，跳到荷叶上（敏捷环），避开河里的大水蛇（橡皮筋），依次跳过所有敏捷环到达农田（体操垫），放下取物夹，并从旁边跑回起点，与下一位同学击掌接力，直至搬运完所有取物夹。（2）游戏规则：跳跃过程中取物夹不得掉落，若掉落，学生须从起点重新出发；接力时须两位学生击掌，未击掌则不能进行游戏。

学生：（1）在学习情境中思考体育老师提出的问题、游戏要求及规则，想象自己是一只要过河的小青蛙；（2）根据体育老师的引导参与游戏，在游戏过程中遵守游戏规则，确保动作规范，展现人体的形体之美。

评价：小组评价并展示成果；体育教师对学生活动进行评价，给学生分发点赞贴纸，鼓励学生进一步练习。

3. 组织队形

"小青蛙过小河"组织队形见图5-4。

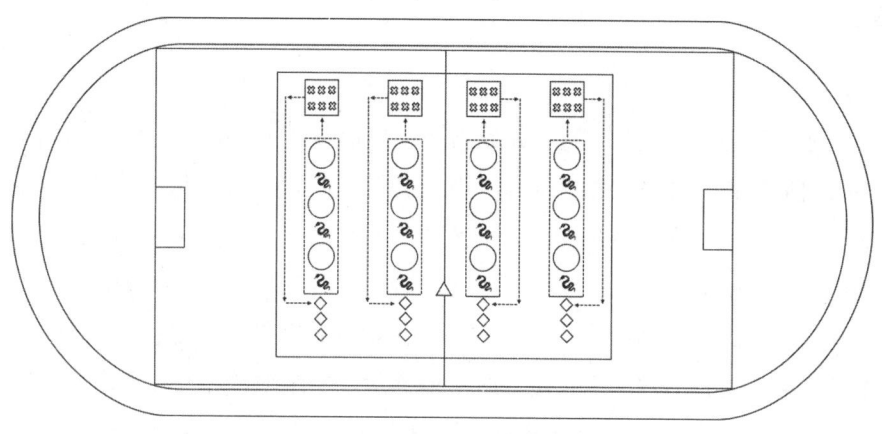

图5-4 "小青蛙过小河"组织队形图

注：◇表示学生；△表示体育教师；🐍表示大水蛇；✖表示取物夹；○表示敏捷环；□表示体操垫。

4. 设计意图

其一，让学生在游戏中巩固上一环节所学的知识和技能，培养学生团结协作的良好品质。其二，结合青蛙活动时躲避大水蛇的真实情境，融入知危险、会避险的安全教育，帮助学生树立安全应急和避险意识。其三，为接下来的进阶比赛做准备。

【任务四：小青蛙捕害虫】

1. 任务说明

（1）情境创设：通过小河的小青蛙要帮助农民伯伯捕捉害虫了，保护庄稼茁壮成长，但农田里也栖居着大水蛇，考验小青蛙在捕捉害虫的同时如何保护自己的时候到了。（2）问题引导：体育教师以问题4"青蛙以什么为食？害虫对农作物有什么危害？"为引导，基于《语文》课本教材，传授学生青蛙保护庄稼的知识，并以此为情境，开展小青蛙捕害虫任务。

此任务主要是组织学生进行跳跃接力捕虫比赛，通过融入青蛙保护庄稼的知识来增强学生对相关知识的理解，进一步发展学生的双脚跳跃动作。体育教师可利用敏捷环、橡皮筋、昆虫照片等教学用具和运动器材来开展此任务。

2. 师生活动

体育教师：组织学生进行跳跃接力捕虫比赛。（1）比赛要求：学生以小组的形式参与比赛，第一名学生从起点出发，跳过3个敏捷环到达特定地点，使用取物夹获取昆虫照片，再从旁边跑回起点，与下一位同学击掌接力。当农田里所有害虫被捕捉完后，捕获害虫最多的小组获胜。（2）比赛规则：跳跃落地声音大的同学不能拿走照片；跳跃时将敏捷环移动的学生需从起点重新出发；击掌接力时不得抢跑，抢跑须暂停三秒再出发。

学生：（1）思考并认真回答体育教师提出的问题，熟悉比赛要求和规则，将所学的知识和技能应用到比赛中；（2）在比赛过程中遵守规则，公平竞争，相互协作。

评价：小组评价，探讨比赛中存在的不足；体育教师评价，给捕虫数量前三名的小组颁发小青蛙劳动奖章。

3. 组织队形

"小青蛙捕害虫"组织队形见图5-5。

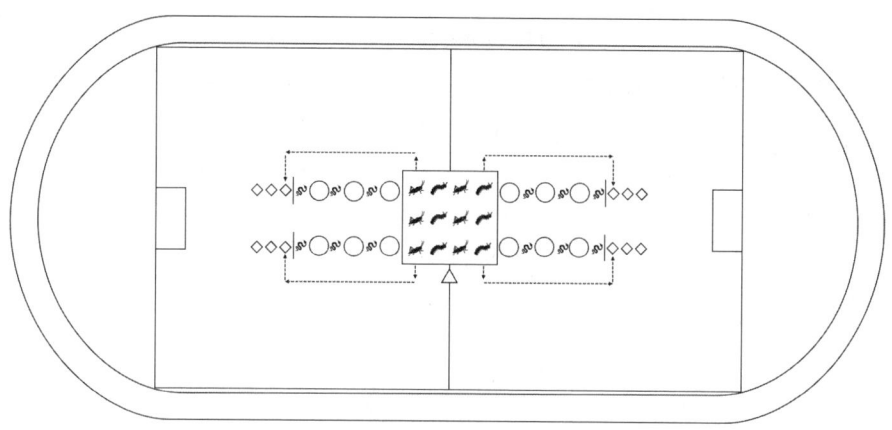

图5-5 "小青蛙捕害虫"组织队形图

注：◇表示学生；△表示体育教师；🐍表示大水蛇；🐛表示害虫；○表示敏捷环；□表示体操垫。

4. 设计意图

其一，通过比赛的方式巩固学生学练的双脚跳跃知识和技能，提高学生的身体素质，培养学生的团队协作能力。其二，传授学生青蛙保护农作物的知识，对学生进行保护青蛙及其他动植物的生命教育。

（三）结束部分

【任务五：小青蛙入冬眠】

1. 任务说明

（1）情境创设：随着冬天的到来，气温降低，小青蛙为了生存需要进入冬眠。体育教师播放与冬季相关的音乐，营造冬季来临的氛围，并组织学生模仿青蛙在冬季的适应性行为。（2）问题引导：体育教师以问题5"从知识、技能等谈谈自己在本节课中的收获"为引导，促使学生回顾本堂课所学的知识和技能。

2. 师生活动

体育教师：组织学生进行放松运动，对课堂进行总结与评价，布置课后作业，引导学生收拾教学用具与运动器材。

学生：有序参与放松运动，对自己在课堂中的表现进行评价，认真听体育老师的课堂总结与评价，记录课后作业，收拾体育器材。

3. 组织队形

"小青蛙入冬眠"组织队形见图5-6。

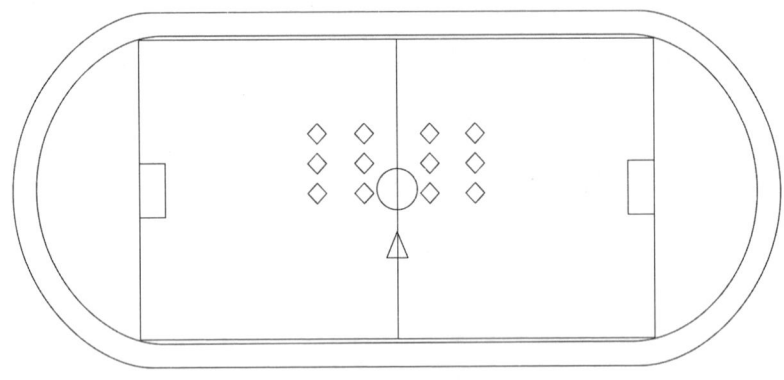

图5-6 "小青蛙入冬眠"组织队形图

注：◇表示学生；△表示体育教师。

4. 设计意图

其一，组织学生进行放松和拉伸运动。其二，引导学生体验完整的青蛙在不同季节的适应性行为。

5. 教师总结

体育教师："同学们，本节课我们体验了青蛙在不同季节所表现出的适应性行为。老师想问同学们，你们有什么感想或收获吗？"

学生回答。

体育教师："青蛙作为大自然中的一种动物，在保护农作物免受害虫危害方面具有重要作用，同学们要以保护青蛙这一动物为参照，树立保护其他动物的意识！"

6. 学习评价

评价方式：学生自评、小组评价、师生互评。"小青蛙·大本领"综合评价量规详见表5-1。

表5-1 "小青蛙·大本领"综合评价量规

评价维度	评价标准	★★★	★★	★
运动能力	1. 了解双脚跳跃的技术动作知识			
	2. 掌握双脚跳跃的基本动作要领			
健康行为	1. 帮助学生认知体育锻炼的益处			
	2. 促使学生形成预防危险的意识			
体育品德	1. 培养学生乐于助人、团结协作等精神品质			
	2. 锤炼学生敢于拼搏、克服困难等心理品质			
跨学科素养	1. 发展学生欣赏和感知美的能力			
	2. 引导学生树立保护动物的意识			

7. 课后作业

（1）作业布置：体育教师根据学生在课堂的学习情况，布置"在家进行双脚跳跃练习"等任务，促进学生巩固课堂所学知识和技能。

（2）知识串联：体育教师布置"如何欣赏生活中的形体之美、意蕴之美"任务，进一步发展学生的跨学科素养。例如，引导学生手绘与运动相关的图片。

（3）家长评价：学生告知父母"小青蛙·大本领"跨学科主题学习的课后作业，并请父母对自己的课后作业完成情况进行评价，学生做好相关笔记并反馈给体育老师，为体育老师开展后续的教学提供参考。

八、参考教案

"小青蛙·大本领"教案

主题	美丽的大自然	学段	水平一	年级	一年级	班级	×××班
学习内容	小青蛙·大本领——"跳跃+美术+语文"跨学科主题学习						
学习目标	运动能力：体验"爬、走、跑、跨、跳"五个移动性技能，掌握双脚蹬起跳并向远处跳跃并轻巧地落地的动作要领，增强关节、韧带、上肢肌肉、下肢肌肉的力量和内脏器官的机能。 健康行为：了解关于运动促进身心健康的知识，能够调节自身情绪，树立安全应急与避险意识。 体育品德：培养不畏困难、迎难而上，勇往直前等精神品质，发展齐心合力、精诚团结等心理品质。						
重点	1.双脚同时用力向远处跳。 2.提高欣赏生活中美的能力。				难点	1.跨学科知识的串联。 2.双脚轻盈落地的技巧。	
课的结构	学习内容		教法与指导		学法与表现		组织与队形
准备部分	时间	次数	负荷	一、课堂常规 1.体委整队，清点人数，师生问好。 2.宣布本节课的主要学习内容及要求。	1.体育教师利用手势、语言集合队伍。 2.向学生问好，讲解上课要求，强调安全第一。	1.体委整队（快、静、齐）。 2.向体育老师问好，明确本节课的任务和目标，牢记安全提醒。	一
	2分钟	1	低				

-362-

第五章 "人与自然和谐美"跨学科主题学习的教学设计

续表

课的结构	课的内容			学习内容	教法与指导	学法与学习表现	组织与队形
	时间	次数	负荷				
准备部分	2分钟	1	低	二、情景导入 1. 播放小蝌蚪找妈妈的视频。 2. 导入情谜语:游泳小专家,说起话来呱呱呱,小时候有尾没有腿,长大后有腿没尾巴。	1. 体育教师播放视频。 2. 体育教师语言导入。	1. 观看视频,融入学习情境。 2. 转动脑筋猜谜语。	一
	3分钟	1	中	三、小蝌蚪找妈妈 任务要求: 4列纵队,每列3位学生,依次参与小蝌蚪找妈妈任务。 具体活动包括爬、走、跑、跨四个移动性技能,即匍匐前进,穿越泥泞,跨越障碍,30 m跑。	1. 创设小蝌蚪找妈妈情境:在美丽大自然中,蝌蚪与青蛙是怎样的关系。 2. 体育教师提问,蝌蚪与青蛙是怎样的关系。 3. 体育教师讲解"爬、走、跨、跑"的活动要求。 4. 体育教师评价。	1. 学生融入学习情境。 2. 学生思考体育教师提出的学习问题,并与体育教师互动。 3. 学生参与"爬、走、跨、跑"活动,完成热身。 4. 学生自我评价。	参见图5-2
基本部分	9分钟	5	低	二、小青蛙学本领 学习要求: 4列纵队,每列3位学生,双脚同时跳进距自身20~50 cm的敏捷环中。	1. 创设小青蛙学本领情境。 2. 体育教师提问:青蛙的移动方式对我们的运动方式有何启发? 3. 体育教师讲解并示范双脚跳跃。 4. 体育教师对学生的动作学习进行评价。	1. 学生融入学习情境。 2. 学生思考体育教师提出的学习问题,并积极与体育教师进行互动。 3. 学生模仿并进行双脚跳动作。 4. 学生进行自我评价,展示和分享动作。	参见图5-3

—363—

续表

课的结构	课的内容 时间	课的内容 次数	课的内容 负荷	学习内容	教法与指导	学法与表现	组织与队形
基本部分	9分钟	3	中	二、小青蛙过小河 游戏要求：4列纵队，每列3位学生。学生手持取物夹，跳过3个取物夹，放下取物夹回起点，并与下一位同学击掌接力，直至搬运完所有取物夹。 游戏规则：跳跃过程中取物夹不得掉落，若掉落，须从起点重新出发；接力时须两位同学击掌。	1. 创设小青蛙过小河情境。 2. 体育教师提问：青蛙在大自然中活动时如何躲避潜在的危险。 3. 体育教师组织学生进行跳跃接力游戏，讲解游戏要求和规则。 4. 体育教师点评，给学生分发点赞贴纸。	1. 学生融入学习情境。 2. 学生思考体育教师提出的学习问题，并与体育教师互动。 3. 学生根据体育教师的引导参与游戏，在游戏过程中遵守游戏规则。 4. 学生进行自我评价，小组评价，展示和分享成果。	参见图5-4
基本部分	9分钟	3	中	三、小青蛙捕害虫 比赛要求：4列纵队，每列3位学生。学生从起点出发，跳过3个取物夹到指定地点，通过取物夹夹起害虫照片，再从旁边跳回起点，与下一位同学击掌接力。 比赛规则：跳跃时不慎将害虫移动的学生必须要从起点重新出发；击掌接力时不得抢跑，抢跑暂停三秒再出发。	1. 创设小青蛙捕害虫情境。 2. 体育教师提问：青蛙以什么为食？害虫对农作物有什么危害？ 3. 体育教师组织学生参与捕害虫比赛，讲解比赛要求和规则。 4. 体育教师对学生活动进行评价。	1. 学生融入学习情境。 2. 学生思考体育教师提出的学习问题，并积极与体育教师进行互动。 3. 学生熟悉比赛规则，将所学的知识和技能应用到比赛中。 4. 小组评价，探讨比赛中存在的不足。	参见图5-5

续表

课的结构	课的内容			学习内容	教法与指导	学法与表现	组织与队形
	时间	次数	负荷				
结束部分	6分钟	1	低	一、小青蛙入冬眠 任务要求：4列纵队，每列3位学生，模仿青蛙在冬天的适应性行为，进行放松运动。 二、教师总结 三、学习评价 四、课后作业	1. 创设小青蛙入冬眠情境。 2. 体育教师提问：从知识、技能等方面谈谈该在本节课中的收获。 3. 体育教师总结与评价本节课的学习内容。 4. 体育教师引导学生归还器材。 5. 体育教师布置课后作业。	1. 学生融入学习情境。 2. 学生回顾本节课所学知识和技能，总结自己在本节课的收获与感悟。 3. 学生认真听体育教师对课堂的总结与评价。 4. 学生协助体育教师归还器材。 5. 学生记录课后作业并积极完成。	参见图5-6

教学用具	多媒体显示屏、课件、音箱、昆虫（蝗虫、青虫）照片若干张、取物夹若干个、点赞和微笑贴纸若干个、小青蛙劳动奖章若干个。
运动器材	青蛙跳跳杆若干个、橡皮带若干卷、敏捷环若干个、体操垫若干个、跨栏架若干个、平衡木若干个。
运动密度	运动强度：中等 运动密度：60% 平均心率：100次/分钟	心率曲线

续表

安全保障	1. 合理放置运动器材，避免学生受伤。 2. 充分做好热身活动，避免肌肉拉伤。 3. 合理安排练习次数，注意运动负荷。
课后反思	

案例设计十八：

小旅行·大感悟
——"跑 + 科学"跨学科主题学习

> **年级：** 四年级
> **课时：** 1 课时
> **主题：** 大自然的神奇之旅
> **内容：** 跑
> **学科：** 体育与健康、科学

一、案例概要

"小旅行·大感悟"以落实立德树人筑基工程和"健康第一"为指导思想，以《义务教育体育与健康课程标准（2022年版）》关于开展跨学科主题学习的新要求为依据，紧扣"人与自然和谐美"中水平二的"大自然的神奇之旅"学习主题，遵循体育与健康跨学科主题学习的设计逻辑和实践要求，立足体育与健康课程中发展学生体能的基本手段——跑，结合学生日常生活中常见的"旅行"行为，创造性地将"体育与健康+科学"的知识和技能融为一体。本案例注重基于水平二阶段学生的学情开展教学设计，强调发挥图片、音乐、体育器材等教学资源所蕴含的育人知识，取材于课本教材、学生生活和自然环境，尝试将学习情境与旅行中的自然环境有机融合，解放校园这一狭小环境对学生身体和视野的束缚，拓展学生的视野和思维。同时，本案例以"主题引领—知识关联—综合学习—学科实践—内化迁移"为思路，在教学过程中有机融入了科学的知识和技能，旨在培养学生运用"体育与健康+科学"的知识和技能解决体育与健康实践问题的能力，发展学生发现问题和探索问题的能力。

二、主题解读

　　《义务教育体育与健康课程标准（2022年版）》对"人与自然和谐美"中水平二的"大自然的神奇之旅"作出了明确说明："结合科学中生命进化历程和地球结构等相关知识，引导学生在多种身体活动中主动观察自然，感受自然的神奇，提升对大自然的敏感力和直觉力，培养学生发现问题的能力。"本案例以"大自然的神奇之旅"学习主题为切入点，以义务教育教科书《体育与健康教师用书 田径类运动 全一册》（人民教育出版社，2024年）中的跑为立足点，以义务教育教科书《科学》（人民教育出版社，2019年，四年级下册）中的"环境中的生物"为融合点，设计了蕴含"体育与健康+科学"知识和技能的"小旅行·大感悟"跨学科主题学习案例。"小旅行·大感悟"案例以校园这一小环境为起点和终点，结合中国的西双版纳原始森林、新疆塔克拉玛干沙漠、内蒙古呼伦贝尔大草原三大自然景观，设计了"校园之旅—森林之旅—沙漠之旅—草原之旅—返校之旅"的任务群，引导学生观察不同情境中的生物，组织学生进行校园定向跑、折返跑、阻力跑、障碍跑、听口哨声跑等学练活动，发展学生的心肺耐力、肌肉力量、速度素质等体能，培养学生坚持不懈、不怕困难、合作探究等意识和行为。

三、学情分析

　　小学四年级的学生正处在身体发育的关键时期：在身体发育上仍未成熟，体能发展尚未完全达到下一水平的要求，身体各部分肌肉发展相对不平衡，协调性也相对较差；在性格特征上表现出一定的个性，好动喜玩，自信心不断增强，竞争意识和团结意识逐渐提高；在学习态度上，能够有序参与体育教学活动，但注意力集中时间不长，发现问题、解决问题等自主性行为还相对被动。因此，本案例在教学设计上注重激发学生的学习兴趣，培养学生主动进取的态度，促进学生认知体能练习的方法和规律，发展学生去发现、会表达、善合作、能创造的能力。本案例在教学内容上主要以"跑"为学生体能发展的主线，通过有机融入深蹲、跳绳、俯卧撑、仰卧起坐等基本手段来进一步发展学生的体能，以及引导学生说出深蹲、跳绳、俯卧撑、仰卧起坐的动作要领，增强学生对体能发展的认知。

四、整体设计

"小旅行·大感悟"案例以"在不同自然环境中的旅行"为整体设计的主线，通过准备部分、基本部分和结束部分三个环节来推进课堂教学。同时，为增强教学过程的整体性、结构性及连贯性，本案例以整合的"体育与健康+科学"知识和技能为锚点，从任务群、问题链及素养线三个方面进行了具体设计。

第一，任务群设计。任务一"校园之旅——物品之备"为准备部分的热身活动，引导学生进行校园定向跑，使学生在完成热身活动的同时，进入即将进行的大自然旅行情境。任务二"森林之旅——果实之集"为本案例的基本部分，主要组织学生进行30 m折返跑，发展学生的心肺能力、速度素质等，并引入跳绳、深蹲、俯卧撑、仰卧起坐四个基本手段来发展学生的协调力、肌肉力量等。任务三"沙漠之旅——绿洲之寻"，主要在上一环节的基础上，通过创设沙漠情境，组织学生进行沙漠阻力跑、沙漠障碍跑。任务四"草原之旅——果实之争"，主要以听口哨声跑来进一步锻炼学生身体素质。任务五"返校之旅——成果之享"为结束部分的放松运动，组织学生参与跳马游戏，放松学生身心，开展师生互评、教师总结、课后作业布置等教学活动。

第二，问题链设计。问题1"校园里有什么生物？其他自然环境呢？"与任务一相联系，旨在激发学生思维活力，启发学生运用所学知识思考问题。问题2"森林里有什么生物，它们有哪些特点？"与任务二相联系，旨在促进学生思考问题，引导学生进入西双版纳原始森林情境，培养学生发现问题的能力。问题3"沙漠里有什么生物，它们有哪些特点？"与任务三相联系，旨在引导学生进入新疆塔克拉玛干沙漠情境，训练学生探索问题的能力。问题4为"草原里有什么生物，它们有哪些特点？"与任务四相联系,旨在引导学生进入内蒙古呼伦贝尔大草原,进一步训练学生探索问题的能力。问题5"谈谈自己在旅行中有哪些收获与体会"与任务五相联系,旨在促进学生巩固、内化所学的知识和技能,并迁移至生活中。

第三,素养线设计。本案例的素养线设计除了遵循《义务教育体育与健康课程标准(2022年版)》所提出的核心素养之外,还注重培养学生的跨学科素养。在运动能力方面,巩固学生正确的跑步姿势,发展学生的速度、力量、耐力等身体素质。在健康行为方面,学生认知到参与体育锻炼的益处,形成持续参与体育锻炼的良好习惯。在体育品德方面,学生表现出团结一心、克服困难、敢于拼搏、团结协作等精神和心理品质。在跨学科素养方面,引导学生树立保护生态环境的意识,培养学生发现问题和探索问题的能力。整体设计框架见图5-7。

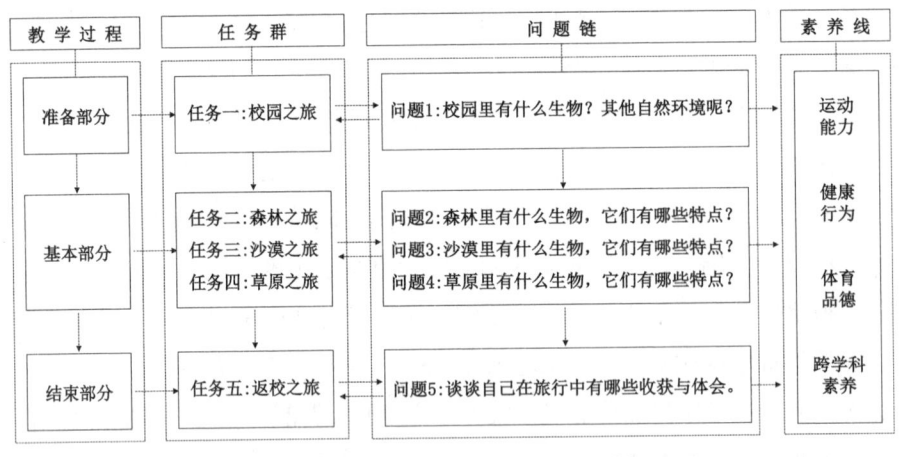

图5-7 "小旅行·大感悟"整体设计框架图

五、学习目标与教学方法

(一)学习目标

运动能力:发展速度、力量、耐力等身体素质,提高协调性、稳定性等运动能力,促进体能发展。

健康行为:知道健康食品中部分水果的种类和成分,认知合理膳食对生长发育和身心健康的益处。

体育品德：锤炼克服困难、敢于拼搏、勇于挑战等精神品质，发展同心协力、团结协作、善于协同等心理品质。

（二）教学方法

教法：游戏法、比赛法、分组练习法、情境教学法。

学法：自主学习法、合作学习法、探究学习法等。

六、教学准备

（一）教学用具

背包若干个、矿泉水瓶若干个、食品图片若干张、旅行票图片若干张、音箱，"森林之旅""沙漠之旅""草原之旅"相关水果营养成分表详见表5-2，表5-3，表5-4。需要注意的是，此案例的活动主要是以小组为单位进行展开，为避免课堂中出现过多的教学用具，教学用具主要以小组为单位进行准备。如有4个小组则准备4个背包即可。水果营养成分来源于中国疾病预防控制中心和中国营养学会共同开发的食物成分查询平台（http://yycx.yybq.net）。

表 5-2 "森林之旅"相关水果营养成分表

水果名称	能量与相关成分		维生素		矿物质		获取方式（小组协作参与）
	能量	蛋白质	胡萝卜素	维生素C	钙	磷	
香蕉	405 kJ	1.4 g	60.0 mg	8.0 mg	7 mg	28 mg	深蹲 40 个
柑橘	222 kJ	0.7 g	890.0 mg	28.0 mg	35 mg	18 mg	跳绳 200 个
榴莲	632 kJ	2.6 g	20.0 mg	2.8 mg	4 mg	38 mg	俯卧撑 40 个
苹果	240 kJ	0.2 g	20.0 mg	4.0 mg	4 mg	12 mg	仰卧起坐 40 个

注：食物成分数据均为每 100 g 可食部食物中食物成分的含量。

表 5-3 "沙漠之旅"相关水果营养成分表

水果名称	能量与相关成分		维生素		矿物质		获取方式（说出体能术语）
	能量	蛋白质	胡萝卜素	维生素 C	钙	磷	
香瓜	116 kJ	0.4 g	30.0 mg	15.0 mg	14 mg	17 mg	深蹲动作要领
沙棘	515 kJ	0.9 g	3840.0 mg	204.0 mg	104 mg	54 mg	跳绳动作要领
葡萄	191 kJ	0.5 g	50.0 mg	25.0 mg	5 mg	13 mg	俯卧撑动作要领
哈密瓜	147 kJ	0.5 g	920.0 mg	12.0 mg	4 mg	19 mg	仰卧起坐动作要领

表 5-4 "草原之旅"相关水果营养成分表

水果名称	能量与相关成分		维生素		矿物质		获取方式（小组协作参与）
	能量	蛋白质	胡萝卜素	维生素 C	钙	磷	
梨	240 kJ	0.4 g	33.0 mg	6.0 mg	9 mg	14 mg	听口哨声跑
苹果	240 kJ	0.2 g	20.0 mg	4.0 mg	4 mg	12 mg	
沙果	313 kJ	0.4 g	—	3.0 mg	5 mg	14 mg	
沙棘	515 kJ	0.9 g	3840.0 mg	204.0 mg	104 mg	54 mg	

（二）运动器材

4 种不同颜色的标志盘若干个（分别表示梨、苹果、沙果、沙棘），体操垫若干个，橡皮筋若干条，标志筒若干个。体育教师可根据学生人数确定运动器材的具体数量。

（三）安全预案

第一，强调"安全第一"，注意保障学生人身安全，避免发生运动损伤和体育伤害事故。

第二，在教学过程中，若有学生受伤，体育教师应立即上前查看伤势，情况严重时应立即将学生送往校医务室，并向班主任说明情况。

七、实施过程

（一）准备部分

在日常的旅行过程中，我们会经过不同的自然环境，在不同的自然环境中生活着不同的动物，生长着多样的植物，这些生物的存在对生态系统平衡起着重要作用。

体育教师："同学们，我们的校园这一小环境中生活着多种多样的生物，这些生物构成了我们校园这一微小的生态系统。同学们在日常的学习中有注意到我们的校园中有哪些常见的生物吗？"

学生回答。

体育教师："同学们，那么在我们大自然的其他环境中还有什么生物呢？这些生物有什么生长规律、形态特点和生活习性呢？同学们是否期待去其他自然环境中观察生物呢？"

学生回答。

体育教师："我们现在要以校园为我们旅行的起点和终点，前往不同自然环境中探寻多种多样的生物。老师想问同学们，我们在出发之前需要准备什么物品呢？"

学生回答

体育教师："校园之旅即将开始。"

【任务一：校园之旅——物品之备】

1. 任务说明

（1）情境创设：体育教师基于校园环境，创设"校园之旅——物品之备"的学习情境。（2）问题引导：体育教师基于问题1进行提问，"校园里有什么生物？其他自然环境又有哪些生物"，引导学生应用所学知识思考问题。

此任务通过校园定向跑活动引导学生完成热身活动。学生须以小组为单位列队跑步，途经设定的点标并回答相应问题，即可获得背包、水资源、食品及旅行票四种物品。

2. 师生活动

体育教师：组织学生进行"校园之旅——物品之备"任务。任务要求：学生以小组为单位，以列队跑步的方式从操场中间出发，依次经过点标1、点标2、点标3、点标4，再回到操场中间呈体操队形。小组每到达一个点标，说出校园里的2种生物，回答完毕即可获得相应的物品。

学生：结合自己日常对校园的观察，想象自己是一个即将旅行的"小小旅行家"，参与校园定向跑活动，在到达点标时回答体育教师提出的问题。

评价：学生对自己在"校园定向跑"中的表现进行评价；体育教师对学生活动进行评价。

3. 组织队形

"校园之旅——物品之备"组织队形见图5-8。

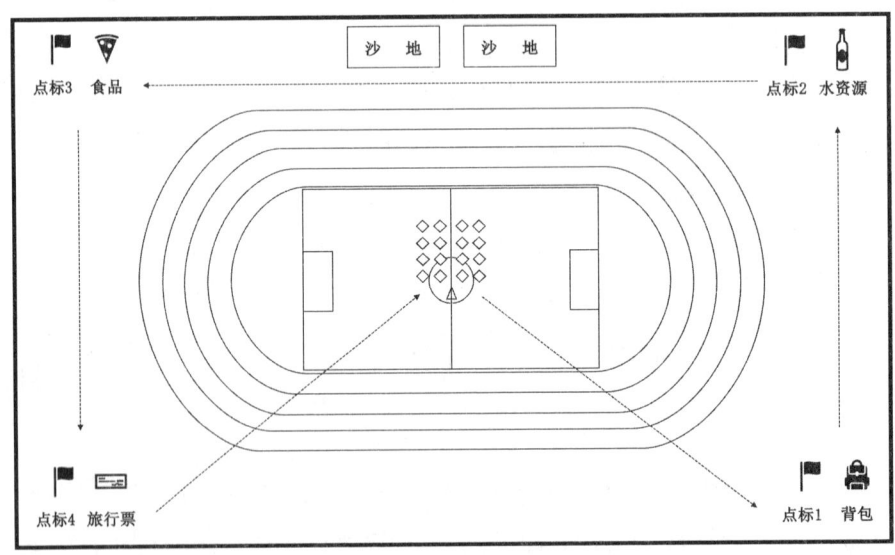

图5-8 "校园之旅——物品之备"组织队形图

注：◇表示学生；△代表体育教师。

4. 设计意图

其一，帮助学生完成热身活动，预防学生在体能锻炼时出现拉伤、扭伤等运动损伤。其二，拓展学生在科学中所学习的知识，发展学生的想象力和创造力。其三，引导学生融入学习情境中，为即将进行的森林之旅做准备。

（二）基本部分

【任务二：森林之旅——果实之集】

1. 任务说明

（1）情境创设：体育教师以西双版纳原始森林为参照，创设"森林之旅——果实之集"学习情境。（2）问题引导：体育教师基于问题2进行提问，"森林里有哪些生物，它们有哪些特点"，引导学生在创设的学习情境中思考问题，培养学生发现问题的能力。

此任务主要包含30 m折返跑、深蹲、跳绳、俯卧撑、仰卧起坐五个身体练习活动。小组集体完成所有活动后，即可获得香蕉、柑橘、榴莲、苹果四种水果（用水果营养成分表代替）。

2. 师生活动

体育教师：组织学生进行"森林之旅——果实之集"任务。任务要求：学生以小组为单位，从第一名同学开始，从起点出发，首先在"探索区"进行3次30 m折返跑，完成后在"香蕉区"等待小组其他成员。小组成员到齐后，再集体参与"香蕉区"的深蹲、"柑桔区"的跳绳、"榴莲区"的俯卧撑及"苹果区"的仰卧起坐。在完成本环节所有身体练习时，体育教师以"森林里面有什么动物？"为引导，调动学生思维，每个小组协作说出2种森林里的动物，并说出动物的形态特征、运动方式等。小组回答完毕即视为完成"森林之旅"任务。

学生：（1）在学习情境中思考体育教师提出的问题和任务要求，根据生活经验和教材知识等，思考大自然的森林环境中有哪些动植物；（2）想象自己是在西双版纳原始森林中旅行的"小小旅行家"，根据体育教师的引导，参与体能锻炼活动。

评价：学生评价自己在"森林之旅——果实之集"中的收获和体会；体育教师对学生的自我评价进行点评。

知识窗

深蹲、跳绳、俯卧撑及仰卧起坐的动作要领

深蹲动作要领。准备姿势：双脚与肩同宽或略宽于肩，背部微微挺直，保持身体直立。下蹲：深吸气的同时屈膝，屈膝的方向同脚尖方向，蹲至大腿平行于地面或稍低于膝。蹲起：力量集中于腿部的同时呼气。

跳绳动作要领。准备姿势：双脚站立，两脚与肩同宽，双臂自然下垂，肩部放松。跳跃动作：首先将绳把放在身体前方，腕部发力将跳绳向前甩出，在跳绳落地前双脚迅速向上跳跃。

俯卧撑动作要领。准备姿势：双手打开与肩同宽，置于胸部水平位，俯撑于地面，收紧腹部，使身体成一条直线。吸气时：肘部弯曲，使胸部靠近地面。呼气时，伸直手臂，用手支撑身体。

仰卧起坐动作要领。身体仰卧，两腿并拢，两手抱头，通过腹肌收缩使上体弯曲，形成坐姿，并还原成仰卧。

---

3. 组织队形

"森林之旅——果实之集"组织队形见图 5-9。

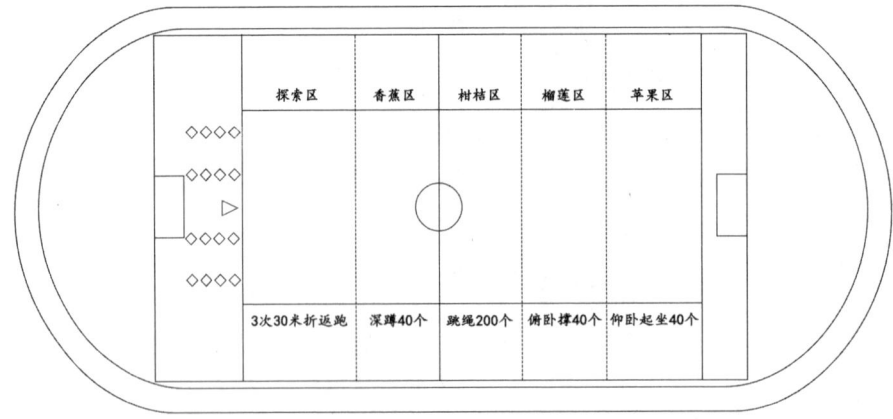

图 5-9 "森林之旅——果实之集"组织队形图

注：◇表示学生；△代表体育教师。

4.设计意图

其一,通过30 m折返跑、深蹲、跳绳、俯卧撑、仰卧起坐五个身体练习活动发展学生的速度、力量及耐力素质,以及提高学生身体的协调性、稳定性等体能能力。其二,巩固学生在科学中所学习的知识,培养学生发现问题的能力。其三,为即将进行的沙漠之旅做准备。

【任务三:沙漠之旅——绿洲之寻】

1.任务说明

(1)情境创设:刚刚同学们的表现都非常出色,大家集体经历了森林之旅,收集了健康果实,接下来我们将前往新疆塔克拉玛干沙漠,开始我们的沙漠之旅。(2)问题引导:体育教师基于问题3进行提问,"沙漠里有哪些生物,它们有哪些特点",引导学生在"沙漠之旅——绿洲之寻"的情境中思考问题,培养学生探索问题的能力。

此任务主要包括沙漠阻力跑和沙漠障碍跑两个身体练习活动。学生到达绿洲后需说出上一环节中深蹲、跳绳、俯卧撑、仰卧起坐四个体能练习的动作要领,才能获得香瓜、沙棘、葡萄、哈密瓜四种水果(用水果营养成分表代替)。

2.师生活动

体育教师:组织学生参与沙漠阻力跑和沙漠障碍跑两项活动。沙漠阻力跑要求:每两位学生为一个单位,以橡皮筋为中介,主要锻炼的学生将橡皮筋的一端系于腰部,协助锻炼的学生将橡皮筋的另一端系于腰部,在听到"开始"口令后,主要锻炼的学生拉动协助锻炼的学生奔跑,以达到一种产生阻力的效果。主要锻炼的学生到达100 m终点后与协助锻炼的学生走回起点,并轮换身份。沙漠障碍跑主要是利用标志筒模拟沙漠中的仙人掌,引导学生在沙漠之旅时避开此植物,以防受伤。当学生通过障碍跑到达绿洲后,需等待小组成员,共同说出上一环节中深蹲、跳绳、俯卧撑、仰卧起坐四种体能练习的动作要领,并说出2种生活在沙漠中的动物及其

体育与健康跨学科主题学习的教学设计

形态特征、运动方式等。所有问题回答完毕即视为学生完成沙漠之旅。

学生：（1）在"沙漠之旅——绿洲之寻"情境中思考体育教师提出的问题和活动要求；（2）想象自己是在新疆塔克拉玛干沙漠中旅行的"小小旅行家"，根据体育教师的引导，参与体能锻炼活动。

评价：学生评价自己在"沙漠之旅——绿洲之寻"中的表现；体育教师对学生活动进行点评。

3. 组织队形

"沙漠之旅—绿洲之寻"组织队形见图5-10。

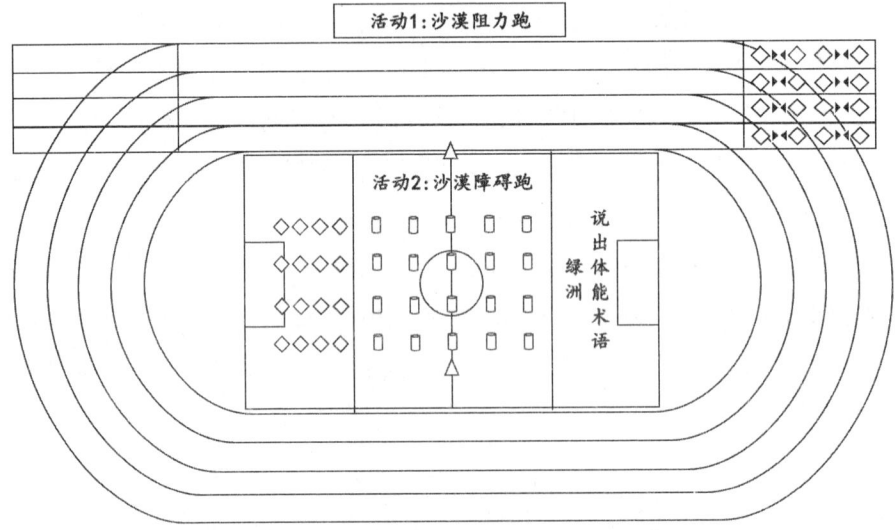

图5-10 "沙漠之旅——绿洲之寻"组织队形图

注：◇表示学生；△代表体育教师；▶◀表示橡皮筋；▯表示仙人掌。

4. 设计意图

其一，通过阻力跑、障碍跑来发展学生的心肺耐力、力量素质等体能，巩固学生上一环节学习的体能练习术语。其二，帮助学生认识香瓜、沙棘、葡萄、哈密瓜四种水果的营养成分，发展学生探索问题的能力。其三，为即将进行的草原之旅做准备。

【任务四：草原之旅——果实之争】

1. 任务说明

（1）情境创设：刚刚同学们通力协作完成了沙漠之旅，在沙漠绿洲中获得了支撑身体活动和有助于身体健康成长的水果，为接下来的草原之旅提供了保障。同学们，我们即将开始内蒙古呼伦贝尔大草原之旅，让我们一起在大草原之中策马扬鞭、策马奔腾！（2）问题引导：体育教师基于问题4进行提问，"草原里有哪些生物，它们有哪些特点"，引导学生在"草原之旅——果实之争"的情境中思考问题，进一步发展学生探索问题的能力。

此任务采用听口哨声跑比赛作为体能发展的基本手段，体育教师将操场创设为大草原情境，利用不同颜色的标志盘来代表梨、苹果、沙棘、沙果四种水果。

2. 师生活动

体育教师：组织学生参与"草原之旅——果实之争"比赛。比赛要求：学生以小组为单位在跑道上慢跑，当口哨声响起时，学生以最快的速度跑向梨区、苹果区、沙棘区、沙果区争夺水果，当口哨声再次响起时，学生需迅速跑回跑道上，当操场内所有水果都争夺完之后，小组回到操场中间，说出2种草原中的动物及其生活特点和运动方式，学生回答完毕即视为完成草原之旅。比赛规则：每位学生每次只能拿一个水果，若学生多拿则小组在本次听口哨声中所争夺的水果都不能带走；提示学生公平竞争、遵守规则。

学生：（1）在"草原之旅——果实之争"情境中思考体育教师提出的问题和活动要求，根据生活经验、教材知识等，思考大自然的草原环境中有哪些生物；（2）想象自己是在内蒙古呼伦贝尔大草原中的"小小旅行家"，根据体育教师的引导，参与听口哨声跑比赛，在比赛中做到遵守规则、团结协作。

评价：学生评价自己在"草原之旅——果实之争"中的表现；体育教

师对学生活动进行点评。

3. 组织队形

"草原之旅——水果之争"组织队形见图5-11。

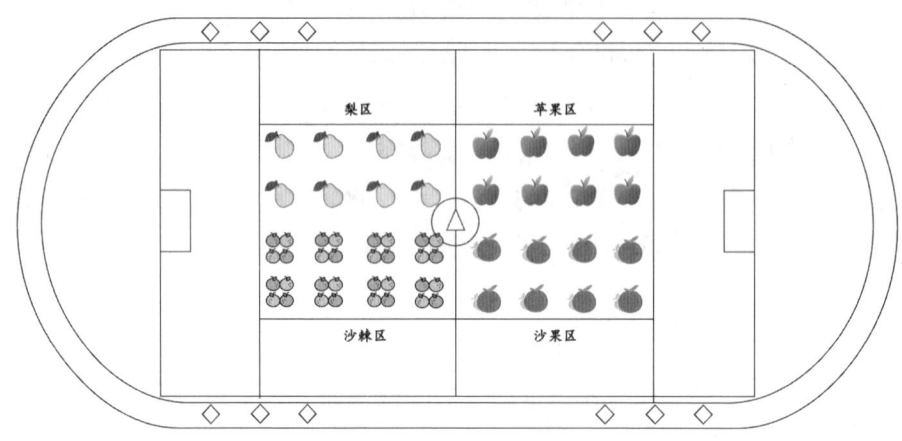

图5-11 "草原之旅——水果之争"组织队形图

注：可用四种不同颜色的标志盘表示梨区、苹果区、沙棘区、沙果区的水果。

4. 设计意图

其一，通过听口哨声跑比赛来发展学生的心肺耐力、力量素质和反应能力等。其二，引导学生认知梨、沙果等水果的营养成分，进一步发展学生探索问题的能力。

（三）结束部分

【任务五：返校之旅——成果之享】

1. 任务说明

（1）情境创设：同学们刚刚齐心协力通过了草原之旅，在草原情境中进一步发展了身体素质，接下来将开启我们的返校之旅。体育教师组织学生参与跳马游戏和放松运动。（2）问题引导：体育教师基于问题5进行提问，"谈谈自己在旅行中有哪些收获与体会"，引导学生思考本节课所学的知识和技能。

2. 师生活动

体育教师：组织学生进行跳马游戏和放松运动，播放轻快的音乐，为旅行营造氛围。体育教师进行总结和评价，组织学生收拾教学用具和运动器材，并布置课后作业。游戏讲解：每个小组的第一名同学首先扮演"马"，小组内第二名同学跨越第一名同学之后，到达固定地点成为"马"，依次循环到终点，即视为学生完成旅行。

学生：有序参与跳马游戏和放松运动，对自己在课堂中的表现进行评价，认真听取体育教师的课堂总结和评价，记录课后作业，收拾体育器材。

3. 组织队形

"返校之旅——成果之享"组织队形见图 5-12。

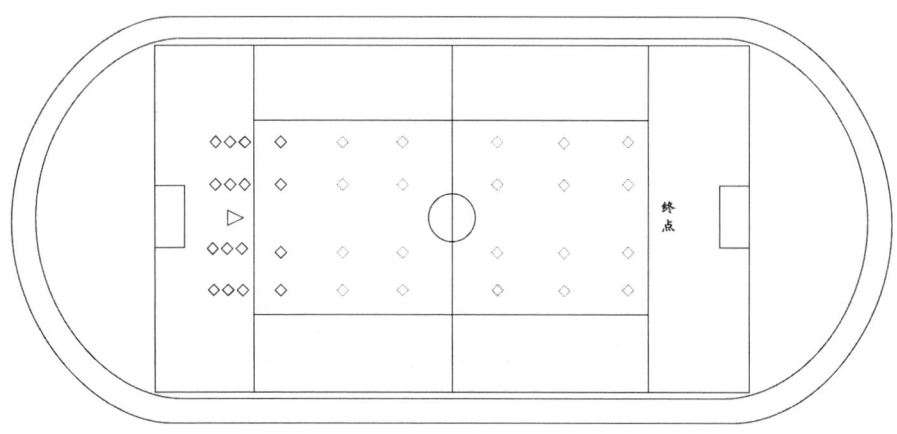

图 5-12 "返校之旅——成果之享"组织队形图

注：◇⊙表示学生；△代表体育教师。

4. 设计意图

其一，组织学生进行放松和拉伸运动。其二，引导学生体验完整的大自然神奇之旅。

5. 教师总结

体育教师："同学们，这节课我们体验了完整的大自然神奇之旅，老师想问同学们，你们有什么感想和收获可以与大家一起分享吗？"

学生回答。

体育教师："在我们的大自然中生活着多种多样的生物，这些生物维持了我们大自然的生态平衡，同学们要基于本堂课的收获与体会，树立保护生态环境的意识，向身边的同学、伙伴及家人宣传保护生态环境的重要性！"

6. 学习评价

评价方式：学生自评、小组评价、师生互评。"小旅行·大感悟"综合评价量规详见表5-5。

表5-5 "小旅行·大感悟"综合评价量规

评价维度	评价标准	★★★	★★	★
运动能力	1. 提高学生的身体体能			
	2. 增强学生的身体素质			
健康行为	1. 帮助学生认知体育锻炼的益处			
	2. 引导学生关注水果的营养成分			
体育品德	1. 激发学生坚持学练、敢于挑战等意志品质			
	2. 锤炼学生齐心协力、团结协作等心理品质			
跨学科素养	1. 培养学生发现问题的能力			
	2. 发展学生探索问题的能力			

7. 课后作业

（1）作业布置：体育教师基于学生学习的整体情况，引导学生在家进行深蹲、跳绳、俯卧撑、仰卧起坐等身体练习，有条件的学生可进行跑步运动，进一步巩固课堂所学的知识和技能。

（2）知识串联：体育教师布置"除了本节课所涉及的水果外，生活中还有哪些水果对人体发育具有积极作用"等任务，引导学生认知和关注其他水果的营养成分。

（3）家长评价：学生告知家长"小旅行·大感观"跨学科主题学习的感悟、体会及课后作业，并请家长对自己的分享和课后作业完成情况进行评价，学生做好相关笔记，反馈给体育教师，为体育教师开展后续的教学提供参考。

八、参考教案

"小旅行·大感悟"教案

主题	大自然的神奇之旅	学段	水平二	年级	一年级	班级	×××班
学习内容	小旅行·大感悟——"跑+科学"跨学科主题学习							
学习目标	运动能力：发展速度、力量、耐力等身体素质，提高协调性、稳定性等体能能力，促进体能发展。 健康行为：知道健康食品中部分水果的种类和成分，认知合理膳食对学生发育生长及身心健康的益处。 体育品德：锤炼克服困难，敢于拼搏、勇于挑战等精神品质，发展齐心协力、团结协作、善于协同等心理品质。							
重点	1. 提高学生的速度与力量等身体素质。 2. 发展学生发现问题与探索问题的能力。				难点	1. 多种教学情境的创设。 2. 体能练习的有效衔接。		

课的结构	课的内容	次数	时间	负荷	学习内容	教法与指导	学法与表现	组织与队形
准备部分		1	2分钟	低	一、课堂常规 1. 体委整队，清点人数，师生同好。 2. 宣布本节课的主要学习内容及要求。	1. 体育教师利用手势、语言集合队伍。 2. 向学生同好，讲解本节课的目标、安全要求，强调安全第一。	1. 体委整队（快、静、齐）。 2. 学生向体育教师同好，明确本节课的目标，牢记安全提醒。	参见图5-8
		1	1分钟	低	二、情景导入 1. 情景教师创设"小旅行·大感悟"情境。	1.体育教师语言导入。	1. 学生融入学习情境。	

—383—

续表

课的结构	课的内容			学习内容	教法与指导	学法与表现	组织与队形
	时间	次数	负荷				
准备部分	4分钟	1	低	三、校园之旅——物品准备 活动要求：学生以小组为单位，以列队跑步的方式从操场中间出发，依次经过点标1、2、3、4，再回到操场中间呈列队队形。小组到达点标时，需要说出2种校园里的生物，说出即可获得相应的物品。	1. 体育教师创设校园之旅情境。 2. 体育教师提问：校园里有哪些生物？其他自然环境又有哪些生物？ 3. 体育教师讲解校园定向跑的任务要求。 4. 体育教师评价。	1. 学生融入学习情境。 2. 学生思考体育教师提出的学习问题，并与体育教师互动。 3. 学生以列队跑步的方式参与校园定向跑活动。 4. 学生评价。	参见图5-8
基本部分	9分钟	1	中	一、森林之旅——果实之集 活动要求：4列纵队，每列4位学生，依次参与3次30 m折返跑，集体完成深蹲40个、跳绳200个、俯卧撑40个及仰卧起坐40个。	1. 体育教师创设森林之旅情境。 2. 体育教师提问：森林里有哪些生物，它们有哪些特点？ 3. 体育教师讲解"森林之旅——果实之集"任务要求。 4. 体育教师对学生活动进行评价。	1. 学生融入学习情境。 2. 学生思考体育教师提出的学习问题，并与体育教师互动。 3. 学生以小组为单位参与"森林之旅——果实之集"任务。 4. 小组内部进行评价。	参见图5-9

续表

课的结构	课的内容			学习内容	教法与指导	学法与表现	组织与队形
	时间	次数	负荷				
基本部分	9分钟	1	高	二、沙漠之旅——绿洲之寻 练习要求：此任务包括沙漠阻力跑和沙漠障碍跑两个活动。沙漠阻力跑：以两位学生为一个单位，以橡皮筋为中介，相互协作进行阻力跑练习。沙漠障碍跑：学生在跑步时需绕开标志筒，以完成此活动。	1. 体育教师创设沙漠之旅情境。 2. 体育教师提问：沙漠里有哪些生物，它们有哪些特点？ 3. 体育教师组织学生参与沙漠阻力跑和沙漠障碍跑。 4. 体育教师对此活动进行点评。	1. 学生融入学习情境。 2. 学生思考问题，并与体育教师互动。 3. 学生根据任务要求参与体能练习活动，做到团结协作。 4. 小组内部进行评价。	参见图5-10
	9分钟	1	高	三、草原之旅——果实之争 比赛要求：学生以小组为单位在跑道上慢跑，当听到口哨声响起时，学生以最快的速度跑向梨区、苹果区、沙棘区、沙果区争夺水果，当口哨声再次响起时，学生则需迅速回到跑道上。	1. 体育教师创设草原之旅情境。 2. 体育教师提问：草原里有哪些生物，它们有哪些特点？ 3. 体育教师组织学生参与口哨声跑比赛。 4. 体育教师对比赛进行点评。	1. 学生融入学习情境。 2. 学生思考问题，并与体育教师互动。 3. 学生在比赛过程中遵守规则，树立规则意识。 4. 小组内部进行评价。	参见图5-11

—385—

续表

课的结构	课的内容		学习内容	教法与指导	学法与表现	组织与队形
	时间	次数 负荷				
结束部分	6分钟	1 低	一、返校之旅——成果分享 活动要求：4列纵队，每列4位同学，依次进行跳马运动并集体进行放松运动。 二、学习总结 三、教师总结与评价 四、课后作业	1. 体育教师创设返校之旅情境。 2. 体育教师提问：谈谈自己在旅行中有哪些收获和体会。 3. 体育教师总结与评价本节课的学习内容。 4. 体育教师组织学生归还运动器材。 5. 体育教师布置课后作业。	1. 学生融入学习情境。 2. 学生总结自己在本节课中的收获和感悟，并进行分享。 3. 学生认真听体育教师对课堂的总结与评价。 4. 学生协助体育教师归还运动器材。 5. 学生记录课后作业并积极完成。	参见图5-12

教学用具	背包若干个，矿泉水瓶若干个，食品图片若干张，旅行票图片若干张，音箱，"森林之旅"、"沙漠之旅"、"草原之旅"相关水果营养成分表若干张。
运动器材	4种不同颜色的标志盘若干个（分别表示梨、苹果、沙果、沙棘），体操垫若干个，橡皮筋若干条，标志筒若干个。
运动密度	运动强度：较高 运动密度：55% 平均心率：150次/分钟

心率曲线

续表

安全保障	1. 合理放置运动器材，避免学生受伤。 2. 充分做好热身活动，避免肌肉拉伤。 3. 合理安排练习次数，注意运动负荷。
课后反思	

案例设计十九：

小身体·大美态
——"武术＋舞蹈＋音乐"跨学科主题学习

> **年级**：六年级
> **课时**：1
> **主题**：做自己身体的雕刻家
> **内容**：长拳基本动作
> **学科**：体育与健康、舞蹈、音乐

一、案例概要

"小身体·大美态"跨学科主题学习案例遵循为党育人、为国育才的教育方针，以落实立德树人根本任务和坚持"健康第一"为指导思想，以《义务教育体育与健康课程标准（2022年版）》的主旨、理念和跨学科主题学习为依据，紧扣跨学科主题学习中的"人与自然和谐美"水平三"做自己身体的雕刻家"学习主题，以中华传统体育类项目中武术初级长拳第一套（6～8式）"大跃步前穿、弓步击掌、马步架掌"为主要学习内容，结合《义务教育艺术课程标准（2022版）》中舞蹈3～7年级的"即兴表演、多种舞蹈体验与舞段编创、音乐"等知识点对案例进行跨学科主题学习设计。本案例聚焦中华传统体育类项目武术类运动水平三"长拳"的目标与要求，通过让学生实践"长拳的相关技术动作"，结合舞蹈中的舞蹈步法、舞姿、手势和音乐等相关知识，引导学生在学练长拳的各类步法、拳法、掌法、路线、力量中了解、尊重和发展身体，促进学生的身心健康，发展学生欣赏美、审视美、表现美、发现美的价值观和思维能力。本案例以"你说我做—身体的对话—身体的探索—身体的表达—身体的回归"任务群为引领，以

问题链为导向，以实现"健康第一"和落实核心素养为旨要开展课堂教学，并在"学、练、赛、评"过程中提高学生长拳的技战术能力，以培养学生的运动能力、思维和审美能力等综合素养，实现育人与育才的教育方针和育体与育心相融合的愿景。

二、主题解读

《义务教育体育与健康课程标准（2022年版）》对跨学科主题学习水平三"做自己身体的雕刻家"学习主题作出了明确说明："结合科学、艺术中人体生理和人体美学等相关知识，在多种运动技能教学中引导学生了解、尊重、珍惜自己的身体，树立正确的身体观和审美观，促进学生主动欣赏美，展示美，表现美，培养学生的创造性思维。"该学习主题的设计旨在通过整合跨学科知识与技能来发展学生的运动技能，促进学生在多种移动性技能中了解身体的美，主动发现美、欣赏美和展现美的能力。本案例以"做自己身体的雕刻家"学习主题为着眼点，以义务教育教科书《体育与健康教师用书 中华传统体育类运动 全一册》（人民教育出版社，2024年）中武术为立足点，立足于武术类运动水平三的长拳，以《义务教育艺术课程标准（2022年版）》中"小学六年级音乐的创编与展示，小学3～7年级舞蹈的小型歌舞剧表演，即兴表演，学习舞蹈的基本元素、主题即兴"等知识为结合点，创新性地设计了"体育与健康＋舞蹈＋音乐"知识与技能的"小身体·大美态"跨学科主题。"小身体·大美态"跨学科主题学习遵循"准备部分、基本部分和结束部分"的教学思路，并有效地基于教学内容、学情等以"任务群、问题链、素养线"对该跨学科主题学习进行总体设计，创新性地通过真实情境，设计具有启发性的问题与任务，帮助学生发展长拳技能，促进学生展现出身体的美，激发学生发现美、欣赏美的能力。

三、学情分析

本案例的授课对象是水平三阶段的六年级学生。六年级的学生处于儿童向青春期的过渡时期，学生在生理特性表现为：身体处于快速发展期，身体的柔韧性、灵敏性、骨骼等得到快速的发展，但协调性相对较差，身体各部分肌肉发展相对不均衡。在心理上的特性表现为：兴趣广泛、好模仿、竞争意识增强等，但注意力易分散，思维不敏捷。在运动能力方面，六年级的学生在速度、力量和灵敏度等方面具备一定的运动能力，以及在舞蹈老师的相应授课下，学生掌握一定的基础舞蹈步法、手势等，但运动技能技术差，难以坚持。随着身体的发育、骨骼的生长和运动能力的需求增加，长拳这一运动项目对发展六年级学生的灵敏度、协调性、柔韧性等能力具有适切性，能促进学生在不同的环境下坚持锻炼、增强活力、锤炼意志和增强体质。因此，本案例在充分考虑六年级学生的生理和心理发展规律、认知的基础上，着眼于学生的兴趣点、困惑点和疑难点，通过创设游戏与任务相结合的系列真实学习情境与问题，把事物具象化来增强学习内容的整体性、趣味性，规避课堂教学的单调、生硬、无活力现象，让学生表现出武术的刚毅之美和舞蹈的柔和之美，进而培养学生在生活中发现美、欣赏美的能力，提升教的质量与学的效率。

四、整体设计

"小身体·大美态"案例以探究"武术中身体的美"为整体设计主线，以准备部分、基本部分和结束部分共同推进课堂教学的有效开展。为进一步提高学生的学习兴趣、学习效率和教学质量，本案例创设性地将舞蹈、音乐知识与武术中的长拳知识进行整合，并从任务群、问题链、素养线三个方面对案例进行具体设计：

第一，任务群设计。任务一"你说我做"为准备部分的热身活动，组织学生学练武术中的拳、掌、步法、跳跃等单个技术来开展热身活动。任务二"身体的对话"为基本部分，引导学生学习武术与舞蹈中的基本步法、感知武术的力量与舞蹈的柔和之美。任务三"身体的探索"，引导学生在长拳中探索身体的动作轨迹与舞蹈动作所表现出的身体美。任务四"身体的表达"是指通过结合舞蹈、音乐编排即兴表演"长拳舞蹈"，表现出特定的身体美。任务五"身体的回归"为结束部分,组织学生在轻松愉快的音乐下完成的拉伸放松练习。

第二,问题链设计。问题1为"如何通过'你说我做'来表现动作的美?"该问题与任务一练习拳、掌等基本动作有效关联,从武术与舞蹈身体的表征上进行阐释。问题2为"如何将舞蹈的动作与武术的动作融合?"该问题与任务二相关联,通过对武术和舞蹈动作的融合来展现出身体的美。问题3为"如何有效地将长拳舞动的轨迹与舞蹈中'身体线条'的动作进行整合?"该问题与任务三相关联,通过探索长拳动作轨迹与舞蹈动作的延展性、跳跃性等使身体表现出长拳的力量与舞蹈的柔美。问题4为"如何在长拳中将身体所展现的美与舞蹈、音乐相结合?"该问题与任务四创编长拳舞蹈有效关联,表现出特定的身体美的深度相融。问题5为"结合任务与问题谈谈如何体会、领悟身心合一",引导学生在放松中思考。

第三,素养线设计。在运动能力方面,使学生掌握初级长拳第一套(6～8式)大跃步前穿、弓步击掌、马步架掌的技术动作,提升学生的灵敏度、协调性等身体基本素质。在健康行为方面,知道与掌握武术对促进人体健康的益处,以及武术的基本技能与知识,在展示或学习武术过程中能安全地保护自己和简单处理常见的运动损伤。在体育品德方面,帮助学生建立顽强拼搏的意志力、团结奋斗的精神和刚毅的自信心,养成发现美、欣赏美的能力和创新实践能力。"小身体·大美态"案例整体设计见图5-13。

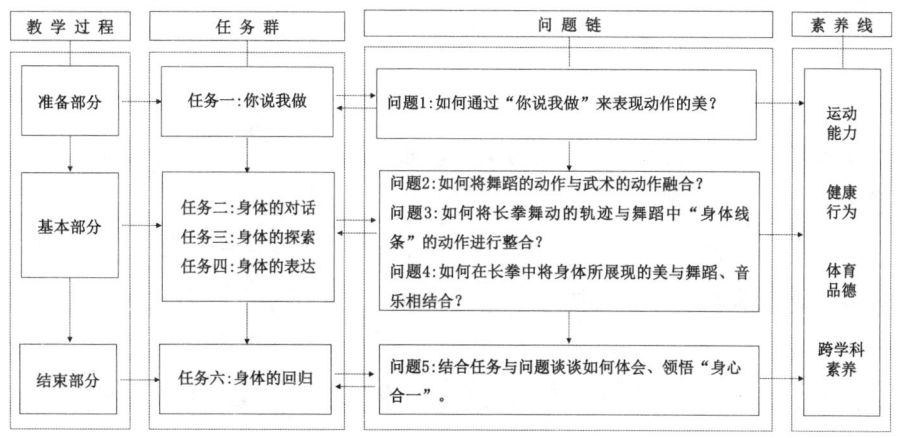

图5-13 "小身体·大美态"整体设计框架图

五、学习目标和教学方法

（一）学习目标

运动能力：掌握初级长拳第一套（6～8式）大跃步前穿、弓步击掌、马步架掌的基本知识和动作技术要领，促进体能、灵敏度、协调性等方面的发展。

健康行为：掌握长拳具有强身健体的功效，能合理地运用长拳促进身心健康，养成良好的运动习惯，知道如何合理处理常见的运动损伤。

体育品德：培养顽强拼搏的精神、团结合作的意志，弘扬中华传统体育美德等优良品质。

（二）教学方法

教法：讲解示范法、游戏法、情境教学法、分组练习法、任务驱动法、问题引导法、巡回指导法。

学法：分解练习法、自主学习法、探究学习法、合作学习法。

六、教学准备

（一）教学用具

音响、音乐、多媒体显示屏、教学课件。体育教师可根据教学实际调整教学用具。

（二）安全预案

第一，将安全贯穿于整个教学过程，体育教师强调"安全第一"，在武术的练习中注意保障学生的安全，避免发生危及学生身心健康的安全事故。

第二，在教学过程中，适时观察学生行为，若发现学生有不适的情况，应立即上前查看，停止其练习，令其休息观察后续情况，需就医时立刻送校医务室。

第三，若教学过程中发生突发事件，体育教师应第一时间守护好学生的安全，并组织学生撤离现场。

七、教学过程

（一）准备部分

从美学的视角看，长拳和舞蹈都是以身体表现为主的运动，目的是以身体活动来强身健体，两者在发展路线、动作、手势等方面有许多相同点。在长拳中有效地融入舞蹈元素，可以促进长拳刚柔并济，运动形式多元化和多样化。在舞蹈中融入长拳，可以使舞蹈的形式表现出多样性与力量性。

借助多媒体播放武术、舞蹈视频片段，将学生带入情境，并向学生提出问题。

体育教师："同学们，开展长拳有助于弘扬中华体育精神，促进同学们对中华民族的认同感、文化自信，弘扬立身正直、自强不息、厚德载物的尚武精神，有效地促进同学们的身心健康。现在，老师想问同学们，如何将舞蹈融入长拳中，以展现出身体的美呢？"

学生回答。

教师补充："在该视频中，武术的一招一式展现身体力的美，而舞蹈则以柔为美，两者的美均通过身体各肢体动作表现出来。"

体育教师："让我们一起探索身体美的世界。"

【任务一：你说我做】

1. 任务说明

（1）情境创设：美既有内在的美，也有外在的美，身体所展现的是一种外在美。这种外在美是通过身体不同的肢体运动所表现出来的，体育教师创设"你说我做"的主题情境。（2）问题引领，体育教师以问题1"通过你说我做如何来表现出动作的美？"引导学生进入情境思考问题。

2. 师生活动

体育教师：（1）教师说出长拳、舞蹈中不同拳、掌、步法等动作名称,学生做出相应的动作;(2)要求学生在做动作时发出"哈"的声音,以渲染课堂氛围。

学生:认真做出教师说出的动作名称,达到充分热身的目的,避免运动拉伤。

3. 组织队形

"你说我做"组织队形见图5-14。

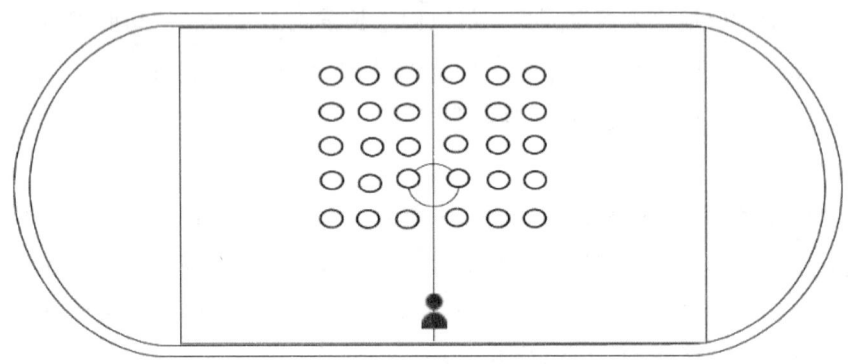

图5-14 "你说我做"组织队形图

注:👤代表体育老师,○代表学生。

(二)基本部分

【任务二:身体的对话】

1. 任务说明

(1)情境创设:邀请一名舞蹈教师进入课堂开场,体育教师以身体来展示长拳,舞蹈教师则以舞蹈回应,创设一场舞蹈与武术身体对话的学习情境。(2)问题引领:体育教师以问题2"如何将舞蹈的动作与武术的动作融合?"引导学生发展思维能力。

2. 师生活动

体育教师:(1)教师分别讲解示范大跃步前穿、弓步击掌、马步架掌单个和完整动作技术要领;(2)指导学生学练大跃步前穿、弓步击掌、马步架掌的技术动作；（3）强调对动作的控制、速度，借鉴舞蹈轻盈落地技巧，展现出柔和力，让学生感知舞蹈的优雅与武术的力量。

学生：（1）认真听、看，并模仿长拳的基本动作；（2）在学练长拳跳跃时，尝试将舞蹈中的手臂延展、跳跃等与长拳中手在空中的姿态进行整合，感知长拳的力量与舞蹈的柔美。如在学练大跃步前穿时与舞蹈中的"大扑步"相结合，以展现动作的柔美与力量。

评价：学生对学练大跃步前穿、弓步击掌、马步架掌的动作控制、协调性、完整性、流畅性和柔美性进行相互评价，体育教师点评和纠正。

3. 组织队形

"身体的对话"组织队形见图5-15。

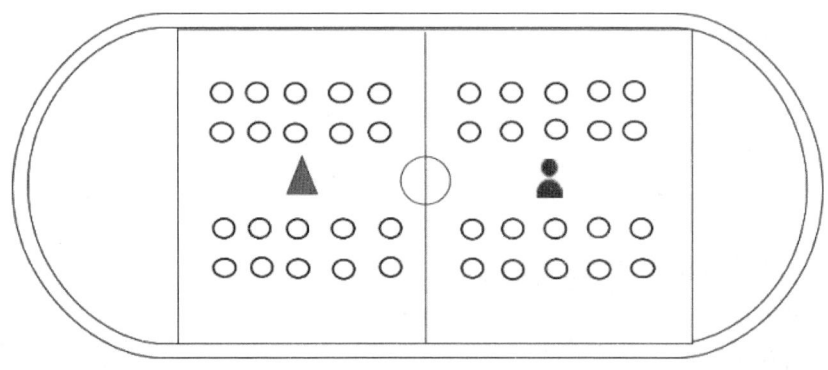

图5-15 "身体的对话"组织队形图

注：▇代表体育老师，▲代表舞蹈老师，〇代表学生。

知识窗

长拳大跃步前穿、弓步击掌、马步架掌的技术动作要领

大跃步前穿

基本动作：双眼目视前方，左腿屈膝，右拳变掌内旋，以手背向下挂至左膝外侧，上体前倾，左脚向前落步，两腿微弯。右掌继续向后挂，左拳变掌，向后向下伸直，眼睛目视右掌。右腿屈膝向前提起，左腿立即猛力蹬地向前跃起，两掌向前向上划弧摆起，眼睛目视左掌，右腿落地全蹲，左腿随即落地向前形成仆步，右掌变拳抱于腰侧，左掌由上向右向下划弧成立掌之势，停于右胸前，眼睛目视左脚。具体动作如下图。

动作要点：跃步要远，落地要轻，落地后立即接做下一个动作，动作要连贯。

弓步击掌

基本动作：右腿猛力蹬直成左弓步。左掌经左脚面向后划弧至身后成勾手，左臂伸直，勾尖向上；右拳由腰侧变掌向前推出，掌指向上，掌外侧向前，目视右掌，如下图。

马步架掌

基本动作：重心移至两腿中间，左脚脚尖里扣成马步，上体右转，右臂向左侧平摆，稍屈肘；同时左勾手变掌由后经左腰侧从右臂内向前上穿出，掌心均朝上。目视左手，然后右掌立于左胸前，左臂向左上屈肘抖腕亮掌于头部左上方，掌心向前，右转目视右方。

4.设计意图

其一,通过身体学练交流展示,帮助学生掌握长拳"大跃步前穿、弓步击掌、马步架掌"的技术动作要领,提高学生的灵敏度与协调性。其二,将长拳与艺术舞蹈的舞姿相结合,提高学生审美和表现美的能力。

【任务三:身体的探索】

1.任务说明

(1)情境创设:通过长拳与舞蹈表演,探索长拳如何通过不同的形式表现出身体力量美、柔韧美。体育教师创设"身体的探索"学习情境。(2)问题引领:体育教师以问题3"如何有效地将长拳舞动的轨迹与舞蹈中'身体线条'的动作进行整合?"引导学生在学练中思考。

2.师生活动

体育教师:(1)教师讲解身体线条的相关知识,并示范如何在长拳大跃步前穿、弓步击掌、马步架掌动作中拉长身体线条,展现出长拳的视觉效果、动态轮廓、力量与柔美感;(2)将学生分成3组,各组学练长拳大跃步前穿、弓步击掌、马步架掌的身体线条动作;(3)分组练习后,每组分别基于大跃步前穿、弓步击掌、马步架掌三个动作中的任意一个动作编排包含舞蹈身体线条的即兴表演。如在编排马步的动作时加入舞蹈低姿动作,以保障动作的平衡与优雅。

学生:(1)学生认真思考体育教师提出的问题,在学练动作中尝试融合舞蹈的身体线条来增强长拳舞动的延展性、动作轨迹和力量美;(2)以长拳练习为基础,编排包含长拳大跃步前穿、弓步击掌、马步架掌的即兴表演舞蹈,探索长拳如何表现出身体的美。

评价:学生对长拳大跃步前穿、弓步击掌、马步架掌的学练与编排进行相互评价,体育教师点评,指导和纠正。

3.组织队伍

"身体探索"组织队形见图5-16。

图 5-16　"身体探索"组织队形图

注：👤代表老师，〇代表学生。

4.设计意图

其一，强化学生对长拳大跃步前穿、弓步击掌、马步架掌的技术动作掌握。其二，通过学练武术和舞蹈，提高学生对自己身体的认识和控制能力，发展学生欣赏身体美的意识。其三，发展学生的柔韧性、协调性、灵敏性等身体基本素质和培养学生的创新思维能力。

【任务四：身体的表达】

1.任务说明

（1）情境创设：长拳作为中华传统体育项目，不仅具有强身健体与育人的功能，还具有浓厚的民族文化特色与民族的认同感。体育教师创设"身体的表达"学习情境。（2）问题引领：体育教师以问题4"如何在长拳中将身体所展现的美与舞蹈、音乐相结合？"引导学生在"学、练、赛、评"中提高审美能力。

2.师生活动

体育教师：（1）引导学生将任务三创编的"大跃步前穿、弓步击掌、马步架掌"即兴表演与学生的表情、情感相融，将相融后的每一个动作与《中国功夫》音乐节奏同步，强化学生动作的节奏感和韵律感；（2）引导学生通过面部表情与身体姿态传达情感，表现舞蹈的柔美、武术的刚毅美。如将"大跃步前穿、弓步击掌、马步架掌"与古典舞中的"提沉含仰"动作相结合，结合音乐起始，学生以一个优雅的"提沉"动作进入，接着迅速大跃步前穿，落地接弓步击掌，击掌的同时身体微微"含胸"，然后通过一个"仰"的动作，转换为马步架掌，展现出威武的姿态；（3）将学生分3组进行编排，然后小组比赛（展示），从动作结合紧密、主旨表达清晰、身体协调、动作优美等方面进行评分。

学生：（1）在教师的指导下创设编排"长拳舞蹈"；（2）通过改编"长拳舞蹈"，保持与音乐同步，即兴表演，展现出身体的动作美、姿态美、力量美等。这与《义务教育艺术课程标准（2022年版）》中指出的舞蹈在"3～7年级主要依托音乐综合实践活动实施，学习任务为即兴表演'具有一致性。

评价：学生对编排的"长拳舞蹈"从动作的节奏感、表现出的力量与柔美、创编的想象力等方面进行相互评价，体育教师客观公正地进行点评。

3. 组织队形

"身体的表达"组织队形见图5-17。

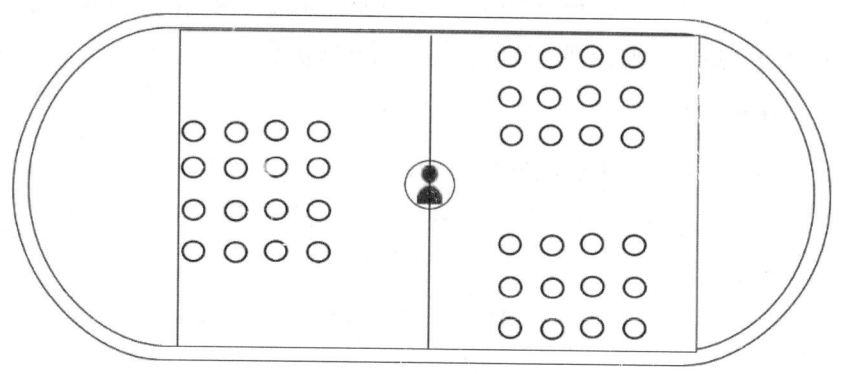

图 5-17 "身体的表达"组织队形图

注： 代表老师， ○代表学生。

4. 设计意图

其一，培养学生的情感表达能力和创新思维能力，实现身体的自我表达。其二，深入理解武术与舞蹈融合，发展学生的灵敏度、协调性、控制与创造能力，以表现出的身体美。其三，提升学生多舞段编创和即兴表演的能力。

（三）结束部分

【任务五：身体的回归】

1. 任务说明

（1）情境创设：播放一段轻柔的音乐，让学生们缓慢地从站立姿势开始，进行深呼吸练习，帮助身体放松和促进心灵平静，引导学生身体回归自然。（2）问题引领，体育教师以问题5"结合任务与问题谈谈如何体会、领悟身心合一"，引导学生在放松中思考。

2. 师生活动

体育教师：（1）播放音乐，带领学生在欢快愉悦的音乐中做放松操，进行肌肉拉伸练习；（2）引导学生完全放松身心，尝试闭目、静心，促进"身心合一"，以展现身体静态美。

学生：（1）跟着体育教师做放松操，拉伸肌肉各部位；（2）保持安静，调整呼吸，思考如何达到"身心合一"的身体状态。

3. 组织队形

"身心合一"队形组织见图5-18。

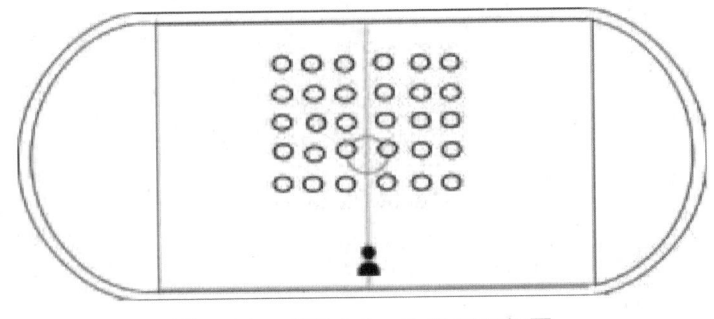

图5-18 "身心合一"队形组织图

注：■代表老师，○代表学生。

4. 设计意图

其一，组织学生进行放松和拉伸运动，让学生回归身体本身。其二，引导学生思考如何达到"身心合一"的静态身体美。

5. 教师总结

体育教师："同学们，今天学习了'小身体·大美态'跨学科主题学习，大家在课堂中非常地积极，基本掌握了长拳中大跃步前穿、弓步击掌、马步架掌的动作技术要领，提升了你们的长拳技术技能，并能通过小组合作结合舞蹈、音乐对长拳动作进行创新改编，表现出了身体的柔美、力量美、动作美、姿势美，发展了你们的想象力、创新力、协调性、灵敏度，也弘扬了爱国主义精神。但也还存在动作结合不紧密，动作不协调等问题，需要同学们课后加以练习巩固。请问同学们是否还有问题？"

学生回答。

体育教师补充。

6. 学习评价

评价方式：学生自评、同学互评、教师点评。"小身体·大美态"综合评价量规详见表5-6。

表5-6　"小身体·大美态"综合评价量规

评价维度	评价标准	★★★	★★	★
运动能力	1. 掌握大跃步前穿、弓步击掌、马步架掌			
	2. 提高心肺耐力、柔韧性和协调性等身体素质			
健康行为	1. 了解武术对强身健体的益处			
	3. 保护好自己，能简单处理损伤			
体育品德	1. 培养团队精神，锤炼意志，建立自信心			
	2. 形成规则意识、公平竞争意识和正确的价值观			
跨学科素养	1. 提高审美，弘扬中华体育精神，增强文化自信			
	2. 养成探究精神，发展学生综合思维和审美能力			

7. 课后作业

（1）任务安排：根据教学内容，合理安排练习任务。

（2）知识联结：借助舞蹈、音乐的相关知识技能，巩固和提高武术能力，促进学生发现美、审视美和尊重自己的身体。

（3）家长评价：家长对学生课后作业完成情况做好记录与拍照，帮助体育教师精准掌握学生的学、练情况，为体育教学提供参考依据。

八、教案参考

"小身体·大美态"教案

主题	做自己身体的雕刻家	学段	水平三	年级	六年级	班级	×××班
学习内容	小身体·大美态——"足球+艺术"跨学科主题学习							
学习目标	运动能力：掌握初级长拳第一套（6～8式）大跃步前穿、弓步击掌、马步架打的基本知识和动作技术要领，促进体能、灵敏性、协调性等方面的发展。 健康行为：了解长拳具有强身健体的功效，能合理地运用长拳促进身心健康，养成良好的运动习惯，知道如何合理处理常见的运动损伤。 体育品德：培养顽强拼搏的精神，团结合作的意志，弘扬中华传统体育美德等优良品质。							
重点	1. 动作的协调性、衔接性。 2. 武术与舞蹈动作融合。			难点	1. 动作的衔接性、上下肢的协调性、整体动作的连贯性。 2. 动作与舞蹈的融合、身体的表现。				

课的结构	课的内容			学习内容	教法与指导	学法与表现	组织与队形
	时间	次数	负荷				
准备部分	2分钟	1	低	一、课堂常规 体委整队，报告人数，师生问好。	1. 教师鸣哨，集合整队，安排见习生，师生问好，强调安全。 2. 宣布本课内容，要求及安全。	1. 集合整队（快、静、齐）。 2. 明确本课任务及目标，见习生见习。 3. 遵守课堂纪律，牢记安全提醒。	一

—403—

续表

课的结构	课的内容			学习内容	教法与指导	学法与表现	组织与队形
	时间	次数	负荷				
准备部分	2分钟	1	低	二、情境导入 借助多媒体播放武术、舞蹈视频片段，将学生带入情境。	1. 教师播放视频。 2. 言语讲解导入。	1. 遵守规则和课堂纪律。 2. 认真观看和思考。	—
	6分钟	1	中	三、你说我做 由教师组织，让学生在"你说我做"中复习长拳的基本拳法、掌法、步型、正踢腿等动作。	1. 创设"你说我做"的学习情境。 2. 同题引导："你说我做"通过"你说我做"来表现动作的美？ 3. 教师说出拳中不同拳、掌的动作名称，学生做出相应的动作。 4. 要求学生在做动作时发出"哈"的声音，渲染课堂氛围。	1. 融入情境，认真做出教师说出的动作名称，达到充分热身的目的，避免运动拉伤。 2. 发出"哈"的声音。	参见图 5-14
基本部分	6分钟	5	中	一、身体的对话 邀请一名舞蹈教师进入课堂开场，体育教师以身体展示长拳，舞蹈教师则以舞蹈回应，创设一场舞蹈与武术的身体对话的学习情境。	1. 体育教师创设"身体的对话"学习情境。 2. 问题引领：如何将舞蹈的动作与武术相融合？ 3. 教师分别讲解示范大跃步前拳、弓步出掌、马步架车单个和完整动作要领，并指导学生完成动作的学练。 4. 强调对动作的控制、速度，借鉴舞蹈轻盈落地技巧，展现出柔和力，让学生感知舞蹈的优雅与武术的力量。	1. 融入情境，学生观摩，思考体育教师提出的问题。 2. 在学练长拳跳跃时，尝试将长拳舞蹈中的手臂延展、跳跃与长拳的姿态进行整合，感知长拳的柔美与舞蹈的力量。	参见图 5-15

—404—

第五章 "人与自然和谐美"跨学科主题学习的教学设计

续表

课的结构	课的内容			学习内容	教法与指导	学法与表现	组织与队形
	时间	次数	负荷				
基本部分	10分钟	2	中	二、身体的探索 通过长拳与舞蹈表演，探索长拳如何通过不同的形式表现出身体的力量美、柔韧美、动作美。	1. 体育教师创设"身体的探索"学习情境，让学生进入情境。 2. 问题引领：如何有效地将长拳舞动作的轨迹与"身体线条"的动作进行整合？ 3. 体育教师讲解示范大跃步、弓步击拳、马步架掌动作中拉长身体线条，展现视觉效果、动态轮廓，力量感与柔韧美感。 4. 每组分别基于长拳三个动作中的任意一个舞蹈线条进行编排包含各舞蹈身体线条的即表演。	1. 学生认真思考体育教师的问题。 2. 学练延展身体动作尝试增强身体美感，编排即兴舞蹈。 3. 学生对长拳大跃步前穿、弓步击拳、马步架掌的学练与编排进行相互评价，体育教师点评、指导和纠正。	参见图5-16
	9分钟	1	中	三、身体的表达 长拳作为中华传统体育项目，不仅具有强身健体与育人的功能，还具有浓厚的民族文化特色与民族认同感。	1. 体育教师创设"身体的表达"学习情境。 2. 问题引导：如何在长拳中将身体所展现的美与音乐节奏相结合？ 3. 引导学生将每一个动作与音乐节奏同步。 4. 分组展示（比赛）。引导学生将长拳与《中国功夫》音乐同步。	1. 认真思考体育教师提出的问题。 2. 在教师的指导下创设编排"长拳舞蹈"，展现身体的柔美与力量。 3. 学生评价：学生对创编舞蹈进行创新评价，小组之间的互相评价，体育教师对舞蹈进行评价。	参见图5-17

—405—

续表

课的结构	课的内容 时间	课的内容 次数	课的内容 负荷	学习内容	教法与指导	学法与表现	组织与队形
结束部分	5分钟	1	低	一、身体的回归 播放一段轻柔的音乐，让学生们缓慢地从站立姿势开始，进行深呼吸练习，帮助身体放松，促进心灵平静，引导学生身体回归平静与自然。 二、教师总结 三、课后作业 四、收拾器材 五、师生再见	1. 创设"身体回归"的学习情境，引导身体肌肉各部节奏。 2. 问题引领：基于任务与问题如何体会领悟"身心合一"？ 3. 总结本节课的学习内容及情况。 4. 布置课后作业。 5. 协助学生归还器材。	1. 跟着教师做放松操，拉伸肌肉各部位。 2. 安静，调整呼吸，思考如何达到"身心合一"的状态。 3. 按时完成课后作业。 4. 协助学生归还器材。	参见图 5-18

教学用具	音响、音乐、多媒体显示屏、教学课件。
运动密度	运动强度：中等 运动密度：60%～70% 平均心率：130～140次/分钟

心率曲线

—406—

续表

安全保障	1. 规范摆放场地器材放置，避免造成学生安全事故。 2. 充分做好热身活动，避免运动损伤。 3. 合理安排练习时间、次数，注意运动负荷强度。
课后反思	

案例设计二十：

小行动·大保护
——"定向运动 + 地理"跨学科主题学习

> 年级：八年级
> 课时：1
> 主题：人与自然和谐共生
> 内容：定向运动中的红绿灯原则
> 学科：体育与健康、地理

一、案例概要

"小行动·大保护"跨学科主题学习案例以落实立德树人根本任务和坚持"健康第一"为指导思想，以《义务教育体育与健康课程标准（2022年版）》的主旨和理念为依据，将育人作为核心要义，并将"教会、勤练、常赛"的一体化要求贯穿于整个教学过程。本案例围绕跨学科主题学习中的"人与自然和谐美"水平四"人与自然和谐共生"学习主题，以新兴类体育项目中的定向运动为主，整合了义务教育教科书《教师教学用书 地理》（人民教育出版社，2024，七年级，上册）中指南针使用、方向辨认、地图绘制、等高线等相关知识进行总体设计。本案例聚焦于定向运动水平四的目标与要求，结合地理学的相关知识，引导学生在"小行动·大保护"中发展体能、心肺功能等，促进学生的身心健康，让学生在日常生活中充分了解定向运动、地理学等相关知识，激发学生对社会生活、身边地理知识的热爱，以及促进学生保护环境意识，与大自然和谐共生。"小行动·大保护"案例以"走进森林—森林特训—净森行动—精准分类—守护自然"系列任务进行设计，将定向运动中各类知识、技能与地理学科相关知识进行整合，并在"学、练、赛、评"过程中提升学生的技战术能力，以发展学生的运动能力与综合思维、培育学生的核心素养和人地协调观等综合品质，实现以体育人、落实立德树人的根本任务。

二、主题解读

《义务教育体育与健康课程标准（2022年版）》对跨学科主题学习水平四"人与自然和谐共生"作出了明确说明："结合科学、地理等相关知识，在户外运动、定向越野等运动项目的学练中，可以根据实际条件，利用虚拟现实（VR）技术模拟自然情境，促进学生在掌握运动技能的同时，正确认识人与自然的关系，感知科技力量，提升保护环境的意识和责任意识。"该主题旨在运用跨学科知识与技能来提高人们保护环境的责任与意识，促进人与自然和谐共生，让自然回归自然，回归生态。"小行动·大保护"跨学科主题学习的设计以水平四定向运动为着手点，以义务教育教科书《教师教学用书 地理》（人民教育出版社，2024，七年级，上册）中的方向辨别、等高线等知识为联结点，创设性地设计了"体育与健康+地理"知识和技能的"小行动·大保护"跨学科主题学习。"小行动·大保护"跨学科主题学习以"准备部分、基本部分、结束部分"展开课堂教学，围绕"体育+地理"的知识和技能来设计"任务群、问题链、素养线"，创新性地丰富了学习的真实情境，设计了具有启发性和趣味性的问题与任务，以此来提升学生定向运动的技术技能，激发学生的综合思维，爱护自然、保护自然，培养学生人地协调观等核心素养的发展。

三、学情分析

本案例的授课对象是水平四阶段的八年级学生。八年级的学生对定向运动相对陌生，但兴趣浓厚，积极性高。在生理方面，八年级学生正处于青春期成长的关键时期，身体形态和心理都发生着巨大的变化，包括身高增长和体重增加。在心理方面，学生思维敏捷、好动、好胜心强、逻辑思维迅速发展、独立性增强、善于学习和观察，但也存在情绪易波动、不稳定等问题。在运动能力方面，体力相对充沛，灵敏性、协调性好，具备一定的运动能力、运动经验和相关的地理知识，能够在教师的指导下完成相应的体育运动，具备了开展定向运动的基础。因此，在充分考虑学生的身心发展规律、运动能力、青春期、认知能力等特征的基础上，聚焦于学生的疑难点、兴趣点、发展点，创设性地设计了联系真实情境的任务和问题，激发学生的运动兴趣、运动能力，促进学生的体能、力量、灵敏度、协调性和反应等身体基本素质的发展，培养学生的综合思维、人地协调观、团结合作精神以及顽强拼搏的优良品质。

四、整体设计

"小行动·大保护"案例以"在定向运动中保护自然"为主线进行整体设计，以准备部分、基本部分和结束部分共同推动课堂教学的开展。为进一步提高体育与健康跨学科主题学习的落地实施，形塑课堂教学的结构化、高效化，本案例创新性地将体育与健康和地理学科中的相关知识进行融合，从"任务群、问题链、素养线"三个方面对案例进行具体设计。

第一，任务群设计。任务一"走进森林"旨在通过坐标系中的辨向、地形地貌等知识，完成基本的热身活动。任务二"森林特训"涉及学练定向运动中的"红绿灯原则、变速跑"等高级知识和技术要领。任务三"净森行动"结合学练的知识，要求定点拾起森林中的垃圾，保护森林生态面貌。任务四"精准分类"则需要妥善分类任务三中的垃圾，并投放到对应的垃圾箱。任务五"守护自然"提倡热爱自然，学习定向运动的价值和文化，以保护自然，与自然和谐相处。任务六"回归自然"则是在轻松愉快的音乐下放松身心，让身体浸润在自然之中。

第二，问题链设计。问题1"如何在坐标系中快速辨别方向？"与任务一有效契合，通过辨向快速走入森林情境。问题2"定向运动中如何运用红绿灯原则？"与任务二紧密结合，将学练有效结合。问题3"定向运动中怎样合理分配体能？"与任务三"净森行动"中如何合理分配体能、速度提高比赛效率有效契合。问题4"定向运动中如何精准快速定位？"

紧扣任务四，要求在最短时间内快速完成阅图，并精准定位检查点。问题5"定向运动中如何保护自然？"结合任务五将定向运动的特点、文化、价值衔接起来，以促进人与自然和谐相处。问题6"定向运动中如何与自然共融？"在任务五的基础上，让身心回归自然，与自然和谐相处。

第三，素养线设计。运动能力：帮助学生掌握定向运动的技能、技术，提升学生在比赛中的识图能力，发展学生体能、心肺功能和耐久跑能力。健康行为：帮助学生掌握定向运动中的健身知识，运用定向运动促进身心健康，在定向运动中保护自己，能处理基本的运动损伤。体育品德：培养学生的综合思维、顽强拼搏精神、坚忍不拔的意志力以及团结奋斗的精神。跨学科素养：形成探索求真的情怀，树立人与自然和谐共处的理念和实践探究的能力。"小行动·大保护"整体设计见图5-19。

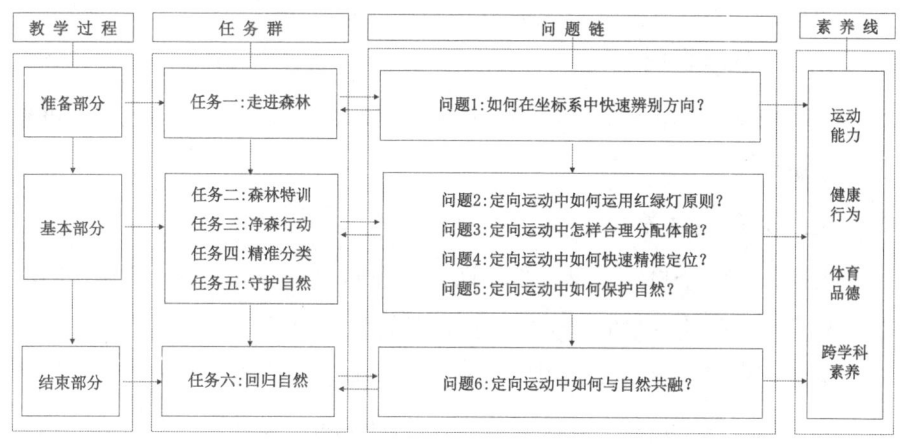

图 5-19 "小行动·大保护"整体设计框架图

五、学习目标和教学方法

（一）学习目标

运动能力：掌握定向运动的基本知识和技术要领，提高定向运动能力，发展体能、灵敏度、协调性等身体基本素质。

健康行为：知道定向运动对身心健康的益处，运用定向运动促进身心健康，在定向运动中保护自己，并养成良好的运动习惯。

体育品德：培养自信心、综合思维、顽强拼搏和团结合作的精神。

（二）教学方法

教法：游戏法、比赛法、情境教学法、讲解示范法、分组练习法、启发诱导法、分组练习法。

学法：探究学习法、合作学习法、自主学习法。

六、教学准备

（一）教学用具

音响、多媒体显示屏、教学课件、笔10支。体育教师可根据实际需求增减教学用具。

（二）教学器材

定向地图、指北针、计时器、口哨、贴纸图、定标旗。体育教师可根据实际需求增减教学器材。

（三）安全预案

第一，将安全贯穿于整个教学课堂，强调"安全第一"，注意保障学生人身安全，避免发生危及学生人身安全的事故。

第二，根据学生实际、教学内容、天气状况等制定活动应急预案。

第三，在教学过程中，注意观察学生的表现，如有学生不适或受伤，体育教师应及时查看情况，需要时应立即将学生送校医务室治疗，并向班主任说明情况。

七、教学过程

（一）准备部分

保护环境，人人有责。爱护我们共同生存的美丽地球家园，是我们每一个人的责任。在定向运动中，我们随手捡起森林中的垃圾，换来的是森林的美丽。大自然赋予我们一切，因此我们应该保护自然，还自然原生态。

借助多媒体显示屏播放定向运动中的经典森林定向比赛，并向学生提出问题。

体育教师："同学们，定向运动是一项新兴的运动项目，视频中的运动员除了快速地识图辨向、跑动外，还有哪些表现？"引导学生深入思考，进入学习情境。

学生回答。

体育教师补充："在该森林定向比赛视频中，运动员除了运用指北针辨向等知识外，还会在森林中捡拾不可降解的垃圾，并投放到不同的垃圾分类箱中，遇到具有攻击性或无法跨越的地形地貌时，会主动避开，更换其他路线来完成比赛。"

体育教师："让我们'走进森林'做一名森林保卫者。"

【任务一：走进森林】

1. 任务说明

（1）情境创设：同学们，现在跟着老师明确具体方向，一起走进森林做一名森林保卫者。（2）问题引领：体育教师以问题1"如何在坐标系中快速辨别方向？"引导学生思考问题，准确辨别方位。

此任务主要借助田径场来创设情境，在复习相关地理知识的同时，达到热身活动的目的。

2. 师生活动

体育教师：将学生平均分成4组，教师手持两面旗子，当学生看到教师旗子指向时，朝旗子的反方向跑动，并在坐标系里复习其他相关的地理知识，以完成热身。

学生：（1）遵守规则和课堂纪律；（2）在坐标系里辨别方向；（3）充分热身，避免运动拉伤。

评价：学生对方向辨别等地理知识的运用情况进行相互评价，体育教师点评，鼓励学生进入下一任务。

3. 组织队形

"走进森林"组织队形见图 5-20。

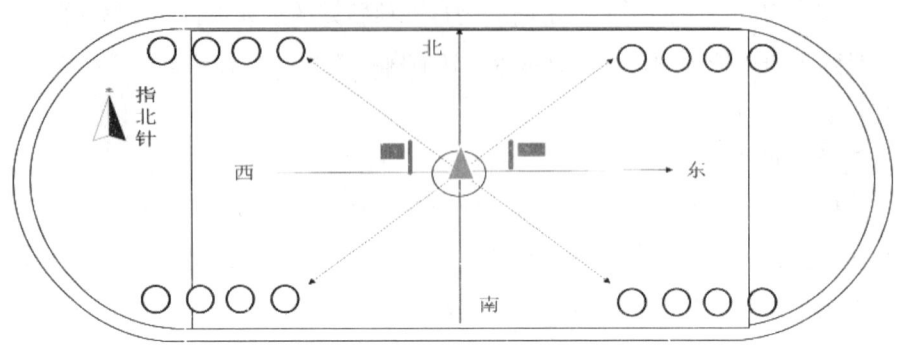

图 5-20　"走进森林"组织队形图

注：▲代表教师，〇代表学生，▆代表旗子。

4. 设计意图

其一，通过"走进森林"主题情境的创设，渲染课堂教学氛围，让学生迅速进入情境。其二，复习巩固已学过的定向运动和地理知识，带动学生完成热身活动，为教学做铺垫。其三，提升学生的灵敏度、协调性、反应等基本身体素质。

（二）基本部分

【任务二：森林特训】

1. 任务说明

（1）情境创设：为了提高定向运动能力，有效地与大自然和谐相处，开启"净森行动"的定向活动；体育教师创设"森林特训"学习情境。
（2）问题引领：体育教师以问题 2"定向运动中如何运用红绿灯原则？"引导学生思考定位、跑动技巧。

> **知识窗**
>
> **基本概念**
>
> 红绿灯原则："红绿灯"战术主要利用概略定向和精确定向技术对比赛过程中的体能和智力进行合理的分配。在红绿灯战术中，可以把一个路段（点与点之间的距离）分为三段，就像在街口遇到的红绿灯一样。首先是绿灯赛段，在这个赛段中，主要使用概略定向技术发挥体能，尽量快地接近攻击点；其次是黄灯赛段，当快接近攻击点时，黄灯开始闪烁，这时应适当降低奔跑速度，增加找寻攻击点的注意力，以保证顺利找到攻击点；最后是红灯赛段，到达攻击点后红灯开始闪烁，这时应把主要的精力用于仔细分辨检查点附近的环境特征以保证顺利找到检查点。

2. 师生活动

体育教师：（1）讲解定向运动中红绿灯原则的概念及运用；（2）指导学生在足球场实践，并进一步讲解与指导。

学生：（1）认真听讲相关理论知识、技能技术和实践运用；（2）在教师的指导下在足球场上展开学练。

评价：学生对"红绿灯原则"等知识的学习与实践进行互评，体育教师点评，并讲解纠正。

3. 组织队形

"森林特训"组织队形见图5-21。

体育与健康跨学科主题学习的教学设计

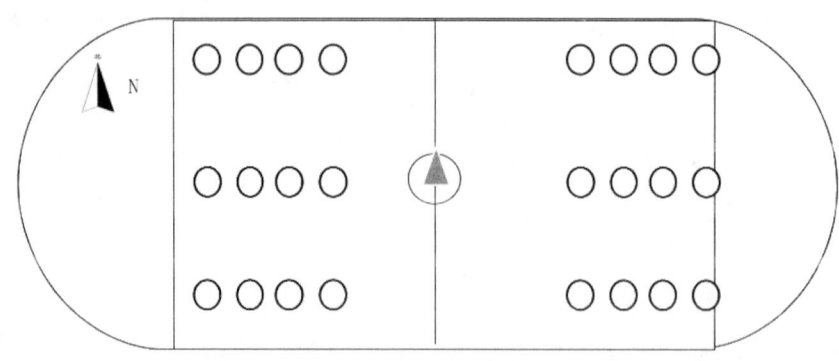

图 5-21 "森林特训"组织队形图

注：▲代表教师，○代表学生。

4. 设计意图

其一，让学生通过对定向运动的理论学习、真实情境的实践演练，促进技术技能的提高。其二，合理的在定向运动中分配体能，精准的查找检查点。

【任务三：净森行动】

1. 任务说明

（1）情境创设：在这片森林中有一些隐藏的垃圾（检查点），现需要将其拾起并归类到不同的垃圾箱，让森林变得更美。让我们一起行动起来吧。（2）问题引领：体育教师以问题 2 "在定向运动中如何分配体能？"引导学生在学习中思考。

该任务主要是为了让学生将理论与实践相结合，在实践定向中合理分配体能，提高定向运动技术技能和保护森林的意识。

2. 师生活动

体育教师：（1）将学生分成 5 组，每组 6 人，每组利用红绿灯原则从不同的点出发，遵循不同的路线（给定的校园定向地图以第 1 组为例），按照红绿灯原则，合理分配跑速，快速找到分布在森林中的垃圾；（2）提示学生在"净森行动"中注意安全，遵守规则。

第五章 "人与自然和谐美"跨学科主题学习的教学设计

学生：(1) 快速识图，借助指北针确认方向，观察环境，确认行进方向；(2) 团队合作，遵守规则，全力以赴完成任务。

评价：学生之间对识图与辨向的能力等进行相互评价，体育教师点评，并补充相关知识。

3. 组织队形

"净森行动"组织队形见图5-22。

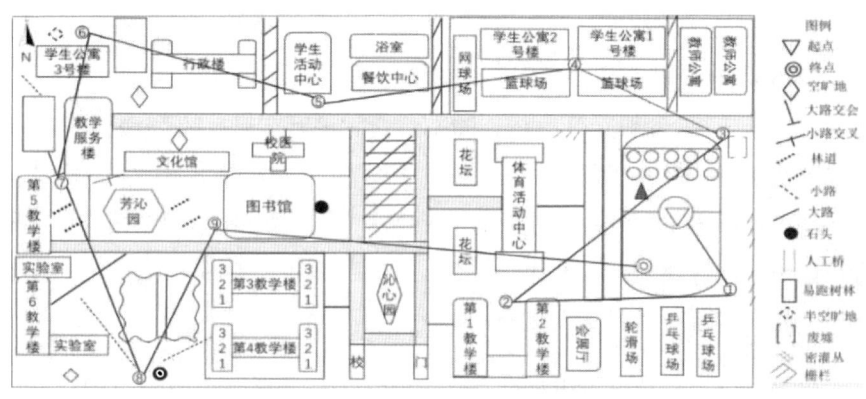

图5-22　"净森行动"组织队形图

注：▲代表教师，○代表学生。

4. 设计意图

其一，让学生把理论与实践结合，提高运动技战术能力和保护环境的意识。其二，充分调动学生的积极性，发展学生的心肺功能、协调性等基本身体素质。

【任务四：精准分类】

1. 任务说明

(1) 情境创设：同学们将森林中的垃圾拾回后，需要将垃圾归置在不同的垃圾箱（检查点代替）中。体育教师创设"精准定位"学习情境，带领学生进入情境。(2) 问题引领：体育教师以问题4"如何快速地把垃圾分类放置在不同的垃圾箱里？"引导学生快速、精准地定向，发展定向运动的能力。

此任务旨在锻炼学生快速绘图、识图和精准定向的能力,并将"学、练、赛"融入到教学中,以提高学生的定向运动技术技能,促进学生身心健康发展。

2. 师生活动

体育教师:(1)将学生分成5组,每组6人,引导学生快速绘制出归置垃圾的最优路线图;(2)每个小组按照自己确定好的路线,快速地将垃圾归置垃圾箱中;(3)用时最少的小组获胜。

学生:(1)合理安排跑法,团结合作,遵守规则;(2)沿着绘制的路线图快速将垃圾放在垃圾箱里。

评价:学生对路线图的选择、识图辨向,小组合作与团结精神等方面进行评价,体育教师进行点评与纠正。

3. 队形组织

"精准分类"队形组织见图5-23。

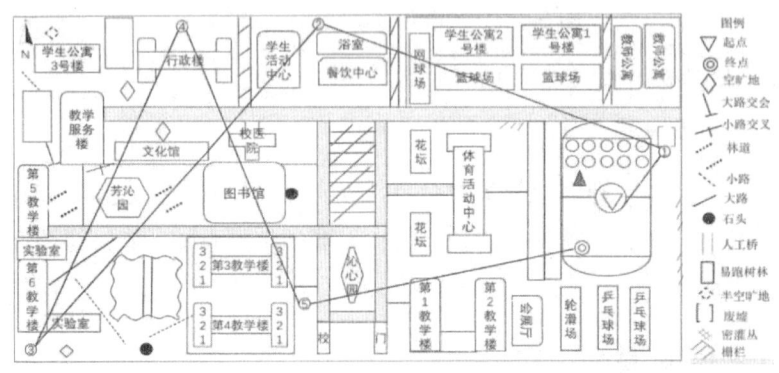

图5-23　"精准分类"队形组织图

注:▲代表教师,〇代表学生。

4. 设计意图

其一,有效整合定向运动与地理知识与技能,发挥学生绘图、辨向等解决问题的能力,提高科学思维和综合实践能力。其二,提高学生团结合作精神。其三,发展学生体能、心肺功能等身体基本素质。

【任务五：守护自然】

1. 任务说明

（1）情境创设：在定向运动中，我们需要保护自然环境，因此需要同学们了解和学习定向运动的特点、文化与价值。体育教师创设"守护自然"学习情境，让学生快速进入情境。（2）问题引领：体育教师以问题5"如何在社会生活中保护自然？"引导学生与自然和谐相处。此任务是为了在定向运动中培养学生保护自然的意识，促进学生身心健康与回归自然。

知识窗

定向运动的特点、文化与价值

定向运动的特点：独立性与团队性、趣味性与挑战性、竞技性与健身性、限时性与负重性、娱乐性与休闲性等。

定向运动的文化：探索未知、亲近自然、寻求自我、合理解决问题、促进国家之间文化交融等。

定向运动的价值：健身价值、育智价值、育德价值、社交与团队合作价值、促进经济与文化多重效益价值、娱乐价值。

---

2. 师生活动

体育教师：（1）将学生分成5组，引导学生在2分钟内设计出合理的定向路线图；（2）听到哨声后按照设计的路线快速到达每一个定向运动的特点、文化与价值站点（检查点代替）。

学生：（1）设计合理、省时省力的定向运动路线图；（2）遵守规则，团队配合，快速找到检查点。

评价：学生对各组设计的定向路线图、团队合作能力等进行评价，体育教师进行点评与纠正。

3. 组织队形

"守护自然"组织队形见图5-24。

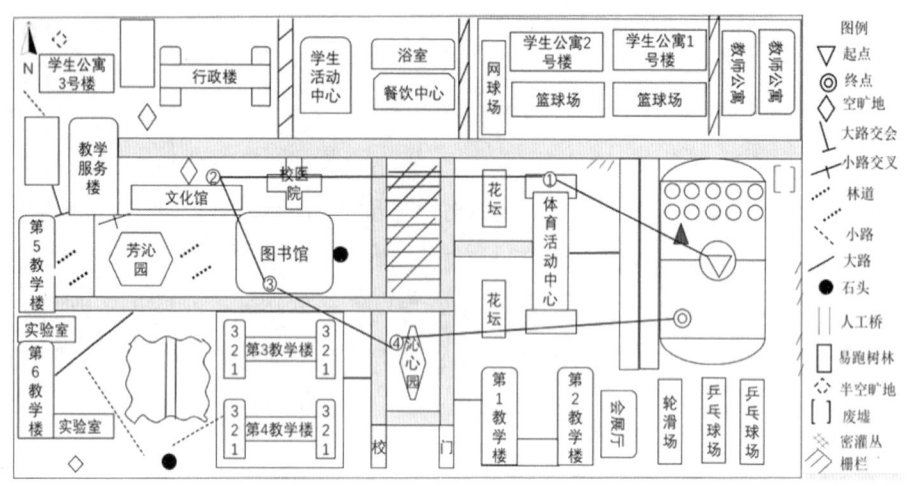

图 5-24 "守护自然"组织队形图

注：▲代表教师，〇代表学生。

4.设计意图

其一，提高学生的思维能力、制图能力和综合实践能力。其二，提高学生的位移速度和心肺功能。其三，帮助学生了解定向运动的文化、价值与特点，促进人与自然和谐共生。

（三）结束部分

【任务六：回归自然】

1.任务说明

（1）情境创设：自然环境与我们的生活息息相关，定向运动作为一种户外运动，是对环境保护的一个小行动，能够提高保护自然的意识，使人与自然融为一体，回归自然。（2）问题引导：体育教师结合前面的问题与任务，引导学生探究如何将人与自然融为一体，回归自然本真。

2.师生活动

体育教师：（1）播放音乐，带领学生一起拉伸放松身体各部位；（2）引导学生调节呼吸，放松身心，感受自然之美，融入自然。

学生：（1）面向教师站立，跟随教师在音乐中拉伸肌肉和放松身体各部位；（2）听口令做不同的动作拉伸；（3）全身心放松，思考本节课的收获。

3. 组织队形

"回归自然"组织队形见图5-25。

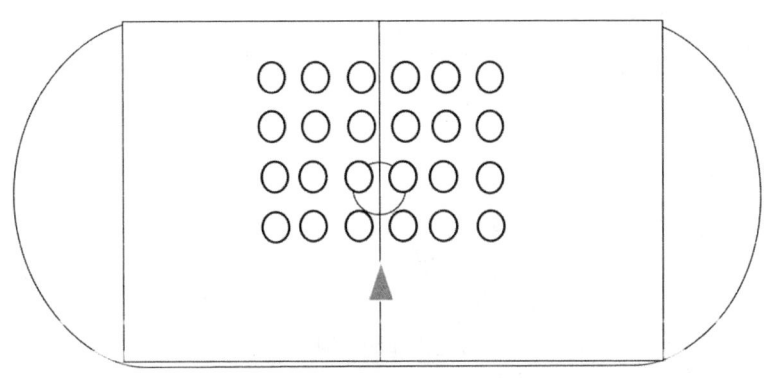

图5-25　"回归自然"组织队形图

注：▲代表教师，〇代表学生。

4. 设计意图

其一，组织学生在轻柔的音乐中进行放松和拉伸运动，让学生感受自然之美。其二，引导学生思考如何将人与自然融为一体，与自然和谐共生。

5. 教师总结

体育教师："同学们，今天这节课我们进行了'小行动·大保护'跨学科主题学习，大家在课堂中的表现很好，能将理论知识合理运用于实践，能在团队合作下精准定位，锻炼了你们的体能、心肺功能，提高了你们的定向运动技术和保护环境的责任与意识。希望同学们在今后的生活中养成爱护环境的好习惯，随手拾起地上的垃圾，保护自然环境，建立人与自然和谐的生活。现在，请问还有同学有问题吗？"。

学生回答。

体育教师："定向运动能培养人的独立意识，实现人与自然和谐共生的愿景,生态家园的保护,依靠你我他久久为功的行动。"

6. 学习评价

评价方式:学生自评、小组评价、师生互评。"小行动·大保护"综合评价量规详见表5-7。

表5-7 "小行动·大保护"综合评价量规

评价维度	评价标准	★★★	★★	★
运动能力	1. 掌握定向运动的红绿灯原则、技术技能知识			
	2. 提高体能、心肺耐力、反应能力和位移速度			
健康行为	1. 了解定向运动有益于身心健康			
	2. 掌握定向运动基本安全知识			
体育品德	1. 提高团队合作能力,发展顽强拼搏意志			
	2. 形成规则和公平竞争意识、建立正确的胜负观			
跨学科素养	1. 养成运用科学的思维解决实际问题的能力			
	2. 养成探究实践的精神,发展人地协调观			

7. 课后作业

(1)作业布置:体育教师根据学生在课堂中的学习和表现情况,引导学生在家练习快速跑、耐久跑,巩固课堂所学知识和技能。

(2)知识联结:体育教师通过布置绘制"在定向运动中保护自然"等作业,帮助学生发展跨学科思维,提高定向运动绘图、识图等能力。

(3)家长评价:家长对学生课后作业的完成情况进行记录和评价,并将作业或笔记交给体育老师检查,帮助体育教师了解学生的学情,为后续教学提供参考依据。

八、教案参考

"小行动·大保护"教案

主题	人与自然和谐共生	学段	水平四	年级	八年级	班级	×××班
学习内容	小行动·大保护——"定向运动+地理"跨学科主题学习							
学习目标	运动能力：掌握定向运动的基本知识和技术要领，提高定向运动能力，发展体能、灵敏度、协调性等身体基本素质。 健康行为：知道定向运动对身心健康的益处，运用定向运动促进身心健康。在定向运动中保护自己，并养成良好的运动习惯。 体育品德：培养自信心，综合思维，顽强拼搏和团结合作的精神。							
重点	1. 红绿灯理论与实践的融合。 2. 团队的战术安排和路线选择。				难点	1. 实践中对红绿灯原则的应用。 2. 快速识图，路线选择与体能合理分配。		

课的结构	学习内容	教法与指导	学法与表现	组织与队形
准备部分	时间 | 次数 | 负荷 2分钟 | 1 | 低 一、课堂常规 1. 体委整队，报告人数。 2. 师生问好，检查服装，强调安全。 3. 宣布本课学习内容及要求。	1. 教师进行常规教育管理。 2. 宣布本课内容、要求及安全教育。 3. 安排见习生。	1. 集合整队（快、静、齐）。 2. 明确本课任务及目标，见习生见习。 3. 遵守课堂纪律，牢记安全提醒。	—

—423—

续表

课的结构	课的内容 时间	课的内容 次数	课的内容 负荷	学习内容	教法与指导	学法与表现	组织与队形
准备部分	2分钟	1	低	二、情景导入 借助多媒体播放定向运动中经典的森林定向比赛。	1. 教师播放视频。 2. 言语讲解导入。	1. 遵守规则和课堂纪律。 2. 认真观看视频。	—
准备部分	6分钟	8	中	三、走进森林 现在跟着体育教师明确定向方向，一起走进森林做一名森林保卫者。	1. 体育教师创设情境，讲解知识。 2. 问题引领：如何在坐标系中快速辨别方向？ 3. 将学生分成4组，教师手持两面旗子，当学生看到教师旗子指向时，朝反方向跑动，并复习其他知识。	1. 进入情境，思考体育教师提出的问题。 2. 在"坐标系"区域辨别方向，充分热身，避免运动拉伤。 3. 评价：分方向的运用辨别等相互知识，体育教师点评，鼓励学生进入下一任务。	参见图5-20
基本部分	6分钟	5	中	一、森林特训 为了提高定向运动能力，有效地与大自然和谐相处，开启"净森行动"的定向活动。	1. 体育教师创设情境，学习内容"森林特训"。 2. 问题引领：定向运动中如何运用红绿灯原则？ 3. 讲解定向运动中红绿灯原则的基本概念和运用。	1. 认真听教师对相关知识技术的讲解、运用。 2. 在教师的指导下于足球场上展开学练。 3. 学生评价："学生对红绿灯原则"等学习与实践进行互评，体育教师点评，并讲解纠正。	参见图5-21

续表

课的结构	课的内容			学习内容	教法与指导	学法与表现	组织与队形
	时间	次数	负荷				
基本部分	8分钟	1	中	二、净森行动 在这片森林中有一些隐藏的垃圾（检查点），现需要将其拾起并归类到不同的垃圾箱，让我们一起行动起来使森林变得更美、更干净。	1. 体育教师创设"净森行动"，学生融入情境。 2. 问题引领：在定向运动中如何分配体能？ 3. 将学生分成5组，每组6人，利用学习的地图上的红绿灯原则从给定的地图上快速找到分布在森林中的垃圾。	1. 思考体育教师的问题，并回答。快速识图，借助指北针确认方向，观察环境，确认方向。 2. 团队合作，合理分配工作。 3. 学生评价：学生之间相互评价识图、辨向的能力，找点的速度等，体育教师点评，并补充相关知识。	参见图5-22
	8分钟	1	高	三、精准分类 同学们将森林中的垃圾拾回后，需要将垃圾归置在不同的垃圾箱（检查点代替）里。	1. 体育教师创设"精准定位"学习情境，带领学生进入情境。 2. 问题引领：定向运动中如何快速精准定位？ 3. 将学生分成5组，每组6人，引导学生利用指北针绘制出归置垃圾的路线图。 4. 每个小组按照自己确定好的路线，快速地将垃圾归置垃圾箱中，用时最短的小组获胜。	1. 合理安排跑法。 2. 沿着绘制的路线图快速将垃圾放在垃圾箱里。 3. 学生评价：学生间互评绘制的定向路线图，小组的合作精神等方面，体育教师点评。	参见图5-23

—425—

续表

课的结构	课的内容 时间	课的内容 次数	课的内容 负荷	学习内容	教法与指导	学法与表现	组织与队形
基本部分	8分钟	1	高	四、守护自然 户外运动中需要我们一起保护自然环境，这就需要学习定向运动的文化、特点与价值。	1. 体育教师创设"守护自然"学习情境，让学生快速进入情境。 2. 问题引领：如何在社会生活中保护自然？ 3. 将学生分成5组，引导学生在2分钟内设计出合理的定向路线图，快速到达各值站点。	1. 学生融入情境，思考问题。 2. 设计合理的、省时省力的定向运动站点路线图、特点、价值站点。 3. 学生互相评价：学生相互评价各组设计的定向路线图，团队之间的合作能力，对本次课知识的运用能力，体育教师点评与纠正。	参见图5-24
结束部分	5分钟	1	低	一、回归自然 自然息息相关，定向运动作为一种户外运动是对环境保护的一个小行动，能够提高保护自然的意识，使人与自然融为一体，回归自然。 二、教师总结 三、布置作业 四、收拾器材 五、师生再见	1. 融入情境。 2. 问题引导：思考如何将人与自然融为一体，回归自然本真。 3. 播放音乐，带领学生一起做拉伸身体放松练习。	1. 面向老师站立，跟随教师在音乐中拉伸肌肉和放松身体各部位。 2. 全身心放松，思考本节课的收获。	参见图5-25

续表

教学用具	音响、多媒体显示屏、教学课件、笔10支。可根据实际需求增减。	
教学器材	定向地图、指北针、计时器、口哨、贴纸图、定标旗、可根据实际需求增减。	
运动密度	运动强度：中上 运动密度：70%～80% 平均心率：140～160次/分钟	心率曲线
安全保障	1. 规范摆放场地器材放置，避免造成学生安全事故。 2. 充分做好热身活动，避免运动损伤。 3. 合理安排练习时间、次数，注意运动负荷强度。	
课后反思		

后　记

　　本书依据《义务教育课程方案和课程标准（2022年版）》中关于跨学科主题学习的新要求，针对《义务教育体育与健康课程标准（2022年版）》，提出了5个跨学科学习主题，创编了20个体育与健康跨学科主题学习的教学设计。以期将课程标准的新要求与教学实践紧密结合，探索体育与健康跨学科主题学习的设计逻辑和实施路径，为广大一线体育教师提供理论参考和使用指导。

　　本书从酝酿到成书历时一年有余。在筹备初期，我们多次与专家学者进行了理论层面的探讨，也与执教于一线的体育教师和教研人员就相关问题进行了实践视角的"取经"和借鉴，并幸得众多教育工作者的宝贵建议，这为我们后续具体的创编和写作提供了灵感、素材及指导。同时，为了本书能够尽早出版与大家见面，我们在筹备和撰写过程中，前后召开了近十次线上线下的研讨会，经过多次讨论、修改、争鸣和反思，最终确定了本书的整体框架和具体编写结构。最终得以成书，既凝聚了研制团队的心血，也凝结了众多专家和一线体育教师的智慧力量，在此衷心感谢所有参与人员的辛苦付出。

　　本书由云南师范大学博士生导师张文鹏教授牵头设计、编写和统稿，主要编写人员包括张文鹏、陈一林、肖静、谌平。此外，在书稿的编写过程中，我的多位博士和硕士研究生也在书稿的编撰过程中付出了辛苦努力，积极参与了部分教学设计的研讨、撰写、修改和校对工作，他们是杨方正、吴安月、陈红、栗千惠、滕豪、高厦飞等。本书的出版既得到了云南师范

后 记

大学的资助，也得到了云南师范大学体育学院领导和云南师范大学社会科学管理办公室的大力支持，还得到了学界众多前辈和同行的帮助，在此一并感恩致谢。

本书的出版还要感谢吉林大学出版社的有关领导和责任编辑，他们事无巨细、认真负责的工作态度，是本书顺利出版的重要保障。

由于编写团队的水平有限，书中难免存在需要进一步改进和提升的地方，恳请读者朋友和同行专家批评指正。希望通过我们的努力，不仅能为一线体育教师顺利开展跨学科主题教学提供一些指导，也能为加快推动体育与健康跨学科主题学习的落地生根作出些许有意义的探索。

2024 年 9 月 8 日